方圆管理

西安 MBA 学会十年文集

李战民　王弼华　主　编

西北大学出版社

图书在版编目（CIP）数据

方圆管理：西安MBA学会十年文集／李战民，王弼华主编．--西安：西北大学出版社，2017.12

ISBN 978-7-5604-4115-3

Ⅰ.①方…　Ⅱ.①李…　②王…　Ⅲ.①企业管理—中国—文集
Ⅳ.①F279.23-53

中国版本图书馆 CIP 数据核字（2017）第322858号

方圆管理：西安 MBA 学会十年文集

李战民　王弼华　主编

西北大学出版社出版发行

（西北大学校内　邮编：710069　电话：029-88302621　88303593）

https：//nwupress.nwu.edu.cn　E-mail：xdpress@nwu.edu.cn

新华书店经销　陕西博文印务有限责任公司

开本：720毫米×1020毫米　1/16　印张：19.5

2017年12月第1版　2017年12月第1次印刷

字数：265千字

ISBN 978-7-5604-4115-3　定价：43.00元

序

做管理的布道者

蔡苏昌

我是一个管理的悟道者。十年前，不少企业管理者希望我帮助他们从艰难的管理中寻找快乐的方法，哪怕一丁点，而我心有余力不足，苦于没有平台，正好王弼华老师找我，谈了他想创办西安 MBA 学会的设想。我们越谈越深入，心有灵犀一点通，共同的爱好、志向使我们走到了一起。当我邀约包小卫先生、程勉贵市长、张平祥院长加盟时，他们高兴回应，又出面邀约了 6 所大学的管理学院、企业界、教育界、政界的不少志同道合的朋友，有识之士和智者加盟，成立了西安 MBA 学会。正是有了大家的支持，学会才有了今天的盛况。回顾学会十年走过的心路历程，作为学会的创始者，我倍感欣慰和高兴。

这是因为：十年来，我们始终坚持"公益、开放、自然"的办会理念，这里已经成为许多人心灵寄托的场所。不收费，所有活动全免费，不设立固定会员，参会即是会员，参会就应受益，未受益就是我们学会的遗憾。义务、公益，为他人、为企业、为社会服务不仅仅是我们的责任，更是我们这些热心人的一份事业，是寻找净化心灵的一方热土。因此为每一次公共课，每一次走入企业、学校、地方的活动，祁百福教授、王弼华老师、杨建君教授、王忠民教授、郜随印所长、高全成教授、周战锋老师、李战民老师等均要仔细安排与主讲见面，一起交流讲课内容，特别要叮嘱每位授课老师，我们学会是为国家与社会添砖加瓦，尽心尽力而创办，帮不了忙不能添乱，可以自由的发表各种观点，并充分争论，但影响社会稳定和团结的话不讲，与党的要求不合拍的话不讲，善意的批评亦要客观，要弘扬主旋律，鼓励会员积极向上、理性、科学。几年来，在所办的所有活动中，每次活动之后，讨论、总结、征求建议、征求主题，从会员反馈的情况、参会的积极性和会员构成的广泛性看，办会理念经受了考验，事实证明是正确的。学会核心团队的40多位同仁付出了辛劳，我感谢他们，但实际上从做事到做人，我和他们为别人表象的付出，实际上受益者最大的恰是自己。在浮躁的社会环境中理性、不过分功利、净化了心灵，享受了好时代带来的快乐，自己的收获是最丰厚的。因此，十分感激广大会员参与活动，让我们有服务的机会。

十年来，我们坚持每月举办一次主题沙龙活动，参与的专家学者和受众越来越多。刚开始由包小卫先生提供活动场所，后来又先后由鑫能公司吕艳红女士、佳鑫伟业乔伟先生等提供固定的场所，我们坚持每月第一个星期天上午9点举办主题论坛。每年不少于6次，每次论坛的主题均为活动完后讨论、争论取得基本一致意见后，再由秘书组联系主讲。令人感动的是，在40多次大型论坛中，参与主讲的40多位老师、智者均充分理解并支持不付报酬的公益活动。我们的感慨是“好心人真多”。正是有他们的支持，我们才先后举办了企业家的人格修炼、人民币汇率改革及人民币升值预期对企业资本市场的影响、“人口红利”与“用工荒”并存对企业人力资源的挑战、从中外企业营销差距看中小企业营销之路、高科技企业发展中以人为本的思考、企业家的二次创业、从《易经》中感悟中国式管理、成功企业家的心态修炼与养生文化、同一医药的创业经历与感悟、对当前经济的观察与思考、人才盘点与培养等主题活动，累计参加人数达7000人次之多。目前已发展会员360人，理事企业40多个。吸纳了60余位企业家以及社会学、经济学、管理学等方面的专家教授为主体的专家团队。

十年来，我们坚持不断完善“方圆管理”的理论，在理论与实践的结合上取得积极成果。学会以“方圆管理”理论为指导，把制度、文化、企业家人格魅力的修炼与完善作为“参与管理，享受管理”的主要要素，专家团队、大学老师与企业领导共同完善，发展“方圆管理”理论，促进了这一理论的不断实践与进步。先后与西北大学、陕西师范大学、西安交通大学等高校举办了第四届西北 MBA 主席峰会暨方圆管理高层论坛、西安 MBA 学会方圆管理公开课及首届方圆管理论坛、第二届方圆管理论坛暨西北 MBA 主席峰会、第 13 届中国 MBA 论坛暨首届全球 MBA 论坛、全球经济形势与投融资分析论坛、方圆管理与公共关系论坛等，广泛邀请高水平管理专家及著名企业家参与，共同学习、探讨、研究，成为学会最显著的特点。

十年来，我们坚持走进社会、传播知识、丰富自我，提升了学会的知名度和影响力。我们坚信学会活动的生命力是“为别人的需求提供服务”，而需求来自社会。因此，每年不少于 4 次走进企业、走进校园、走进地方，就是了解需求、调整完善服务内容的主要方式之一。先后走进太白山国家森林公园、陕西心特软食品有限公司、西安普天通信设备厂、西安未来国际公司、西安汽车零部件产业园、咸阳工商局、眉县工信局、西安商联会、旌旗电子公司、西安富士达公司、华腾物联公司、咸阳秦峰美术馆、西北大学、西安电子科技大学、西安邮电大学等企业和校园，传播中国式企业管理的先进理念，有针对性地为企业进行咨询、培训和发展方向研究。特别是组织水准较高、阵容强大的专家团队，两次走进太白山国家森林公园，为其进行培训和诊断咨询活动；应眉县政府和工信局的邀请，组织专家和研究生走进眉县进行工业调研，并撰写提交了调研报告。这些活动既帮助企业和政府解决了发展中面临的难题，也提升了学会的知名度和影响力，学会多次被主管部门评为先进学会。

十年来，我们坚持办好《方圆管理》专刊，在更大的范围传播学会倡导的理念。早在学会成立之初，包小卫先生就创办了会刊《方圆管理》，免费向会员企业发放。后来李战民老师在《中国商人》《陕西商界》杂志开辟了“方圆管理论坛”，在更大的范围传播学会倡导的理念。在张小平老师的努力下，学会建设了网站，及时发布专刊的内容及学会的相关活动。专刊坚持每年两期,内容以主讲老师的演讲为主,学会活动为辅,紧跟时代主题,自己人讲自己的事,讲身边的事,内容丰富,品位较好,受到普遍好评。

学会成立以来,之所以能获得社会的认同和会员企业的好评,主要原因有三点:

一是大爱聚人。为别人奉献,为国家尽力之大爱使学会汇聚了一批志同道合,愿意与大家分享成功、体验管理的专家团队和热心公益的核心骨干,在这个大家庭里,不分职业贵贱,不论职务高低,都尽心尽力搞好自己分管的工作,形成了和谐快乐,几天不见会想的诱人特色。

二是来会受益。我多次听会员说:“啊,讲得太精彩了,来,真值得。”这不仅是对老师的称赞,也是对学会为他人“需求”服务的认同。

三是合作共赢。虽然学会是一个公益组织,但我们鼓励并创造条件让企业互通有无、合作发展、互利共赢的开展合作。几年来这样的事例很多很多,成功的喜悦在发自内心支持学会的活动中得到了体现。

我们的平台让会员享受了大爱,丰富了知识,结交了朋友,提升了自我。这就是学会的价值与生命力之所在,促使我们一定要继续努力做好学会各项工作。

为了总结学会十年来探求中国式企业管理的历程和实践经验,答谢多年来在我们学会平台上义务讲学的专家学者、企业家,为更多从事企业管理的各类人士提供帮助和借鉴,今从众多的演讲稿中,精选出优秀文稿结集出版。其价值和意义就在于:让学会走得更高更远,让更多的人在实践中领悟方圆管理的真谛,使越来越多的人明白,企业管理的至高境界是“道法自然”,人生的大智慧是“为自己雪中送炭”时,体验管理就会转化为享受管理,这就是我们的理想,也是西安 MBA 学会永远的追求和目标。

以此为序,就教与各位方家。

2017 年 9 月 30 日于西安

目录

CONTENTS

第二辑：艺术与方法

第三辑：感悟与实践

第一辑

思想与理念

金融改革与金融创新

◎ 王忠民

35 年的中国市场经济体制变革以市场化的内涵演绎了全球 300 多年的城市化和工业化，因此才有了中国今天的财富聚集，民众生活的提高和中国在全球的影响力，其中包括教育和 MBA 的飞速发展。但从金融的视角来看，我们可以从全方位的货币化、资本化、证券化来解读工业化和城市化。随着市场化的不断深入发展，中国社会过去不是商品的东西，无一例外地在交易的过程中实现了货币化，因而中国 GDP 中的一大部分因素是因为货币化。比如说，小时候家里吃的面条是母亲手工擀制的，穿的衣服是母亲手工缝制的，而如此等等是统计不到的 GDP。

货币化并不能反映中国今天的金融市场地位，而中国的资本化和证券化却可以，如果你的个人财富投资没有实现杠杆化，那么只能说明你在中国全社会资本化的进程当中少运用了一点杠杆原理和金融原理，来实现自己财富的杠杆化和证券化。如果问每一家企业，每一家公司和每一个学习 MBA 的人："你学过杠杆化没有?""你公司的杠杆化率是多少?""你通过它带来了多大效益?"我想到今天为止，这依然是一个最为关注的焦点问题。把视角放在中国的证券市场上，你什么时候上市?如果你是在 80 倍、60 倍上市，那么恭喜你，你将在中国的富豪榜上有一席之地。如果你到今天还没上市，但是位列富豪榜候选人之中，你最抱怨的一定是为什么 IPO 终止了，让你止步于大门口。这些都是中国证券化历史中的点滴，但对每一家公司，每一个学 MBA 的人而言，都是

Topic finance。

回顾35年，一个企业，即使你在实体领域中兢兢业业，拿出了你最好的技术，或在管理当中运用了在MBA中学到的管理学趋势，把管理的技巧、管理的方向、管理的战略、人力资源等发挥到极致，但是如果你没有和金融挂钩，没有运用杠杆、上市和货币化中的历史踩点，那么很可惜，你错失了好机遇。

35年来，我们最主要的问题还在于金融机会主要来自金融市场。因为金融市场是一个从无到有、从小到大的进程，抓住了机会，就能获得更多财富，失去机会，财富就会萎缩。机会投资比较学术性的表达是金融寻租，最早从银行获得贷款，最早大量地从供给性利润中实现杠杆化最大化，在最需要上市的时候上市，这些都是在特定历史条件下，在金融还没有完全市场化的时候的历史机遇，因而可以称为机会寻租，也可以称为全社会性寻租。因为它不是对全社会每一个人开放的，而是因为你学习MBA，可以主动上市。所以我们更愿意把中国的市场化看作金融结构的个体化、资本化和证券化。

历史将会发生一些改变，未来5年，最多10年，中国的金融市场机会将会悄然改变，这些改变可能会体现在以下四个方面：

首先是利率市场化。35年来，在利率没有市场化的状况下，形成了两个利率市场，一个是对供给的利率，一个是对市场化供求之间的利率，人们在追求控制性低利率的历史过程中，只要把杠杆率放到极致，甚至百分之百，就会带来杠杆收益，前提是你能及时控制风险，用8个盖子盖10个风险。当然最大的风险来自于金融整顿，阻止市场化。但就目前来看，中国的未来还会加速利率市场化，贷款率下限提高，人民银行已经不再调控几大商业银行的利率保底，它用银行间的利率计算。十八届三中全会马上就要召开了，从十八大到三中全会，我们看到利率市场化不仅表现为一种政策取向，更表现为政策的逐渐进步，甚至是快速进步。

最近我一直在思考，未来我们能获取的控制性利率还有多长？如果推行利率市场化，中国未来的利率会是上浮还是下浮？未来的均衡利率水平如何？可以利用市场投资覆盖利率市场来覆盖你的成长吗？不超过两三年，这将成为每一个人，每一个企业家，每一个 MBA 学员思考的重大问题，当然与个人也息息相关。你今天的钱是放在银行里存款，还是买国债，还是做其他投资，是以你今天对未来水平基本走向与判断为依据的。因此未来几年，我们必须看清楚利率市场化的走向。

二是汇率市场化。如果说利率市场化还不是我们自己的事情，那么更大的冲击是汇率市场化。人民币升值，如果不看实体经济的话，中国的货币总量和全球的货币总量之间有着怎样的关系，中国的贸易总量和全球的贸易总量又有什么关系？你更愿意持有人民币、人民币资产，还是更宽广范围的利率？是持有其他利率，或者其他利率下的资产？我们国家最大的问题在于 70% 的资产、外汇是在美元资产中。这让我们睡不着觉，吃不下饭。我们想上海自贸区今天在做什么样的创新和什么样的制度设计，来赢取未来中国的利率市场化和汇率市场化。自贸区为我们提供了一个自由贸易的基础平台，自贸区必须以全球利率和全球汇率为基础，因而上海自贸区无非是在追求一个以自由贸易为基础，在自贸区内尽快掌握、寻求中国利率市场化和汇率市场化之前的道路，不仅是上海自贸区，珠三角、港澳也是，西安也可以成立我们的自贸区，任何一个中国的地区都可以成立，因为未来剩下的利率市场化和汇率市场化的自由空间越来越大。

如果上海自贸区内人民币和外币可以自由、无限量兑换，那么你今天只需要注册一个企业，做一件事情，即从外国的货币市场上把利率在 1% 到 2% 的货币大量融入中国，在自贸区换成人民币，把人民币存入，以 2% 左右的成本拿 4% 左右的存款；现在如果你在做一些股票市场的投资，或者信托基金的投资，你拿了 80%，可以想想这中间至少有一个利差，而全球的货币总量和全球的信贷总量会有多大，中国因此给一家企业、一家公司，或一家银行提供多少的套利空间？仅套利一项，就可以获得多少利润？

三是土地资产资本化和证券化市场。再来看看土地市场，看看今天中国单位面积的地价，在中国，土地供给的稀缺性催生了城市化过程中的房价和土地价格。未来的土地流转概念，特别是城郊的土地流转概念，能不能形成新的土地资产资本化和证券化市场？看看华西村，吴仁宝如何把一个农村变为高楼林立、别墅遍布、社会保障体系覆盖的社区，其实他只做了一件事情，他把中国城市的工业化、城市化、社会化，一切市场化的东西，不用社会把农村肢解为无数个单独的生产要素，而是自己把自己内部转为城市化、工业化、社会化，让所有产品以最终市场价格与全社会交易，从而把农村每一种价格被压低的生产要素都溶解到自己的产品利润中去，他不仅把华西村打造成了工业化、城市化的示范区，而且辐射到周边农村，取得了周边地区的主要生产资源——土地。

现在，农村土地流转概念已经在三中全会上提出，在农村土地流转概念中，如果使用权可交易、可抵押、可金融化、证券化，那么即使不像城市土地那样，至少也可以通过金融的、立体的、全方位的手段得以交换，实现其交换价值和重组价值。那么土地流转金融、土地流转债券、土地流转信托、土地流转证券等等，将与今天的证券化、资本化有一个聚焦，而且中国最稀缺的资源——土地，如何取得专业的资本化收益，也是一个问题。

四是互联网金融。今天我们进入了互联网时代，互联网时代的特征在于，所有人的交易、消费等一切行为都在线进行。大数据触手可及，一切数据都可分析、可资本化、可证券化地运用。所以，未来互联网金融将会是冲击最迅速、最大、最广泛的新机会。互联网的影响之所以如此之大，在于它是一个全新的，个体充分自由的社会，里面没有管制。想想未来 5 到 10 年，金融机制与金融互联网有机结合，就成了互联网金融，而非金融互联网。当互联网金融波及一切的时候，所有管制都不再有效，那时候，以自由、信任为基础的金融体系将会迅速形成，而中国的快速成长，人民收入水平的快速提高，人口的城市化将会催生这个成长过程。从这个视角看，我看到的是马云以小企业为基础的大数据的形成，也看到了以消费为基础的大数据的形成。因为客户数据资源将会是他们未来挖掘不尽的资源和财富。

未来5到10年过去后，过去所有的金融，不管是管制还是半管制，将被利率市场化、汇率市场化所冲击，也面临不同开发区的变动和冲击，从而全部市场化，导致未来的金融危机。我们从今天看35年来，甚至在未来5到10年间金融对实体经济的杠杆化作用，工业化和城市化作用，促进了它的流动性，保证了它的成长性，也保证了它的稳定性，但是谁来保证金融本身的安全，来保证金融的持续性？还是要靠金融自身来保证，这就是衍生金融。各种衍生产品使金融产品本身可以回避自身风险。这将是未来在金融完全市场化、自由化的道路上，MBA追求的历史发展。在三个历史阶段中，MBA正好处在这个历史阶段，在这里兴起、壮大、成长，希望这样的金融三段式能够为今天的MBA在教学和试验中解惑。

（本文系作者2013年11月2日在第十三届中国MBA论坛暨首届全球MBA论坛开幕式上的演讲）

美丽陕西与生态环境

◎ 李冬玉

新一轮西部大开发战略实施以来，陕西经济环境得到极大的改善，产业集聚效益得到显现，特别是社会财富近几年大幅提升，可以说西部大开发十几年来，陕西经济增长速度是骄人的。今天这个论坛的主题是经济强与美丽陕西，如何在加快经济强省战略中，突出美丽陕西的概念。省委省政府提出了建设“三强一富一美”陕西的目标，经济强，科教强，文化强，人均富裕，它们的指向是同向的，但是如果处理不好，这三强一富和一美，有时候就不一定是同向的。今天举办经济强与美丽陕西就是要更加关注产业结构的调整，不断转变发展方式，更加关注资源的节约，不断改善生存的质量，更加关怀人民的生活，不断提高民生的质量。为此，我讲四点意见：

一、当前看，良好的生态环境已经成为我们国家的稀缺资源。生态环境是衡量发展质量和人民群众生活水平的重要标志，是一个地区综合经济实力和竞争力的重要体现，不仅是一个地区，我认为也是一个国家综合经济实力和竞争力的重要体现。我们很多同志都去过国外或者境外，现在出去和十几年前二十年前出去最大的不同是我们的饮食、着装甚至住房在某种程度上都与国外没有太大的差别。但是和发达国家比较大的差别有两点，一个是我们的生态环境，一个是管理水平，这两点可能是目前差距比较大的。从这个意义上来讲，生态环境不仅是赖以生存的发展基础，也是衡量人民是否幸福的重要标志，是衡量一个国家和地区综合实力和竞争力的重要体现。

二、陕西当前产业结构对保持良好的生态环境具有比较大的压力，也是我们陕西的一个特点。陕西的经济结构是以工业为主，特别是以重化工为主，而第三产业远远低于全国其他城市。一般来说重化工的污染物排放比较大，而第三产业相对来讲对环境的干扰是比较小的，我们陕西的产业结构对保持良好的生态环境压力是比较大的。因此我们遇到的问题就是陕西的经济以重化工为主，长期以来依靠资源能源消耗投入来增加或者扩大经济规模，实现经济的增长，这条路是难以持续的，这是我们要面对的。

三、经济的快速发展与保持良好的生态环境在一个时期，在一个地区有时候是有矛盾的，这是应该重视并有一定共识的问题。要保持经济的快速发展，同时维护良好的生态环境，在一个时期，在一个地区是有矛盾的。我们现在讲得比较多的是经济快速发展与保持良好生态环境可以同时进行，是可以实现双赢的。但是我们看到了一些事实，包括有些学者提出来，经济发展和环境质量的关系中，存在着两者难以兼顾的问题。即经济发展到一定阶段，经济发展的速度和规模与污染物排放是同向的。在这种情况下，我们应该重视这种矛盾，应该承认它是矛盾，不一定在任何地方、任何时期都能实现双赢。我们应该正视这个问题。我们一定要通过产业结构调整提高生态环境水平，争取在经济增长的同时，保持或者维持生态环境不劣化、不退化，这应该是我们经济发展的底线，或者是维持经济较高增长的底线。

四、在局部地区，或者某些产业，如果快速的发展对环境造成较大污染的时候，我们应该牺牲一些经济发展速度，以保持良好的生态环境。如果我们工业技术、资金投入、认识管理这些问题还没有达到，在某些地区或者是在某些产业快速发展对环境造成较大污染的时候，我们应该坚持宁肯牺牲一些经济速度，也要保持我们现在的生态环境不退化、不劣化、不恶化。

（本文系作者2013年在秦势论坛——经济强与美丽陕西开幕式上的讲话）

国情与国事

◎ 蔡苏昌

为什么要讲国情？

地大物博，曾是我们的骄傲。其实，实际情况远不是这样的。

过去，一句“人多好办事”，让中国多生了几亿人，计划生育几十年，人口压力仍然化解不了。这块土地能养活这么多人吗？

经过三十多年的改革开放，GDP 世界第二，今天的中国是强国，也是弱国；是富国，也是穷国，这样的逻辑符合国情。

我们的血液里还流淌着古代文明的基因，又不会拒绝现代文明的养分。我们的成长生机勃勃，我们的山河却遍体鳞伤。

这是个全社会深深地被各种欲望搅动，但同时又发自内心渴望和谐、正义与幸福的国度。

梁启超先生曾喊：“纵有千古，横有八荒，前途似海，来日方长，壮哉，我少年中国。”不言千古在国，而言少年中国，是看到与西方相比，我们还是少年、高中生、大学生，现代化的初来者，让我们认清自己。

经过 34 年的改革开放，整整 20 年的市场经济和 11 年的融入全球化，今天出现在世人面前的实际上是两个“中国”：

一是拥有巨大的“成就中国”，始于 2003 年“胡温新政”。这十年 GDP 年均增长超过 10%，人均 GDP 按平均汇率计算由 2002 年的 1135 美元上升到 2011 年 5432 美元，农民人均纯收入连续 8 年增长达到 6977

元。如此称之为“胡温景气”并不为过。

二是拥有巨大的“问题中国”，今日中国，谋求增长与变化的雄心，多少类似于工业革命发端时的英国。当年狄更斯就评价为“那是最美好的时代，那是最糟糕的时代”“说他好，是最高级的好，说他不好，也是最高级的”。

无论从哪一个角度审视，这两个“中国”都是真实的，今日两个“中国”正在赛跑，看谁能跑过谁。

2012 年 3 月 14 日，时任国务院总理温家宝在人大会期间答记者会上讲：“随着经济的发展，产生了分配不公，诚信缺失，贪污腐败问题，我深知解决这些问题不仅要进行经济体制改革，而且要进行政治体制改革，特别是党和国家领导体制的改革。”“没有政改的成功，‘文革’可能重现。”

习总书记在十八大后答记者问时讲：“腐败问题让中国人民烦恼，国家面临严重挑战。”政改“注重改党的领导方式和执政方式”，经改“更加尊重市场规律”，改革要注重顶层设计，系统配套。

党的高层对问题的认知是清楚的。今天“成就中国”让中国人自豪；“问题中国”让中国人担忧。

困　境

1．发展困境

2012 年初以来，GDP 低于 8% 运行，是 2009 年全球金融危机以来最慢的，素有外贸“晴雨表”之称的秋季广交会，从来未有的惨淡，不仅国外参展商很少，连国内也不来，情况心酸得让人懒得去。

2012 年 9 月底，全国规模以上工业企业应收账款增至 8.2 万亿，同比增长 16.5%，上市公司截至 2012 年 9 月底，A 股的 2268 家公司应收账款总数已达 1.99 万亿，同比增长 19.78%，远远超越主营业务的收入。三角债重回经济运行之中。

以上现象仅仅是经济周期波动问题，还是发展困境，值得深思，经济波动规律是繁荣——衰退——萧条——复苏。是前者，两年后形势好转就可以了。属后者，意味着中国经济发展会长期停滞，问题就大了。1970 年被认为有 101 个国家达到了中等收入，而直到 2008 年也只有 13 个国家进入高收入国家行列。

关于中等收入陷阱：秘鲁、阿根廷等拉美国家，按西方市场经济理论，开放市场，经济提速之后，人均 GDP 达到 3000 ~ 5000 美元，资源有限，产业结构单一，产出有限，市场被西方控制，发展处于停滞，至今半个多世纪过去了，看不到经济走出困境的希望。

欧美 20 世纪 80 年代，重工业化后出现铁锈时代，恰逢中国开放，转移产能，帮了中国，救了西方。世界历史上的较大规模的产业转移发生过三次：

第一次是 20 世纪 50 年代，美国将钢铁、纺织等传统产业向日本、德国转移。

第二次是 20 世纪 60—70 年代，日本、德国向亚洲“四小龙”和部分拉美国家转移轻工、纺织等劳动密集型加工产业。

第三次是 20 世纪 80 年代，欧、美、日等发达国家和亚洲“四小龙”等新兴工业化国家把劳动密集型产业和低技术型产业向发展中国家转移，特别是向中国转移。从 1992 年到 2007 年，中国累计利用外资 8200 亿美元。

今天第四次产业转移已经开始。劳动密集型以出口或代工为主的中小制造企业，由中国向越南、缅甸、印度、印尼转移。如耐克、阿迪达斯外迁，高端制造业回巢发达国家本土已成潮流。

我们面临失去低端制造业又失去高端制造业的双重危险。

可以肯定，中国经济超高速增长的时代结束，今后会逐步走向“适度增长”。

历史上，日本（1973 年）、韩国、新加坡、台湾地区在 1997 年从高速骤降之后，再也没有重回高速。我国能逃脱这一规律吗？如果不能逃脱，中国就业怎么办？近3亿农民进城干什么？城市化能持续推进吗？

清华大学国情研究院院长胡鞍钢很乐观，认为中国的战略机遇期并没有终结，未来十年，将是中国全面赶超美国的十年，到2020年，按汇率法（现价）计算中国GDP相当于美国的1.04倍，按购买力计算中国GDP相当于美国的1.34倍，从而打破美国自1891年到2020年130年世界第一的霸主地位，中国将进入中等收入国家，意味着全面小康建成。胡鞍钢认为，中国本轮经济困局是经济周期性波动，我们要还的是过渡投资债。理念是由“发展是硬道理”上升为“转型是硬道理”。即转变发展方式。但愿这个预测是正确的。

2．城市化困境

改革开放以来，中国城市化规模是人类历史上没有的，亦是罕见的，仅以摩天大楼为例，当前全球十大超级摩天楼中，中国就占5个，按计划未来3年，每5天就有一座摩天大楼在中国封顶，5年后，中国的摩天大楼总数将超过800座，是现在美国的4倍。

专家预测，按此速度发展，未来10年，中国80%的城市超级化、联体化、20%的城市边缘化。

高速城市化过程中，十年前快速城市化的喜悦已被今日生活环境急剧恶化，生活成本急剧增加，不宜人居的客观现实取代。

从1999年始，中国城市生活污水排放总量已超工业废水排放总量，每年13%的机动车增速，已使大城市人均路上时间由10年前的28分钟，达到创纪录的52分钟。单交通拥堵使15座中国主要城市每天损失10亿元。十年城市化率常住人口增加了12.2%，但户籍人口仅增加1%，这意味着城市化虚增，20%的半边缘化人群或为未来动荡埋下“地雷”。

城市垃圾成灾，大量水土被“毒化”。

美国美世咨询公司公布2012年全球生活成本最高城市排行榜，在被调查的214个城市中，上海第16位，北京第17位，深圳第30位，广州第31位。而在2008年，上海仅111位，2009年28位，2010年25位。生活成本上升，已使“逃离北上广”成为潮流。

全球化退潮，市场化呆滞，未来中国经济要靠城市化，若城市化在中国失速，中国经济又该如何走?

3. 维稳困境

“做蛋糕”是经济方面的事，“分蛋糕”是政治方面的事，历来“做蛋糕”容易，“分蛋糕”难。

中国人民银行与西南财经大学共同创立的中国家庭金融调查与研究中心对8438个家庭所做调查显示，2010年中国家庭基尼系数为0.61，远高于0.4的警戒线，这在全世界是罕见的。目前世界主要经济体中，南非基尼系数为0.65，排第一，中国第二。20世纪60年代中国基尼系数为0.17，80年代为0.27，2000年为0.4，2006年为0.496，最高收入的20%人口的平均收入和最低收入20%的平均收入之比是10.7，而同期的美国是8.4，日本是3.4，俄罗斯4.5，印度是4.9倍。

2012年7月，家庭金融调查与研究中心发布的城镇失业率为8.05%，几乎是官方数字的两倍。

中国版“街头运动”已散落于医疗、教育、环保等各方面，并呈现爆发式增长，从1993年的1万起暴增到2003年的6万起，2006年时约9万起，2011年已是每天500起。

这也难怪“北京在找稳定，广东在找幸福，法庭在找平衡，穷人在找底线，农民在找土地，GDP在找神话，特权在找理由，社会在找道德”。各阶层板块相互撞击，释放出矛盾冲突。

我国的改革始于普遍贫穷的社会主义，改革的策略是让一部分人先富裕起来，让一部分地区先富裕起来，这一策略不仅让中国经济高速发展了30年，应当说非常符合人性，为人们提供了无限的动机追求财富。

问题是先富者越来越富，其他人要么富裕不起来，要么趋于贫穷，“官二代”“富二代”出现“城堡”式社会阶层世袭化现象。

土地是农民脱贫实现基本社会公平的最主要的经济要素，在集体土地所有制下，集体土地已变成人人都想吃的“唐僧肉”，唯独名义上是土地主人的农民则拿到的好处不多。很显然，由土地引出的社会冲突已经成为今天我国社会冲突的主要根源。

当今中外的历史经验证明，当人们处于不温饱状态时，社会成员之间会为最基本的生存权而相互冲突（动物世界），而一旦达到温饱以上水平，经济公平就变得非常重要。

我国传统法家强调“养民”，相信“仓廪实而知廉耻，衣食足而知礼义”。儒家强调社会公平，相信“不患寡而患不均”。

今天法儒结合才能平衡，利益分配不公、行业不平衡、地区差异大、城乡差异大、官民差别大和对社会问题的处置不当导致社会中积聚了很多怨气。社会公平正义的缺失是革命最强有力的驱动力。因此，维稳的压力很大，代价沉重，出路只有一条，执政者把维护社会的公平当做第一要务，也就是分好“蛋糕”。

4．合法性困境

中华人民共和国成立以来到改革开放之初，唯有共产党方能救中国，是国人共识。

我们小时候对毛主席、共产党的爱是发自内心的，不是单纯、愚忠，是信仰是希望。为人民服务、愚公移山，纪念白求恩，是行为准则，毛主席语录是价值观，没有人不听毛主席的话，没有人怀疑共产党。只是想跟着毛主席和共产党，国家民族才有希望，那个年代全国人民步调一致地过着贫穷的社会主义生活。

但 1978 年改革开放以来，精英们把统治绩效作为执政合法性的主要来源，以为 GDP 高速、经济繁荣，人民就会认同，而市场经济全球化导致经济增长存在周期性波动是一个客观存在。从 1825 年英国第一次爆发经济危机以来，在整个 19 世纪，大约每隔 10 年周期性的爆发一次经济危机，进入 20 世纪经济危机缩短为每隔 7 ~ 8 年爆发一次，二战以后，经济危机的周期已缩短到大约每隔 5 年爆发一次。

最有影响的经济危机发生过三次。1873—1893、1929—1941、20 世纪 70 年代。黑色星期四就是 1929 年 10 月 24 日华尔街股市下跌，引起恐慌，股民疯狂抛售股票，大把的积蓄转眼烟消云散，没有谁可以幸免于难，近十年大的危机基本上没有哪个国家可以逃脱。

我们国家从 1978—2012 年大约经历了三个经济周期。

1978 年—1991 年，改革开放逐步过渡到价格改革，结果引发 1988 年严重通胀，遭受国际制裁经济处于低潮。

1992 年—2001 年，邓小平南巡，又一轮投资高峰，随之通胀，海南地产泡沫和调控，到亚洲金融危机爆发。

2002 年—2008 年，加入 WTO 和房地产投资、汽车消费进入家庭，引发新一轮经济增长，到 2008 年次贷危机结束，现在仍在调整之中。

第一次周期打破旧框架，由计划向市场过渡；第二次周期建立新框架，市场和政府双轮推动；第三次周期政府市场均坐享其成到百弊丛生。

经济周期是规律性的，如果政府的执政合法性仍由经济增长和经济效益来支撑，这种合法性的来源就无法维持。实际上执政合法性来源一定来自“意识形态、领袖魅力、统治绩效、民主法制”四方面的加权。

意识形态：国家主导价值观，统治阶级的信仰，这非常关键，是最重要的。习总书记在多次讲话中特别关注到了共产党人信仰重建的问题。全民公约数，行为准则。

领袖魅力：毛泽东、邓小平是伟人，他们让中国人放心，认为跟着他们不会错，愿听他们的话，习总书记已展现领袖潜质。他深知为君之道在得民心。

统治绩效：综合发展与分配情况，经济权重。

民主法制：人权、自由、民主三者平衡，司法与政治平衡，司法的独立性。

按我们的民族特性，国家民族的出路在共产党，共产党的出路在党内民主，而党内民主的主要体现在党的领导体制制度化。年龄限制、任期制已是一大进步。

5．互不信任困境

从火腿肠中认识敌敌畏，在咸鸭蛋中认识苏丹红，在火锅中认识福尔马林、三聚氰胺、地沟油、塑化剂，做假账、山寨机、假文凭、虚假交易等等，信任危机已从汽车、楼市、金融等领域中衍生到百姓的日常生活中，国人已让各种“坑蒙拐骗”迷惑了眼睛，不知所措。感觉是坏人更坏，人心不古，好人亦变坏了，良心大大的坏了，人们没有自信。

在个体层面，人人自危，谁也不信任谁，互相欺诈，社会交易的成本急剧上升；在集体层面，一个村子不信任另一个村子，一个组织不信任另一个组织；在国家层面，政府要靠维稳来控制社会局面，以免伤害自己。而社会要靠暴力甚至生命来争取他们认同的社会正义，从而形成局部无政府状态的边缘。

从五大困境的交集与衍生、发酵，从个人到企业、从经济到政治，如果改革开放中壅积的矛盾不以“大平仓”释放，就会以“人人自卫”的形式展现，那样的话，改革开放以来取得的巨大成就就会被冲击，新一届党中央将面临巨大挑战。

由困境衍生的难题，这也是新一届政府的几大难题。

难题一：如何协调短期增长与长期调整的关系。

出口和投资是中国经济两大动力，全球贸易总量下降，世界经济“再平衡”之中，如何使中国经济减少对出口和投资的依赖，又能保持总量增速下降到中速区间（7.2%左右），就要解决下滑速度过快，短期增长占上风，地方政府对GDP崇拜，三者的平衡，说易行难啊。

难题二：怎样刺激消费。

消费增长取决于居民可支配收入增速，受制于居民对未来的预期两大因素。目前这两大条件短期内均无法改善，原因是养老制度滞后，医疗和教育改革失效，房价高位运行，导致居民不敢增加即期消费，而是通过储蓄来满足未来安全需要。在此观念下，刺激消费政策难以实现。

难题三：如何启动民间投资。

由于民间资本只能在过度竞争性领域投资，近十年来，实业投资回报率偏低，泡沫经济严重，投机盛行，民营经济生存环境恶化，民间资本对实业投资的期望降至近年最低，逃离、观望已成趋势。出口受限，投资不敢，消费不振，左右为难。

难题四：如何重塑党的信仰。

中华人民共和国成立以来，共产党人把马列主义、毛泽东思想当做指导思想，为共产主义奋斗作为目标与信念。传统文化被隔绝，西方文化进来后被证明在中国难以立足，国人失去了精神寄托。不仅使共产党人心灵无处安放，国人亦失去了价值的公约数。

重建重塑共产党人的共产主义信仰，不仅意味着要对共产主义在现阶段从理论上丰富与创新，更要与之相吻合产生的领袖人物其人格魅力让全党全国人民敬仰。幸运的是，我们似乎已看到了曙光。

难题五：如何惩治腐败。

腐败不单单是政治上的问题，也不是只有现在才出现，更不是中国特色。然而目前我国整治腐败现象发展迅猛的势头，已经达到了一个刻不容缓的地步，腐败具有腐蚀性和扩散性。它逐渐扩散到整个统治阶级，腐蚀高官掌权者的群体，既危及和破坏法律的权威性和有效实施，又破坏我国社会主义的经济基础，动摇着我国社会的政治基础。腐败问题已经对党，对国家和社会构成了巨大的威胁。零容忍惩治“腐败”是新一届党中央所持的态度，深得民心、党心、军心。

难题六：如何改变分配不公等。

中国社会收入分配不公现象，当属中国经济改革的副产品——自从邓小平20世纪80年代提出“允许一部分人先富起来”之后，这个本属方法论的论调，成了少数中国人跑马圈地、囤积财富的政治保障。深化改革是唯一出路。

国 情

近些年，西方学者创建了一个词汇“中国之谜”。

为什么在一个人均资源贫乏，技术创新几近空白，产权不完全清晰，市场不完全开放，社会不完全平等，对外安全不开放的制度条件下，中国人出乎意料的创造了经济奇迹。

美国哈佛大学教授韦茨曼提出，按照西方主流经济学家设计的东欧和苏联各国的改革，伴随而来的是经济大萧条，而在他看来，不那么正宗的中国改革却与高速经济增长并行，他将这种现象称之为“中国之谜”。

诺贝尔经济学奖得主布坎南说：“‘中国之谜’看上去不合理，可是却管用。”

以往我们提到国情时，往往说，人口多，底子薄，人均资源相对不足。但今天，这一句话已远远不能描述出中国的基本国情。13亿人心中，会有13亿个国情版本。

经济学家胡鞍钢讲：“研究国情如同读一部天书，天天读，知之不多，也知之不深，因为他太大，太复杂。没人给出一个完整的解决办法。”

1．经济

GDP世界第二，粮食自给自足，三十年让2亿人摆脱了贫困，世界大国俱乐部中中国已坐到了中间位置，今天没有人不看重中国，没有国家敢轻看中国。从经济总量上看，我们似乎已重回到1750年之前的中国在世界上的地位，经济奇迹缘于“北京共识”与“华盛顿共识”之异同。

“华盛顿共识”是1989年由经济学家约翰·威廉姆森根据西方学者的意见执笔发布。其内涵是：经济体制不像超市，不能保证得到计划与市场两个世界最好部分拼凑起来装入一个篮子里。他认为经济体制不可分割相互替代，只能作为一个整体，其转轨结论就是大爆炸式的激进改革路径。主要包括：加强财经纪律、进行税制改革、利率市场化、贸易自由化、放松外资限制、国企私有化、政府开支用于改善收入分配的领域。关键词是“放开、自由”。而中国恰恰是装入一个篮子里，由政府和市场二人转，并取得成功。

20世纪80年代初，拉美国家成为“华盛顿共识”的试验场，大力推行市场化、私有化、贸易自由化以及紧缩性的财政政策，不幸沦为重灾区。阿根廷、乌拉圭的新自由改革失败。

拉美国家二十年经济停滞，发展质量下降，“华盛顿共识”的新自由主义思潮难辞其咎。

杰弗里·萨克斯这位休克疗法的创始人，到访中国的时候，对中国的评价是“我觉得中国走在正确的道路上”。

而他按“华盛顿共识”设计的苏联“休克疗法”，让苏联倒退了15年，俄罗斯经济学家把“休克疗法”与俄罗斯历史上三大外敌入侵——蒙古人、拿破仑、希特勒放在同一破坏程度上。认为其带来的经济损失要比二战给苏联造成的损失大一倍多。

历史证明“华盛顿共识”符合经济规律，但有重大缺陷，不完全适合全世界，更不适合中国国情。十分庆幸的是，伟人邓小平对中国道路的选择是“北京共识”的中国之路。

“北京共识”的内涵，解决经济转型要因事而异，灵活应对，不求统一标准。创新和试验是“北京共识”的灵魂。

中国三十年发展的事实已经证明“计划和市场”可以“装入一个篮子里”，但同时遇到的困难之大，矛盾之多，问题之复杂，不是轻易能够认识的，也不是朝夕可以解决的，这亦是中国特色社会主义道路的涵义。

世人皆知中国改革是史无前例的，实际上中国经济现在面临的问题和墨西哥1980年代初居然有几分巧合，但愿只是巧合。

墨西哥经济改革始于1930年，从1945年到1981年长达36年保持了年均6%的经济增速。1984年就已加入了富国俱乐部，墨西哥采取的经济政策是以国家资本主义为主体的出口替代战略，对石油、铁路、银行等实施国有化，对特定产业进行保护，对进口产品进行模仿后出口，背靠美国劳动相对便宜，出口大量简单产品到美国。这同我们今天的产业政策颇有几分类似。

墨西哥1982年的城市化率已达66%，而我国2011年已达52%，若把户籍制度因素考虑进去，我国2011年的城市化率已达63%。

1981年墨西哥人均GDP已达1.0896万美元，而我国按购买力平价计算2010年为7130美元，2012年有望达到8400美元。

1982年墨西哥经济下滑时，政府采取的政策为印钞票，通胀率在整个80年代平均为50%，从1982年到今天，墨西哥年平均增速仅为2.25%，长期陷入中等收入陷阱。我们的通胀在过去的几年中也不再温和，若工资快速上升，而生产率没有相应提高时，资本逃离发生后，很可能步墨西哥后尘陷入中等收入陷阱，这亦是“北京共识”要面对的现实问题。

拉美和苏联的路我们不能走。墨西哥与我们相似的路亦停滞长达了30年，我们的经济之路在计划与市场两矛盾体中如何平衡，还要靠创新与实验的法宝自己走下去。

再来看我们工业经济的实际质量，今日我们是“世界工厂”，在全球的商品上能看到“MADE IN CHINA”的字眼，却找不到中国企业的印记。

2005年前商务部官员向欧盟的官员算了一笔账：中国出口8亿件

衬衫，才能换回一架空中客车飞机。一句话击中中国制造的要害——低成本、低利润、无自主品牌、技术含量低。

在中国苏州有个鼠标生产厂，品牌和技术属于美国罗技公司。利益分配是这样的，一只售价40美元的无线鼠标，其中，15美元为分销商和零售商，13美元为零部件供应商，9美元为罗技公司，3美元给中国苏州的制造厂。

在中国合资汽车企业中，普遍的模式为，外资30%资本，拥有50%股份，分走70%的利润，中方只能拿30%。

目前，我国科技进步贡献率不到40%，研发投入占GDP的比率不足2%，对外来技术依赖程度要超过40%。

我们科教兴国的路还很长，中国制造变为中国创造的路还很漫长。与他国的经历相比，今日中国是最好的时代，但如果我们不重视中国国情和令人忧思的角落，也许最好的时代会变成最坏的时代。

2. 资源

打开中国地图，绿色的平原很少，大部是黄色、橙色的高原、丘陵，陆地面积960万平方千米，适合人们生存环境的只有300多万平方千米。全世界平均只有10%的人口居住在海拔400米以上的地方，而中国超过20%的人口居住在海拔500米以上地区。中国人生存环境之恶劣，在全世界都是绝无仅有的。

1935年，胡焕庸发表了我国人口地理和农业地理方面的第一批论文，他绘制了一张与众不同的中国人口分布图。这张地图被一条线分为两半，从黑龙江的黑河到云南的腾冲，线上是中国64%的土地，只有4%的人口，而线下36%的国土却居住了96%的人口，今日线下300多万平方千米住了12.2亿人口，而线上仅住1亿多人口。人口几乎全挤在线下方。

按土地资源，中国人最好不超过10亿（欧洲标准人均年500公斤粮食）；按能源负载，中国人最好不超过12.6亿；按淡水资源，中国人只有4.5亿才好。我们是真的地少物薄。

（1）贫瘠的土地

在跨入2009年那一刻，全国耕地面积为18.2574亿亩，比10年前减少了1亿亩，相当于每年减少一个中等县的面积。人均耕地不足1.4亩，在全世界26个5000万以上人口国家中，我国人均耕地仅比弹丸之地孟加拉国、日本略胜一点，排在倒数第三位。国土面积比印度多600多万平方千米，但耕地面积却比印度少7亿亩，比美国少10亿亩。18.2亿亩耕地中，满足光、温、水、土质标准的优质土地仅占6%，中低产田占90%以上，而优质土地基本上集中在胡焕庸线下方，一要吃饭，二要建设，如何平衡，考验着全国人的智慧。

自2008年起，中国的粮食产量基本上维持在1万亿斤左右，每年约进口5亿吨的粮食，到2030年，我们国内生产能满足需求的42.5%，大部分粮食要进口，毫无疑问我们有能力支付大量进口粮食，事实是没有一个国家可以增加那么多粮食出口满足中国的缺口。1980年以来，世界粮食每年出口约2亿吨，其中一半来自美国，预计20年后，美国人口约增加1亿，美国可供出口的粮食不会太多，中国只有靠自己保护耕地。

“但存方寸土，留与子孙耕”，这是中国古代儿童启蒙书《增广贤文》中的词句。珍惜土地，民才能安。

（2）物薄的资源

我国有170种矿产资源，据1996年地矿部资料：煤已探明储量10 000亿吨，可开采量4000亿吨，占世界11.09%，排名世界第3位，到2015年煤需求会达到40亿吨。150年前，德国人李希霍芬乐观地预言山西煤炭资源可供世界2000年之用，今天，中国最富足的煤炭仅可供中国百年之用。

2006年年底，我国石油可开采量仅为20.43亿吨，仅为世界人均15%，年进口已超2亿吨大关，到2020年石油消费会超过5亿吨，年缺口会达3.5亿吨。据摩根士丹利发布的研究报告称，国际油价每上升10美元/桶，将使中国的GDP减少5%，CPI上升0.3%~0.4%，若成品油价上升10%，则将令交通、建筑用原材料、矿产及建筑业的毛利率下降3%~5.4%不等。同样的工业化进程，我国要比西方国家多付出近50倍的石油成本。

2005年，我国淡水资源总量2.8万亿立方米，人均水资源只有2300立方米，可利用的淡水资源为1.1万立方米，人均约900立方米，仅为世界平均水平的1/4，是全球人均水资源最贫乏的国家之一。北京成为了世界上最缺水的大城市之一，人均水资源仅为全国平均水平的1/8，世界水平的1/30。

还有天然气可开采量仅为世界人均10%；森林可开采量已不足10%，仅为世界人均的21.3%，人均森林面积0.132公顷；2/5的资源性城市面临资源枯竭（全国资源性城市118个）；1/5的城市空气污染；3亿人缺水；1/3土地水土流失，受酸雨影响；90%的草原不同程度沙化，不同程度退化；地下水每年下降12cm。

根据《世界资源报告》（2001—2002）计算，中国每创造1美元GDP所消耗的能源是美国的4.3倍，日本的11.5倍。如此消耗，中国的资源需求不仅是中国的包袱，也是世界的包袱，而且造成中国人买啥啥贵。

铁矿石一半是进口的，平均价格涨幅率和2002年比上升200%多，2/3的铜精矿需要从国外进口；60%的氧化铝，90%的铬需要进口；仅2008年，53亿吨的物料和矿产品来自国外。每年增幅达10%以上。

中华人民共和国成立60年以来，GDP每增加10倍，矿产资源消耗相应增加40倍。每使用1吨煤，就会带来150元人民币的环境损失。中科院测算，目前由环境污染和生态破坏造成的损失占到GDP的15%，这意味着9%的经济增长会同时产生15%的损失率，而治理永远比不上污染。

2008 年 5 月，国家环保局 6 个检查小组分赴黄河、长江、淮河等流域调查水污染状况，得出的结论是：四大流域的整体污染现状已经成为常态，七大水系中 26% 的水质为五类和劣五类，9 大湖泊中 7 个是五类和劣五类。五类和劣五类属于连农用水都不能做的废水。曾经水草丰美的渭河平原被形容为“八百里秦川，一千里污染”。每年注入长江的污水相当于黄河水水量。北京除远郊区有一些水库，支流为二类水质外，市区地下各河、湖几乎全部被劣质的超五类水所覆盖。

以煤为主的能源消耗（煤占 3/4），燃烧产生大量粉尘、二氧化碳等污染物，被称作“空中死神”的酸雨不断蔓延，已占国土 1/3。酸雨被称为森林的墓地，中国南方已成为世界三大酸雨区之一。中国的环境现实是“逢水必污，逢河必干，逢雨必酸”。

取之有度，用之有节，则常足。取之无度，用之无节，则常不足。千年前《资治通鉴》里的语言今天仍然散发着智慧的光芒。

3. 民生

将“福”字拆开，左边的“示”字，本意是把事物摆出来使人知道，这里有祝愿的意思。“福”字的右半部分是“一、口、田”。“人人有田耕”“人人有事干”就是现代的“福”。就业是“福”，就是摆在中国面前的一道“民生必答题”。

法国《解放日报》北京分社社长彼埃尔·阿斯基在北京生活了十几年，中国经济高速发展和巨大的地区差异，他试图向一个远在巴黎的朋友解释中国，不知如何讲恰当。看高楼、磁悬浮列车、太空之旅，中国活在后现代的 21 世纪文明之中。看下岗失业的家庭，渴望上学的农村孩子，不完备的医疗和社会保障体系，中国仍然是 20 世纪初他们国家的状况。

人口 13 亿多，60 岁以上的老人 2011 年已达 1.6 亿，超总人口 10%，已步入老龄化社会，到 2050 年，60 岁以上老人总数将达 4 亿，那时每 100 个劳动年龄人口要负担 49 个老龄人，2006 年中国政府宣布，要在 2020 年建立起覆盖城乡的社会保障体系。

问题是老龄化以后，养老基金的收支缺口巨大。1998 年国家建立了养老金保险资金转移支付制度，每年平均补助约 900 亿元。到 2035 年，老龄化高峰期，养老金缺口会达上万亿。江西九江市 2009 年养老金每月征收 2300 万元，支出 4700 万元，刚性缺口就达 2400 万元。由此可以看出我们的养老压力有多大。

截至 2009 年上半年，3. 3 亿人享受城镇基本医疗保险，8. 3 亿农民参加了新农合，全民医保成为现实。陕西神木县 2009 年 3 月 1 日在全县推行“全民免费医疗”制度，这种特殊的医疗模式，只有在发达国家才会实施。神木模式成为医改的亮点，是国人眼中的“天上掉馅饼”的好事。可复制、可延续性如何有待观察。

从现在开始的未来 30 年，还将新增人口 2 亿多（实际上可能客观存在 5% 左右的新生黑户），有 3 亿农民要从乡村走向城市。这意味着至少有 5 亿中国人需要在有限的国土空间上重新布局。

面对这样的状况，我们不禁要问如此继续下去，谁能给我们饭碗?

中国社科院 2008 年 12 月发布《社会蓝皮书》称中国城镇失业率是 9. 4% , 已经超过 7% 的国际警戒线。

从长远看，提升自己的就业能力、调整产业结构、保护中小企业、大力发展服务业，才能创造更多的就业机会，西方发达国家，服务业的从业人数占就业人数的 75% , 我国仅为 35% , 拥挤或许还将继续。尽管拥挤、尽管嘈杂，尽管社会中竞争加速了各种不如意，家人、朋友是我们幸福的永恒寄托。

4. 历史

从历史上看，中国在农耕文明的几千年中相对诚信，君主立宪，精英治国，上人统治，县以下自治，国人关注亲属的福祉，重视安定和延续，忠君唯上。释道儒交替作为价值观的公约数，不仅约束了人性，更强化道德标准至上。使中华民族在四大文明中是唯一一上台就没有下台的民族，不走极端，存续至今。1750 年以前，世界经济中三分天下有其一。近代落后，原因很多，主要原因是清政府腐败无能，闭关锁国，落后是时代的差距，并非文化的差距。

在中国有系统文字记载的约三千年历史中，盛世五个，仅 300 年。西汉的文景之治、唐代贞观之治、唐朝的开元盛世、明代的永宣之治、清代康乾盛世。

近三千多年里发生的大小战争达 3800 次之多，人祸远大于天灾。和欧洲或世界历史上他国以宗教为主的战争不同，中国因宗教发生的战争几乎没有，这证明中华民族的文化是有其优越性的，不足之处是内耗与内斗。

所以，中华民族是个自力更生，安于现状，乐于内斗，勤奋有余，创新不足，自我调控，不走极端，认同正统，精英治人的民族。各朝各代，官是大而强，民是大而弱。

虽然本性渴望民主、自由、人权，但主流价值观还是认为被人管着自由的生活。有个好皇帝心中踏实。毛泽东、邓小平，一个让中国人不挨打，一个让中国人不挨饿，人们愿意跟着他们走。今日习总书记一亮相，管自己、改会风、不扰民，律己示民，展领袖风采，露大国领导人气魄，让国人放心。

民族复兴从三十年前起航，今日步子更加坚定。

总之，13 亿人的改革开放，不断调整挑战国人的历史价值观。时空与环境的不同，资源能耗环保的紧箍咒，国情的复杂性让我们前进的路上陷阱丛生。这就是为什么邓小平要“摸着石头过河”。

开放发达国家 150 年工业化过程，走的是“先发展，后治理”的路子，英国可以把罪犯“出口”到澳大利亚，可以把失业者“出口”到非洲，当时的人口仅 1000 多万人，他们靠扩张“化解”各种社会矛盾。而当时的美国，可以合法到非洲买卖农奴、奴隶华工，其贫富差距达几十倍没有问题。英国泰晤士河曾因污染臭了上百年，治理用了

150 年。

而今天，面对异常苛刻的国际竞争，哪怕出口一个苹果到欧洲，都须通过别人制订的几十种技术指标的检查，其中很多指标纯属贸易保护主义。

我们不能走“先污染，后治理”的西方之路，这就决定了照搬西方经济理论会摔跟头，要本着人民利益，牢记中国这片热土的特殊性。

启　示

启示一：现实让国人过好日子的胃口小点

被吊起来过西方式好日子的欲望是目标，路漫长。

2009 年西方发达国家用于国民的平均福利支出约 9000 美元。而同期我国的人均财政收入仅为 1166 美元，约 10 万多亿人民币的财政收入，已占 GDP 的 35%，支出国防、教育、行政开支之后，用于民生的钱不足西方的二十分之一。况且，我们还要集中力量办那么多大事。

中国的任何一个问题，只要除以 13 亿则很小。每年死于交通事故的人数 2011 年约 30 万人，听起来很吓人，除以 13 亿则为 0.23%，与同期联合国公布的全球交通死亡 0.22% 相当。

中国的任何一个问题，只要乘以 13 亿则很大。每天要吃 13 亿斤粮食，产生 10 亿吨垃圾，相当于 3 个西湖水每天被马桶抽走，即国人每天上一次厕所要消耗 3 个西湖水。资源有限，根本消耗不起。

新西兰 400 多万人口，21 万平方千米土地、水土丰美，很适合粮食生产，人类居住，而他们国家规定，不种粮、不办工业，只发展畜牧业、旅游业，足够过上好日子，我们不可比，命也。

日本人、德国人亦是人口密度较大，资源少，他们过上好日子并维持至今主要原因之一是“勤奋 + 精细”的生活理念。勤奋我们可以做到，是国人传统，但精细我们差距较大。德国制造、日本质量是民族品牌。能耗我们是日本的 11 倍，何时能赶上，要学的很多。

所以，知国情，我们浪费不起，大方不起。开大排量车，住大房子，私人飞机，私人游艇，大多数人难以企及，国情不许，循环、科学方可持续。

启示二：改革是当下走出困境的唯一出路

习总书记在广东考察期间，走邓小平南巡之路，讲坚持改革开放不动摇。

那么我国的改革怎么下手，在关于改革的突破口上，学者归纳了12种之多：以房市改革为突破口；以土地改革为突破口；以解决民生问题为突破口；以缩小收入差距为突破口；以行政体制改革为突破口；以公众参与为突破口；以为铲除垄断行业为突破口；以人事制度为突破口；以建立公民社会为突破口；以宪政改革为突破口；以基层选举和党内民主选举为突破口；以法制改革为突破口等等，活脱脱一副盲人摸象的乱象。

历史的经验证明，不管突破口何在，政改的核心就是“限制政府权力”。而政府权力的限制体现在两个方面：

第一，让政府的归政府，市场的归市场。

作为制衡政府权力的重要组成部分，市场遵循自身运行规律，丛林法则，优胜劣汰，政府只限于提供市场运行所需的相应服务，建立和维护市场运行所需的法制环境。

今日中国的市场经济被称为“国家资本主义 + 权贵资本主义 + 市场资本主义 + 有限的福利资本主义”。这同标准的市场经济：市场资本主义 + 有限福利资本主义之所以出现偏差，缘于20世纪80年代的那场风波。

20世纪80年代末的党政分离，政企分离等尝试，由于1989年的政治风波而中断。从90年代开始的党政、政企重新合二为一，这既是政治风波之后的无奈之举，客观上也为1992年开始的市场经济创造了政府强力主导推动取得成功的所谓“中国模式”。

这一模式将市场经济简单地理解为“市场＋政府”。而忽略了市场经济是由“市场、政府、社会和法制”四个既各自独立，又互为依存的四位一体的结合。

这一模式在经济迅速成长的快感上升同时，也迅速尝到了恶果，其表现就是由于政府权力过大而导致腐败、政商勾结、利益集团控制财富。社会分配模式迅速由原来的“橄榄型”扭曲为“哑铃型”。

四万亿刺激方案被滥用，导致“国进民退”，就是权力市场经济压倒法制市场经济的典型案例。

第二，让国家的归国家，个人的归个人。

长期以来，国家利益至上成为处理国家（集团）与个人关系的不二法则，大政府、小社会的千年硬壳在今天仍然难以撼动。保障和发展人权是限制政府权力、建立民主法制的最重要的理念与方法。

在今日西方，为了对抗政府权力，曾有人不断呼吁，“个人权力优先于善”，强调不能因社会的共同利益而牺牲个人的选择。国情不同，我国不适应这一理念，但对个人利益的充分尊重已符合长远的国家利益。而这种关系的调整最重要最直接的有效方法是让利于民。

2010 年，我国财政收入接近 GDP 35%，财政赤字 1.7%，而同期美国税收为 3.4 万亿美元，占 GDP 24%，赤字为 10%。若美国政府和我们同比例税收 GDP 达 35%，他们会是财政盈余。

康乾盛世时期，人口约 3 亿，同今日美国人口相当，当时朝廷一年的财政税收为 5000 万两银子。5000 万两银子是什么概念呢？当时，北京工匠一年收入 24 两银子，普通劳工收入 1 两银子，除以 5000 万两银子，朝廷一年收入是 200 万北京工匠的年收入。这个收入可以支付朝廷所有用度还有盈余。美国政府年财税收入 2.3 万亿美元，相当于 6000 万美国人的年收入，加上地方收入，差不多是 9000 万人的年收入，今天的美国政府的规模是康乾时期的 45 倍多。就这美国还是“小政府大社会”，而我国财政在 GDP 中的占比比美国高出 11%。“大政府小社会”带来了人们对政府的完全依靠，依靠不了就埋怨。

一个良性的社会，政府征税应受到严格制约，更多的收益和财富应留在民间。这就是为什么十八大提出要把根本性实现减税作为经济持续增长的动力之一主要原因。

启示三：今后十年，中国的国际环境会更加严峻

近两百年，世界由西方主导，顺应西方的国家，基本上均得到了发展，但任一国家和西方利益有冲突均会被打压或遭受侵略。今日世界秩序是建立在西方主导的既文明又血腥的“规则”之中。

全球化让中国发展西方受益，相比较，中国受益更大，这就动了西方特别是美国人的奶酪，对他们有了威胁。出于全球战略和长期霸主考虑，美国不仅从政治、军事上挤压中国生存空间，重返亚洲在中国周边搞事，更是在经济上利用全球本轮经济危机遏制中国。

诺贝尔经济学奖得主蒂格利茨曾说过美国搞垮一个国家的步骤是：

（1）先让其私有化和市场化，推动大量资本进入这个国家，然后大幅拉高楼市、股市和汇市价格；

（2）引发通胀来激化这个国家的矛盾，制造危机和动荡；

（3）以此迫使资本四散而逃，让这个国家的资产价格跌得一文不值，返回头再买进其核心资产，在经济上完全控制这个国家。

美元贬值但大宗商品涨价是美国之局，中日钓鱼岛之争美国是幕后黑手。

最近，美国又开始猛逼人民币升值了！由于人民币不能自由兑换，出口美国的商品只能用美元结算，加上定价权在美国手中，人民币升值的显著结果就是财富流失。

尽管从2005年起人民币对美国汇率上升了20%，而房价、地价更上涨了数倍。如果人民币再向上升，待到房市泡沫被无限吹大后，热钱就会抛售在中国的资产，掠夺巨大的利润撤回美国，既瘫痪了中国经济，也赖掉一部分美国欠中国的债，可谓一石多鸟。

如果不从根本上改变目前的经济模式、消费思维，政府量入而出，我们很难摆脱美国为我们设的局。实际上，面对当前的复杂局面，我们最大的敌人是自己，“创新”“试验”是中国成长的灵魂，做好自己的事，美国人想扼制我们只能是梦想，主动权还在我们的手中。

启示四：大国的特色之路

从文景之治到康乾盛世，无不是社会稳定与繁荣的交集，秩序在自然法则和人治规则间寻找着平衡，而大多数时期，秩序缺失在史学家的衰、弱、乱、荒、叛、危、亡七形之中。

辛亥革命埋葬了中国的千年帝国体系，孙中山先生希望以此迎来共和与现代化的新历程，但最终无法实现。

历史在1949年把中国共产党人推上了掌握国家政权的舞台，历史选择了今天的社会制度，也选择了共产党。

若将十一届三中全会放在历史的坐标轴上进行评价，即使时间的纵轴再延长几倍，也不会缩小它的贡献。

由计划经济向市场经济转轨，需要自由主义做催化剂，但自由过度会产生社会乱象。强有力的政府和政党是转轨环境稳定的保证。在“华盛顿共识”中，自由至上，政府缺位，不是中国需要的发展模式。墨西哥同中国不同，在于缺乏强有力的政党统一全国行动。

建设创新型国家，已上升为国家战略。已拥有的4000万科技人才，是创新的主力军，国家中长期科技发展规划到2020年，经济增长的科技进步贡献率要从40%提高到60%以上，全社会的研发投入占GDP比重要提高到2.5%。2011年，高新技术企业经济增长速度平均在20%以上，创新是大国经济的灵魂。

改革是一个循序渐进的过程，两种体制衔接，断层、失范、失灵在所难免，安全自由竞争可能会损害国家整体利益。所以，在市场经济前加上社会主义，一党制是中国特色，又在社会主义前加中国特色的社会主义。三十年，有了巨大成效，让全世界刮目相看，但在经济发展的历史长河中，是刚刚起步，所以又在中国特色社会主义中强调社会主义的初级阶段。这一定位，是长期的，据此，创新、稳健的推进，胜利的曙光就属于中国人民，属于中国特色的大国复兴之道。

习总书记在十八大后政治局第一次集体学习时对国情政情讲：“只有中国特色社会主义才能发展中国，社会主义初级阶段是当代中国的最大国情，最大实际，不仅在经济总量低时要立足初级阶段，而且在经济总量提高的时候，仍然要牢记初级阶段。不仅在谋划长远发展时要立足初级阶段，而且在日常工作中也要牢记初级阶段，自觉纠正超越阶段的错误观念和政策措施。”

邓小平同志讲过，中国的社会主义是变不了的，中国肯定要沿着自己选择的社会主义道路走到底。谁也压不垮我们。只要我们不垮，世界上就有五分之一的人口在坚持社会主义。我们对社会主义前途充满信心。

60 年弹指一挥间，回望新中国走过的发展岁月，我们看到重生、迷失、坚忍、突围、奋进。

我们的朋友遍天下，老百姓的日子越来越好过，光鲜的一面很多很多，这给了我们信心。黯淡的角落，提醒我们要有忧患意识，不过，忧患并不等于绝望，你所抱怨的、厌恶的国家伤疤并不是任其恶化，你、我、他以及我们的政府都在进行着执着而智慧的改造。如果脱离了国情，仅局限于某一个时间的碎片，某一个镜头定格，即使你亲身所感、亲眼所见、亲耳所闻，也不一定就是真相。

我们世代繁衍的国度正在逐步完美，这是我们所有人的历史使命。开放的心态、理性的姿态、谦和的仪态，这是真正属于我们这个文明古国与现代大国的美丽。

让我们一起为这种美丽奋斗！

（本文系作者 2013 年 1 月 13 日在西安 MBA 学会方圆管理新年论坛上的演讲）

建设大西安，实现追赶超越发展

◎ 张宝通

西安要大发展，关键要提高西安的定位，由具有历史文化特色的国际化大都市提升为亚欧合作交流的国际化大都市，这样就与“一带一路”战略对接上了，才能抓住“一带一路”的机遇，实现追赶超越发展，“一带一路”建设主要就是加强亚欧合作交流。

西安在历史上就是亚欧合作交流的国际化大都市。在汉唐长安那个时代，亚欧大陆实际上就是世界。那时，美洲还没有被发现，哥伦布发现新大陆是近代的事；除地中海沿岸，撒哈拉沙漠以南的非洲还是不毛之地；到明朝郑和下西洋，中国才开始大规模走海路。可以说，古丝绸之路就是古亚欧大陆桥。当时，罗马的商人、波斯的商人、西域各国的商人和日本、韩国的友人云集长安，长安事实上成为亚欧合作交流的国际化大都市。今天的西安虽然不是首都了，但如果抓住“一带一路”的历史机遇，发挥好自己的区域优势，在共建丝绸之路经济带的大潮中，仍然可以成为亚欧合作交流的国际化大都市。

贯穿我们国家东、中、西有两条经济带，一条是长江，一条是亚欧大陆桥。这两条经济带的模式不同。长江经济带的模式是龙头带动，上海是长江经济带的龙头。亚欧大陆桥经济带没有龙头。连云港是小小的港口城市，当不了亚欧大陆桥经济带的龙头，带动不了从徐州、郑州、洛阳、西安、咸阳、宝鸡、兰州到乌鲁木齐这么长一条经济带。但是，亚欧大陆桥经济带有心脏。西安地处我国大地原点附近，是沿桥最重要的中心城市，其科技教育、高新技术、装备制造、电子信息、国防科技在沿桥是最强的，可以成为亚欧大陆桥经济带的心脏。形成长江经济带有龙头上海带动，亚欧大陆桥经济带有心脏西安推动这么一种格局。上海作为长江经济带的龙头是国际化大都市，西安作为亚欧大陆桥经济带的心脏为什么不可以成为国际化大都市呢？亚欧大陆桥是国际大通道，长江还不是。虽然目前西安的综合实力和开放程度远不如北京、上海、广州、深圳、天津、南京、杭州等沿海中心城市，但国家为什么继北京、上海之后把第三顶国际化大都市的帽子戴给了西安？因为西安是我国历史上第一个国际化大都市，是亚欧合作交流的国际化大都市，今天依托亚欧大陆桥经济带心脏地位，仍然可以成为亚欧合作交流的国际化大都市。西安在亚欧合作交流上的区位优势是任何城市不可替代的，国家把欧亚经济论坛的永久会址放在西安，批准在西安举办丝绸之路国际博览会，在西咸新区设立丝绸之路经济带能源金融贸易区。现在，亚欧合作交流的国家平台主要都在西安，事实上西安已经成为丝绸之路经济带的中国中心，最有条件、最有资格代表中国与丝绸之路经济带沿线国家和城市交流合作。

把西安定位为亚欧合作交流的国际化大都市，可直接对接国家“一带一路”倡议，加强在丝绸之路经济带上的战略地位，使“一带一路”倡议得到更好的落实。与当年沿海重点向东开放不同，“一带一路”重点是向西开放。特别是共建丝绸之路经济带，主要是依托亚欧大陆桥，加强亚欧合作交流。合作交流需要一个中介地、一个国际场所，需要一个国际化大都市担此重任，这就是西安。共建丝绸之路经济带，使陕西由封闭的内陆变成向西开放的前沿。国家“一带一路”愿景和行动规划把大西北整体纳入丝绸之路经济带，使陕西成为丝绸之路经济带的新起点。亚欧大陆桥一头连着连云港，连着海上丝绸之路；一头连着阿拉山口、霍尔果斯，连着陆上丝绸之路，西安在亚欧大陆桥经济带的心脏地位使其成为“一带一路”的核心，成为亚欧合作交流的最佳城市。在国家新设立的5个内陆自贸试验区中，国务院只赋予陕西自贸试验区探索与“一带一路”国家经济合作和人文交流新模式的重要任务。把西安建成亚欧合作交流的国际化大都市，与这一重要任务完全吻合。西安本来就是国家认定的历史文化名城，也是联合国教科文组织认定的世界历史文化名城，本来就是具有历史文化特色的国际化大都市。国务院批准的《关中—天水经济区发展规划》，要把西安建成“国际现代化大都市”。“具有历史文化特色的国际化大都市”没有体现国务院“现代化”的要求，更不适应“一带一路”加强亚欧合作交流、建设丝绸之路经济带的要求，这样定位实际上使西安只成为一个旅游文化城市。“具有历史文化特色的国际化大都市”只是从“汉唐长安亚欧合作交流的国际化大都市”向“现代西安亚欧合作交流的国际化大都市”的一个过渡。现在需要与时俱进，继承汉唐长安亚欧合作交流的开放传统，向亚欧合作交流的国际化大都市跃升。只有这样，西安才能抓住“一带一路”的历史机遇，实现追赶超越发展的战略目标。

西安是我国建都时间最长、建都朝代最多、代表中国历史文化主流的周、秦、汉、唐的建都地，西安古城是规模最大、保存最完整、中国封建社会顶峰唐王朝的皇城。西安应当将碑林区、莲湖区、新城区合并为皇城区，通过皇城复兴把古城建成保存、再现、展示、弘扬中国历史文化的超级博物城，使西安真正成为具有历史文化特色的国际化大都市。但在“一带一路”向西开放、共建丝绸之路经济带新的大背景下，需要进一步把西安建成亚欧合作交流的国际化大都市，实现追赶超越发展目标。

一要依托欧亚经济论坛，构建欧亚经济综合园区。欧亚经济论坛比博鳌亚洲论坛覆盖面要宽，与“一带一路”倡议相吻合，可是这些年我们实际上把它办成了亚洲论坛，名不符实。今后我们要邀请欧洲国家特别是欧盟参与，要与“一带一路”对接，办得名副其实，重点加强亚欧合作交流。并且既要务虚，更要务实，要落实中央领导提出、省政府工作报告决定的欧亚经济综合园区建设，要把欧亚经济综合园区建成亚欧经济合作交流的基地。建议把经开区、渭北工业区、国际港务区、浐灞生态区、灞桥纺织工业园整合起来，打造成一个超级的欧亚经济综合园区。重点加强和欧洲国家特别是欧盟国家的合作交流，使德国的装备、法国的空客、意大利的纺织服装、英国的金融教育等落户园区。王永康书记说：“博鳌亚洲论坛是民间办的，我们的欧亚经济论坛是政府办的，理当办得更大更好。你提出的欧亚经济综合园区设想比我们党代会提的‘工业走廊’更大。”

二要依托高新区，打造丝绸之路经济带创新引领区。历史上，长安的丝绸、茶叶、瓷器、漆器、铁器等先进制造业产品与西域各国的胡椒、胡桃、胡豆、胡萝卜、胡马等农牧产品交换，形成了繁荣的丝绸之路。今天，西安的高新技术、装备制造、电子信息等先进制造业产品可与中亚西亚的能源、原材料、农牧产品等交换，形成繁荣的丝绸之路经济带。西安是国家全面创新改革试验城市，高新区是国家自主创新示范区，西安的科教实力在西部和丝绸之路上是最强的，而且主要集中在南郊，可以将高新区、航天基地、曲江新区及大专院校、科研机构整合起来，协同打造丝绸之路经济带创新引领区，不仅为西部而且为丝绸之路经济带提供先进制造业产品和文化产品。

三要整合西咸新区，通过西咸融合建设国际化大西安。西安要成为亚欧合作交流的国际化大都市，目前城市规模太小，综合实力太弱。当时设立西咸新区的初衷，就是为了促进西咸一体化，建设国际化大西安。但是由于体制机制不顺，形成三足鼎立，现在省上决定将西咸新区交西安市管理，为建设国际化大西安迈开关键性一步。西咸新区是丝绸之路经济带的重要支点，向西开放的重要枢纽和西部大开发的新引擎。要按照陕西省“十三五”规划建设大西安的部署，使西咸新区尽快融入大西安，实现规划建设一体化、产业布局一体化、行政管理一体化。西咸新区并入西安市，可使西安的综合实力和发展空间大大增强，以应对重庆、成都、武汉、郑州等内陆地区国家中心城市对西安的挑战。

具有历史文化特色的主城区是西安的核心区，加上周边欧亚经济综合园区、丝绸之路经济带创新引领区和西咸新区的支撑，就会形成“一心三区”的国际化大格局，西安就能跃升为亚欧合作交流的国际化大都市，就能抓住“一带一路”的历史机遇，在共建丝绸之路经济带大潮中，实现追赶超越发展。

但是，实现了西安与西咸新区的一体化，周边的重庆、成都、武汉、郑州还是比西安大。重庆是由原来的小重庆与原万县市、涪陵市和黔江地区合并而成的直辖市，成都是由原来的小成都与原温江地区及简阳市合并而成的大成都，武汉是由汉口、武昌、汉阳合并而成的大武汉，郑州是全国第一个放开农民工户口的省会城市。以前西安与重庆、成都、武汉、郑州的差距不断拉大，不是西安不给力，而是西安城市太小，对外商及投资者的吸引力太弱。我们招商引资是事倍功半，他们招商引资是事半功倍。因此，还需要进一步实现西安咸阳一体化，真正组建大西安。在国家实施“一带一路”战略的新形势下，应当通过三分咸阳，尽快组建大西安，并做大铜川、杨凌，构建包括杨凌、铜川、渭南的大西安都市圈。只有这样，西安才能与重庆、成都、武汉、郑州抗衡。才能真正成为丝绸之路经济带的中国中心和亚欧合作交流的国际化大都市，才可能抓住“一带一路”的历史机遇，带动陕西追赶超越发展。

市场经济呼唤企业的诚信和责任

◎ 杨永善

党的十七大以来，我省的工业企业经历了社会大变革、经济大发展的波澜壮阔的历史进程。而这些年来的实践使我们认识到各个企业经济的发展离不开企业的诚信和肩负的责任，经济发展的每一步无不渗透着诚信和责任对企业经济发展所起的巨大的推动作用，它为市场经济的发展提供了强有力的保证，这是时代赋予的光荣而神圣的任务，也是社会主义市场经济对企业发出的强烈呼唤和期盼。

现状·问题

在当今社会主义市场经济体制转变的关键时期，企业的诚信、责任和价值取向正在朝着与社会发展实践相结合的方向发展，不断否定和突破着陈旧的、过时的观念。然而，社会主义市场经济条件下的企业诚信和责任存在的问题也不容忽视。

1. 有的企业由于诚信和责任的缺失，生产的产品“金玉其外”而“败絮其中”。如今不少企业都不在产品质量上下功夫，以质量求得生存与发展，而是一味在产品包装上大做文章，出现了“等外产品，一等包装，特等价格”的状况。

2. 漫天提价，价格与价值严重背离。一些企业常常是“经理批条子，科长定价格，采购拿回扣，企业常亏损”，因而造成有的产品价格常高出本身价值数倍甚至十几倍，这种情况尽管多发生在一些垄断行业和企业中，但不能不引起足够重视。

3. 仿造假冒各种产品应运而生，结果“李鬼大胜，李逵败北”。如我省名优产品“秦椒”生产厂家被红盐水拌麦草事件淹死，棉花、苹果生产企业被砖头事件砸死，羊毛绒厂家被沙土事件掩埋，紫色大蒜被紫药水事件染得声名狼藉，太阳牌锅巴被一些民营企业的大铁锅炒煳，榆林毛毯和羊绒服装被周边厂家游击队打垮等等。

4. 以“为人民服务”为名，实际上行“行业歪风”之实。一些企业以次充好、以假乱真；有的乱惩乱罚、吃拿卡要，滥施权威，态度蛮横；有的以官谋私、以电称霸、以水为王、以贷收贿；有的建筑企业高估冒算、偷工减料、转包牟利；有的企业掌实权大权的人向下属或办事的人索要红包，企业偷税漏税、大把捞钱等等，责任和诚信丧失殆尽，造成恶劣影响。

5. 管理水平低下，致使誉满全国的名牌产品中途夭折，造成企业经济不景气或倒闭。比如群众多年前调侃的那样：“‘飞龙’停飞，‘巨人’倒下，‘爱多’生病，‘秦池’醉倒，‘三珠’出事，‘太阳神’落山，‘小霸王’别姬，‘亚细亚’日落，‘海燕’折翅，‘黄河’断流，‘如意’不如意，‘长岭’命不长，‘彩虹’不再红”。

6. 拖欠职工工资比较普遍，特别是拖欠民工的工资，引起民愤，造成停工停产和集体上访，从而大大增加了社会上的不安定因素。

7. 有的企业只重视生产，不重视环境保护，造成环境严重污染，人们生活质量大大下降。当今一些企业存在着“只管生产，不管污染，只管要银子，遗祸了子孙”“晴天和阴天一个样，太阳和月亮一个样，鼻孔和烟囱一个样，白人和黑人一个样”、有些企业不仅污染了自己，还污染了周围的环境：“一是看不见蓝天，二是喝的水污染，三是空气不新鲜，四是粮食蔬菜已霉变”。

8. 企业之间不重视合同、不讲信用，相互拖欠债务，形成三角债务关系，相互讨债成了企业的大问题，欠债的往往是理直气壮，收债的却低声下气，黄世仁成了杨白劳，杨白劳却成了黄世仁等等。

成因·后果

1. 在抓两个文明建设中，抓包括诚信和责任教育在内的精神文明建设比较薄弱。市场经济的基本规律是价值规律，追求利益最大化的效益原则，其负面效应就是容易把人的欲望引导到物质的追求上来，在客观上产生了“一切向钱看”的倾向，表现在抓生产建设上理直气壮、信心百倍，手比较“硬”，而抓精神文明建设，特别是抓诚信和责任教育上，信心不足，劲头不大，手比较“软”，效果不够明显。

2. 诚信和责任教育和法制建设滞后于经济建设以及社会发展。由于市场法制体系还不健全，有关改革制度尚不配套，符合社会主义市场经济需要的利益实现及约束机制还未成为人们的自觉行为，因而给一些人的诚信缺失和违纪违法造成了可乘之机，助长了企业不诚信和不负责任这种歪风邪气的滋生和蔓延。

3. 企业人员的整体素质相对偏低，给诚信和责任教育工作带来了一定的难度。长期以来，由于人们受小生产、小农经济思想的严重影响，很容易产生小胜即满、小富即安，不少企业不能适应新体制的要求，一时难以抵挡错误思想的侵袭，误入歧途。这正是因为企业中人们的科技文化水平普遍不高，整体素质较低，很大程度上制约了人们的认识能力和企业诚信责任水准的提高。

4. 对加强企业诚信和责任工作的认识不够明确，工作力度还不大。主要表现在：一是认识上存在差距，一些企业领导干部误把“中心”当成“唯一”，用发展经济取代一切，认为“生产力上去了，诚信自然会好起来”，“当务之急是把经济搞上去，诚信责任教育问题可以缓一缓”；二是抓企业诚信责任教育工作力度还不够，大会开的不少，也有制度和措施，可是没有人认真去执行，致使成效不明显；三是各级干部特别是企业领导干部以身作则不够，人前人后两张面孔，大大抵消和冲淡了对群众千百次的正面诚信责任教育的效果。

5. 企业诚信责任的缺失，往往就像两把刀，你宰我一刀，我宰你一刀，谁也不得好，受害的往往是每个企业和每个人，谁也无法逃脱被诚信缺失所惩罚的命运。

措施·建议

1. 增强社会主义市场经济条件下企业的诚信和责任，其首要问题是解决世界观问题，即以正确的、健康的人生观、价值观教育企业各级干部和广大职工，抵制企业“一切向钱看”的思想倾向。共产党人的世界观体现在人生观、价值观上就是全心全意为人民服务，这也是我们这个时代对企业诚信责任的基本要求。每个同志一定要向前看，不要一切向钱看，“宁要一分誉，不要十分利”，经营应以诚为本，诚招天下客，信引四方财。在金钱面前始终保持清醒头脑。每个人要把自己的工作岗位当做为人民服务的神圣阵地，不能当做谋私赚钱的权利和手段。

2. 增强社会主义市场条件下企业的诚信责任，其根本的问题是各行各业要切切实实加强职业道德教育。职业道德教育是企业诚信责任教育的重要组成部分，它是衡量本职业活动好坏和本人行为好坏的标准和行为规范。从事不同职业的人们虽有自己特殊的职业道德，但人们的个人利益、集团利益和社会整体利益是一致的，共同的职业道德规范表现为竭尽全力为公众服务，忠于职守，献身职业，掌握技术，精通业务，诚实守信等等。要加强企业诚信责任教育，必须高举“强国惠民”这面旗帜，自觉维护这一诚信准则。企业诚信是人的精神素质、文化素质的集中反映和表现，诚信责任教育必须和道德教育、理想教育、法律教育、科学文化知识教育结合起来，在提高人的素质上下功夫。

3. 增强社会主义市场经济条件下企业的诚信和责任，其重要问题是大力倡导奉献和求真务实精神。奉献精神和求真务实精神，是企业诚信责任和思想道德的最高境界，全心全意为人民服务，体现了企业的责任感、奉献精神和实事求是精神，这是中华民族优良传统和无产阶级道德的共同点。在发展社会主义市场经济中，为人民服务就是要求人们处理好个人和他人利益、社会利益的关系上，首先要满足人和社会的需要，尊重人、关心人、热爱集体、热爱公益、扶贫帮困、多做好事、反对拜金主义、享乐主义和个人主义，这样就把奉献精神和求真务实精神真真正正落到了实处，把企业诚信和责任落到了实处。

4. 增强社会主义市场经济条件下企业的诚信和责任，其关键问题是要抓好各级领导干部的带头和垂范作用。一是更多地树立多层次、多角色的优秀企业领导干部的榜样，大张旗鼓地进行宣传，让群众学有榜样，赶有目标；二是建立和完善企业领导干部不断提高道德修养、道德水准和企业诚信责任的机制，坚持一切从领导个人做起，为群众做表率，让群众心服、口服、佩服；三是加大对某些企业领导干部滥用职权、腐败堕落、贪污受贿、任人唯亲等大案的查处力度，增强威慑力，消除其对企业诚信和责任所起的负面作用和影响。

5. 增强社会主义市场经济条件下企业的诚信和责任，其要害是要正视目前的现状，坚持必胜的信心，充分发挥其主观能动性，真抓实干，将企业诚信责任工作抓好、抓实、抓出成效。当前最要紧的是模范遵守国家有关企业生产的一系列法规、法令，坚决执行厂规厂纪，严格工艺流程，严把生产质量关，生产出一流产品，彻底改变过去一些企业那种“好的产品不多，多的产品不好，要让好的产品多起来，多的产品好起来”“经营全凭诚信盈，货真价实莫骗人”“人生在世信为先，心口如何有两般？买卖只求安分利，经营休挣哄人钱”。从而让国家和人民放心、安心、顺心，把企业的诚信责任落实到国家满意上，落实到以人为本和百姓的幸福上。

6. 增强社会主义市场条件下企业的诚信和责任，最关键的问题是企业的诚信和责任的举措要落到实处。企业诚信是企业责任的重要组成部分，也是企业责任的具体落实和体现。如果我们的企业都能够落实好诚信和责任，那么，我们的企业就是一个负责任的和有诚信的企业，企业有希望，国家就有希望，整个民族也就有希望，也就能对世界和全人类做出重大贡献。

如果我们各行各业，各个企业都能讲诚信，都能够尽到自己的责任，那么我们整个社会就有了诚信，整个国家就有了诚信，企业才有希望，国家才有前途。中华民族才会在世界上挺起腰杆，说得起硬话，赢得国际社会的声誉，占领国际市场，为中华民族的复兴做出贡献！

（本文系作者2012年在陕西经济发展年度峰会上的演讲）

中国金融改革与金融法制

◎ 强　力

一、中国金融改革的历史沿革与新布局

（一）中国金融体制建立与发展的历史背景

从中国历史发展来讲，分为：古代兴盛（农耕社会）；近代衰落（1840—1918 年）；现代民族独立（1919—1949 年）；当代（中华人民共和国）计划经济（1949—1979 年）；双轨经济（1979—1992 年，有计划的商品经济）；市场经济（1993 年至今）。当代社会金融的地位作用显著的特点是：计划经济是大财政、小银行；双轨经济是大银行、小财政；市场经济是大金融、小财政。

国有商业银行（中国工商银行、中国农业银行、中国银行、中国建设银行、交通银行）的改革经历了剥离—注资—引进战略投资—上市等步骤。

1. 剥离阶段

1984—1994 年，银行专业化改革：形成各司其职的二元化银行体系；1994—2003 年，国有独资商业银行改革；1994 年成立三家政策性银行（国家开发银行、农业发展银行、进出口银行）分离业务。但是分离业务不仅经济没有增长，而且还增长了很多不良资产。1997 年成立四家资产管理公司，包括中国华融资产管理公司、中国长城资产管理公司、中国东方资产管理公司、中国信达资产管理公司。接收并处置商

业银行不良贷款；发行特别国债补充商业银行资本金。

2. 注资阶段

2004 年后，商业银行股份制（国家控股）改革，2003 年 12 月 16 日，中央汇金投资有限责任公司注册成立。2004 年 1 月 6 日，汇金公司 450 亿美元注资中国银行和中国建设银行，并引进战略合作伙伴。2004 年 8 月 24 日，中国银行股份有限公司成立。2004 年 9 月 21 日，中国建设银行股份有限公司挂牌。2004 年，交通银行定向募股，补充资本金 191 亿元，其中财政部、汇金公司和社保基金分别投资 50 亿元、30 亿元、100 亿元。交通银行通过财务重组由股份制商业银行改制为国有商业银行。2005 年 4 月，中央汇金公司 150 亿美元外储注资工商银行。2008 年 11 月，中央汇金公司 190 亿美元注资农业银行。

3. 引进战略投资阶段

2004 年 8 月 6 日，交通银行与汇丰银行（HSBC）签署战略合作协议。汇丰银行以每股 1.86 元人民币的价格购入交通银行 19.9% 的股权，即 77.75 亿股，成为仅次于财政部的第二大股东，投资金额 17.47 亿美元。

2005 年 6 月 17 日，中国建设银行和美国银行签署战略投资与合作最终协议。美国银行分阶段对中国建设银行投资，最终持股达到 19.9%。首期投资 25 亿美元购买汇金公司持有的中国建设银行股份。

2005 年 7 月 1 日，中国建设银行和淡马锡旗下全资子公司亚洲金融控股私人有限公司签署战略投资最终协议，亚洲金融以 14.66 亿美元购入中国建设银行 5.1% 的股权。

2005 年 8 月，中国银行与英国苏格兰皇家银行、新加坡淡马锡，9 月与瑞银集团，10 月与亚洲开发银行，2006 年 3 月与全国社保基金，分别签署协议，5 家机构作为新的战略投资者。苏格兰皇家银行出资总计 31 亿美元，购入中国银行 10% 的股权，其中将一半股权卖给了高盛、李嘉诚私人基金；淡马锡购得中国银行 5% 股份。

2006年1月27日，中国工商银行与高盛投资团签署战略投资与合作协议，高盛投资团出资37.8亿美元购买中国工商银行新发行的股份，约占中国工商银行股份比例8.89%。2006年4月28日顺利完成资金交割。

2009年中国农业银行股份公司成立之后，根据当时国内外资本市场的情况，没有延续前期经验引进境外战略投资者，只引进了几家财务投资者。

4. 上市阶段

在改制和引进战略投资基础上，国有商业银行首次公开发行和股票上市：2005年6月23日，交通银行H股在香港上市；2005年10月27日，中国建设银行H股在香港上市；2006年6月1日，中国银行H股在香港上市，7月5日中国银行A股在上海上市；2006年10月27日，中国工商银行A+H股同步上市；2007年5月15日，交通银行A股在上海上市；2007年9月25日，中国建设银行A股在上海上市。2010年7月15和16日，中国农业银行A股和H股先后在上海证交所和香港联交所成功上市。至此5家银行改制完成，这是中国金融体制改革的缩影。

阿尔文·托夫勒提出第三次浪潮，即农业革命、工业革命和信息革命。信息社会有电子工业、宇航工业、海洋工业、遗传工程组成工业群；社会进步不再以技术和物质生活标准来衡量，而以丰富多彩的文化来衡量。这个时代，鼓励个人人性发展，但不是创造某个理想的超人，而是培养一种新的社会性格。

著名华人作家黄仁宇先生专著《万历十五年》揭示了明朝中国的衰落。曾经有人说过唐代中国的GDP相当于美国今日在世界的GDP。虽然没有严格的考证，但是说明中国一直到明朝以前在世界上的经济是领先的。当代中国我们选择了社会主义道路，并且实行了市场经济，接受了世界的潮流。

（二）金融体制的现状

金融体制包括金融机构体系、金融市场体系、金融调控体系、金融监管体系。

1. 金融机构体系是满足和服务于金融的机构，包括正规金融机构和非正规金融组织。正规金融机构有银行业、证券业、保险业；非正规金融组织有典当行、小贷公司、担保公司等，还有民间融资、地下钱庄、人人贷等。

2. 金融市场体系包括货币市场、资本市场、保险市场。其中资本市场是多层次的主板市场、二板、三板、四板、五板，之所以这么提是因为过去我们只有一个市场深沪两个交易所叫主板市场，就是大型蓝筹股上市的地方，其他中小企业是没有地方去的，之后学习美国二板市场创业板市场，之后出现了三板四板，五板市场就是证券市场、柜台市场。

银行有中央银行、政策性银行、国有商业银行和股份制商业银行四大类别下属20多家银行，还有信托公司，企业集团财务公司。

融资租赁公司，汽车金融公司，消费金融公司，货币经纪公司，贷款公司，农村信用社，城市信用社等这样的银行业机构。

证券机构有证券交易所，商品交易所，证券公司，期货公司，基金管理公司。

保险机构有保险公司、保险代理公司、保险经纪公司、保险评估公司以及保险资产管理公司。

比如西安市商业银行和长安银行。长安银行实行“2+3+2”由宝鸡市商业银行、咸阳市商业银行、渭南城市信用社、汉中城市信用社和榆林城市信用社五家地方法人银行业金融机构通过新设合并，联合其他发起人共同发起设立的，净资产5亿多元。

非正规金融组织包括合法的非正规金融机构和非法的非正规金融机构。正规与非正规有一个标准，凡是一个国家的金融监管部门所批准成立的是正规的，如果是非金融专业监管部门批准的就是非正规的。非正规金融机构有典当行（归工信部管），小贷公司、担保公司（归省政府金融办管）。典当行就是质押贷款，小贷公司、担保公司属于非金融机构。

非正规还有民间融资；分为企业与企业之间，企业与个人之间和个人与个人之间三大块。还有热议的互联网金融，马云阿里巴巴公司的余额宝，对传统银行提出了最大挑战，收益高于银行，通道走天弘基金更加赚钱，就类似中国铁通、中国移动和电信的竞争。最后发现现在银行的竞争对手是第三方服务机构，可见世界变化之快。大数据时代金融业发生巨变，突破传统界限可以做出网络平台，人人贷。

非法的有地下钱庄、高利贷等。根据央行规定和最高法院解释，民间借贷的利率可以适当高于银行的利率，各地人民法院可根据本地区的实际情况具体掌握，但最高不得超过银行同类贷款利率的 4 倍。超出此限度的，超出部分的利息不予保护。所以高利贷 4 倍以下是合法的受保护的。现在高利贷不仅出现在民间，也出现在了上海等城市的企业之间，可想而知钱荒到了什么程度。

3. 金融调控体系（央行）。1984 年 1 月 1 日中国人民银行专司央行职能。

4. 金融监管体系（三会）。1998 年 4 月中国证监会明确地位（1992. 10 成立）；1998 年 11 月 18 日中国保监会成立；2003 年 4 月中国银监会成立。

据中国银监会网站最新消息：截至 2012 年末，银行业金融机构总资产达 131. 27 万亿元。其中，大型商业银行 8 月末总资产规模 55. 52 万亿，占银行业金融机构比例为 44. 9%，股份制商业银行总资产 21. 24 万亿，占银行业金融机构比例为 17. 2%，城商行总资产 11. 39 万亿，占银行业金融机构比例为 9. 2%。其他类金融机构 8 月末总资产 35. 56 万亿，占银行业金融机构比例为 28. 7%。保险业约 7. 35 万亿。证券业约

5 万亿。

2011 年时中国 GDP 为 5 万亿美元，超过德国、日本成为第二经济大国，但是金融弱国。中国作为一个高储蓄率国家，为什么企业觉得融资难，居民又觉得投资机会少呢？作为高储蓄率国家，我国总体上并不存在资金短缺，但存在严重的结构不匹配、不适应的现象：一方面，居民、机构和企业都觉得欠缺满意的金融投资渠道，银行存款超过 80 万亿元，很少有能够跑赢通胀的理财产品；另一方面，许多有广阔市场前景的研发项目、创新型企业和创业者个人得不到及时充足的资金支持，中小企业融资困难。

目前的融资结构不够平衡，资本市场机制还很不健全，资金需求方和供给方还没有找到有效的对接机制和渠道，这也是资本市场改革要逐步解决的问题。所以中国金融体系结构失衡主要表现：

1. 直接融资比例远低于间接融资，金融机构资产规模银行业为 92%，保险业和证券基金业只占 8% 左右，金融风险过度集中于银行体系。

2. 直接融资中企业信用债券市场发展远滞后于股票市场发展，未对企业形成预算硬约束；股票融资多余债券融资与发达国家相反。

3. 股票市场一级市场估值高于二级市场，蓝筹股估值远低于绩差股，“优质不优价”。

对此，2012 年 9 月 17 日，“一行三会”和外汇局共同编制的《金融业发展和改革“十二五”规划》发布。

1. 金融总量保持平稳较快增长。“十二五”时期，金融服务业增加值占国内生产总值比重保持在 5% 左右（20 世纪 90 年代和 21 世纪前 10 年平均分别为 4.46%、4.42%。美国 20 世纪 50 年代、80 年代、21 世纪前 10 年平均为 3.22%、5.59%、8.01%，日本 20 世纪 80 年代、21 世纪前 10 年平均为 5.79%、6.53%）。

2. 金融结构调整取得明显进展。到“十二五”期末，非金融企业直接融资占社会融资规模比重提高至15%以上（“十五”时期的2002—2005年年平均为5.03%，“十一五”时期年平均为11.08%）。

3. 市场化金融资源配置。利率市场化改革取得明显进展。人民币汇率形成机制进一步完善。人民币资本项目可兑换逐步实现。

4. 金融机构改革深化。大型金融机构现代企业制度逐步完善，创新发展能力和风险管理水平明显提升。金融机构国际竞争力进一步增强。

5. 金融服务基本实现全覆盖。坚持金融服务实体经济。对“三农”、小型微型企业等领域的贷款增速超过全部贷款平均增速，资本市场体系建设基本完善，保险覆盖面和服务领域明显拓宽。

6. 金融风险总体可控。银行业金融机构资本质量和水平保持较高标准，风险管理能力持续提升。证券、期货市场风险预警和监测机制不断健全。系统性金融风险防范预警体系、评估体系和处置机制进一步健全，存款保险制度等金融安全网制度基本建立。

改革路径和政策着力点：一是完善宏观调控；二是构建现代金融组织体系；三是建设多层次金融市场体系；四是完善金融运行机制；五是深化金融对外开放；六是强化监管；七是优化金融环境。

2013年6月19日，国务院总理李克强主持召开国务院常务会议，研究部署金融支持经济结构调整和转型升级的政策措施，明确引导信贷资金支持实体经济、加大向“三农”和小微企业信贷倾斜、助推消费升级和推动民间资本进入等八项政策措施，这些措施发出了银行业支持经济结构调整和转型升级的新信号。

2013年6月27日至29日，上海市政府和中国人民银行、中国银监会、中国证监会、中国保监会共同主办的“2013陆家嘴论坛”在上海举行，中国银监会主席尚福林和上海市市长杨雄担任本次论坛联合主席，论坛的主题是“金融改革开放新布局”。本届论坛共举办两场主题大会、三场全体大会、十场专题会议和八场浦江夜话。议题包括中国金融改革开放与经济转型升级，利率、汇率市场化改革路线图，推进人民币在岸与离岸市场协调发展，影子银行的发展与监管，金融互联网发展的前景，探索消费金融发展模式，来自政府、机构、学界的高官高管、专家学者110多位嘉宾发言。市场经济从一定意义上讲就是法制经济，如果从金融的角度来讲，金融法制则是市场经济的核心，足以说明金融法制的重要性。

二、金融法制建设现状与趋势

（一）金融法制建设现状（五个子系统）

1. 金融立法

1986年颁布《银行管理暂行条例》；1993年、2005年《公司法》进入市场经济；1995被称之为金融立法年，先后颁布《中国人民银行法》《商业银行法》《票据法》《担保法》《保险法》《惩治破坏金融秩序犯罪的决定》，3个月制定出5部金融法律，这在立法史上是少有的，足见立法的重要性；1998年颁布《证券法》；2001年颁布《信托法》；2003年颁布《证券投资基金法》；2003年颁布《银行业监管法》，修改《人行法》《商行法》；2012年《证券投资基金法》修改，2013年6月1日施行。私募基金放松，既不违法也不合法，暗流涌动，灰色地带，不出事不管，出事了打击。

2. 金融执法

一行三会，即中国人民银行、银监会、证监会和保监会。加强金融执法的力度，有法必依，违法必究，执法必严。

3. 金融司法

2012年，在全国人民代表大会十一届五次会议上，河南省代表团建议，在各级人民法院建立金融审判庭，专门审理和处理有关金融类的案件，强化金融审判，提高金融审判质量。

4. 金融守法

加强对投资者的教育，自觉遵守法律，在法律允许的范围内从事金融活动，是一项长期的工作。

5. 金融护法

媒体要充分发挥舆论监督的作用，消费者也要拿起法律的武器，维护自己的合法权益。

根据《金融业发展和改革“十二五”规划》，今后一段时间，要做的主要工作：

一是加强立法。金融业成为巨无霸的时候，消费者必将成为弱势群体。消费者保护法只适用于大众，而金融业有特殊性，专业性越来越强，金融消费者保护法涉及很多东西，当然也包括医患关系等，投资者变成消费者弱势群体，需要不断地完善，肯定消费者的知情权、选择权以及投诉权。相应的金融机构就有信息披露公布的权利、承担责任的义务，而传统的法律起不到这样的作用。民间金融有不可替代的作用，这就需要有民间金融法来规范。存款保险法，如果银行破产存款人可以在保险公司获得赔偿，当然针对的也是储户。

二是严格执法。建立财政、发改、金融协调机制；一行三会要充分发挥执法主体的作用，加强自律，严格监管、依法行政。

三是公正司法。加强专业机构建设与专业人员培训。如上海的金融执法部门和金融司法部门形成了合力，有效打击金融犯罪，去年上海一审金融纠纷案件达2.04万件。在司法途径之外，拥有金融仲裁机构和金融调节机构，提供了纠纷解决途径，上海金融仲裁院去年受理案件450件。

四是诚信守法。中国每年花费7000多亿维稳，2000亿用于教育。我认为维稳的核心是素质问题，素质的核心还是教育问题。有些事情原本是可以避免的，但是痞子文化让有些人觉得闹有赔偿，不闹没有赔偿，归根到底还是素质是教育。教育又是一个长远工程，十年树木，百年树人。早稻田大学以学术独立、学术自由，培养模范国民，与我们中国的孔孟思想相同，做到慎独，如果人人能独善其身，那我们社会就非常和谐了。比如吴英案、张孝昌案，得到高额利润时不声张，只要权益受到侵害的时候找国家。他们固然很可恨，但是这些往进拿钱的人就没有一点责任和投资风险意识么？所以重要的还是教育，把合适的产品卖给合适的投资者。

五是法律监督。充分发挥媒体、社会各方面的作用，让违法活动和行为像“过街的老鼠人人喊打”，没有藏身的地方。

三、企业投融资行为的法律规制

（一）企业投融资关系与法律规制

企业活动最重要的三种社会关系，需三个法律部门规制：（1）企业内部关系——《公司法》；（2）横向平等关系——《合同法》；（3）纵向＋横向关系——《劳动法》＋《劳动合同法》。

公司法的核心制度有三：主体、融资、治理。

企业融资的基本渠道与方式：内源、外源，债权式、股权式和其他（信托、租赁、项目、政策等），私募、公募，正规、非正规融资。

国企投融资路径：吃财政——吃银行——吃股民——吃……

融资法律渊源：（1）企业法：独资企业法、合伙法、公司法；（2）票据法：汇票、本票、支票；（3）银行法：商业银行法、央行法、信用社法；（4）证券法；（5）信托法；（6）基金法；（7）期货法；（8）保险法；（9）民间融资法等。

（二）融资关系法律规制

1．资本法律规则

货币出资、非货币出资，有本地、外地等，初始、增资，转让、继承，投资收益的约定。

2．票据融资法律规则

性质与功能：贴现，承兑，质押。

3．银行融资法律规则

存款、实名制、反洗钱，贷款、合同、担保，算派生出的非金融支付机构余额宝，银行理财。

4．证券融资法律规则

债券、公债、私募债，股票、优先股，上市公司，权证等。

5．信托融资法律规则

信托源起、性质、地位、作用，信托财产的特征——独立、规划、避税、公益。

信托业法在世界范围内起源于英国，有人说一百多年来对世界法学最大的贡献就是信托法。用美国信托权威思考特的话说，“信托的应用范围，可以和人类的想象力相媲美。”在国外将个人财产及金融资产委托给信托投资公司进行管理，已经成为一种非常普遍的现象。在发达的市场经济国家，信托业已经发展成为现代金融业的重要支柱之一，信托与银行、证券、保险并称为现代金融业的四大支柱。

目前陕西有三家分别是陕西省国际信托投资股份有限公司（简称陕国投）、西安国际信托投资公司（简称西安国投），以及由原西北信托投资公司与陕西信托投资公司重组的新公司。信托管理贯穿于整个国家社会。信托既独立于受委托人又独立于三方，可以打破“富不过三的规律”，梅艳芳生前把财产做了信托，为自己爱赌博的母亲养老送终。

6．基金法

其实基金也是信托财产，包括基金的分类、投资基金的性质，受托人、托管人、份额持有人。

7．期货法

商品期货，金融期货。

8. 保险法

保险的双重功能，社保、商保、投连险等。

9. 民间融资法

公民之间、企业之间、公民与企业之间。即一对一或一对多。

总之，金融是经济的血脉和润滑剂，建立健全金融体系，特别是金融法制体系，关系到整个经济社会的健康发展，因此必须下大力气建设科学有效的金融法制体系，使其更好地为经济建设和人民生活服务。

（本文系作者2012年7月7日在西安MBA学会“法制视野下的中国金融改革与发展”主题论坛上的演讲）

加快新生小城市群培育和建设的建议

◎ 李忠民

加快推进我国城镇化，大力发展中小城镇和城市群，是一个困扰我国多年的问题。随着我国经济社会的快速发展，建设什么样的城市，在全国形成怎样的大中小城市结构，规划布局多少个城市群以及如何加快解决人口城镇化，成为摆在各级政府面前的一个突出问题。这不仅涉及我国经济发展的空间布局、要素流动和产业规划，而且涉及我国经济社会发展所要构建什么样的承载主体（是城市、还是农村、或是城镇），更涉及中国从农村社会向城市社会、农业文明向工商文明、乡村治理向城市治理的转变，这是一个关乎我国经济社会转型能否成功、市场机制配置空间可否扩大和统一市场可否建立、能否顺利融入国际新秩序的关键问题。

目前我国经济正处于新常态，如何全面贯彻“四个战略”布局和五大发展理念，持续推进我国城市化，提出要大力促进一大批新生小城市的培育和建设的新举措。作为一项具有创新性、改革性和整体性推进我国城镇化的新途径、新方式。通过实地调研，我们特提出加快我国新生小城市培育和建设的十个方面的建议和意见。

1. 我国新生小城市培育和建设要坚持全国统一规划和国土空间均衡布局的协调原则

我国国土幅员辽阔、经济发展水平差异大、文化呈现多样性、社会结构不尽相同。在新生小城市培育方面，既要坚持全国一盘棋的思想，坚持统一规划，同时又必须结合省市区的实际，在新生小城市的标准上实行差异化，在东中西部和东北的空间布局上强调均衡性，充分调动中央和地方两个方面的积极性和创造力。要紧紧围绕国家已经颁布执行的“一带一路”、长江经济带和京津冀协同发展战略规划，以及我国功能区建设规划、城市群和各大新区建设规划、扶贫攻坚战略，科学合理的、前后连续的统筹制订我国新生小城市培育和建设规划。建议短期内（2~3年）培育和建设新生100个小城市，其中东部地区30个，中部地区20个，西部地区38个，东北地区12个。长期（5~8年）规划建设500个新生小城市。

2. 加快推进城市立法，使我国新生小城市从一开始，就在培育、规划、建设、运营和治理等方面做到有法可依

我国城市化的过程，既是产业聚集、发展要素流动，推进实现新型工业化的过程，更是伴随着中国社会转型和文化变革的过程，包括了城市经济、社会、文化、治理和生态等多维度的重构，需要通过立法，尊重城市发展规律，彰显城市文化基因传承，硬化城市建设和发展的约束力，协同城市建设多方利益主体，制订城市共同的准则，搭建城市治理体系和架构。城市立法建议从地方立法开始和试点，自下而上，待条件成熟后，再考虑在全国立法。

3. 提倡慢城市建设发展理念

慢城市是经济社会发展到一定程度，人们对城市生活的一种向往和需求。在城市发展建设上，我们也要坚持供给侧结构性改革，改革以往的城市供给结构，要改革过去那种重建设、轻运营，重工业、轻服务业，重产业投资、轻人口转化，重设施建设、轻维护治理，重铺摊子、轻品质提升的做法和思路。注重在大城市和城市群建设中，推进布局和建设一批慢城市、小城市，作为它们的卫星城。注重新生小城市的供给侧改革，满足居民对慢城市生活的需求，推进慢城市设施和环境建设，打造基于慢城市生活工作格调的人文情怀。

4. 重构和优化新生小城市产业结构

促进新生小城市的一、二、三产业融合发展。建议新生小城市构建和保持10∶40∶50的一、二、三产的产业结构。除个别以产立市（大产业大企业）外，在新生小城市中要大力发展小微企业、双创企业、个体企业和专业生产合作社等产业组织形式，推进劳动密集型产业的投资和发展，构建完全竞争的产业市场环境。

5. 合理界定新生小城市经济规模。

根据调研，我们认为，我国中西部和东北地区的新生小城市经济规模应保持在100亿元、50亿元和30亿以上。

6. 指导制订新生小城市建设融资方案准则

建议中国人民银行、中国银监会，依据我国新生小城市培育和建设总体思路，参照对小微企业金融支持的相关做法，制订出台我国新生小城市建设融资指引。放宽对新生小城市在土地收储、棚户区改造、市政设施、民生工程项目和特色产业项目等融资方面的限制或降低融资门槛。允许新生小城市政府设立小城市建设开发专门用途的资产运营公司，以此为主体发行新生小城市市政债、区域集优债、重点项目权益债，指导新生小城市ppp项目融资，加大国开行、农发行等政策性银行对新生中小城市建设的融资力度，鼓励本地的城商银行、农村商业银行和信用合作联社对新生小城市建设的融资。

7. 重视新生小城市城市功能、市政设施和品质建设

提高新生小城市的信息化、智能化和电商化水平。立足新生小城市打造智慧城市、宜居城市、文化名城和特色产业之城。要避免新生小城市的文化出现沙漠化现象，防止出现大中城市建设中的一些现象：一是一些历史文化遗产如历史文化街区、历史建筑、传统院落、名铺名宅、里弄胡同在房地产开发热潮中消失了，城市失去了历史记忆和传统文化；二是搞什么“巴黎印象”“罗马花园”等高档楼盘和效仿西方建筑形式与风格，使一些旧城改造出现“异国他乡”的观感，缺乏了中国

本土文化和家园特色；三是受“形象工程”“政绩工程”的影响，脱离实际地标新立异建设广场、地标建筑、展览馆、会堂等，难以得到人民群众的文化认同；四是不少城市布局形式与街市风貌雷同，出现似曾相识和“千篇一律”现象，不能充分体现各自城市的独有特色和城市文化。

8. 加强新生小城市生态环境和生态文明行为建设

集产业循环园区、低碳居民社区和绿色城区三位一体建设新生小城市生态体系。

9. 加强新生小城市民生工程建设

提高城市公共服务的共享性和公平性，激发本地居民参与新生小城市建设的主动性和热情。在新生小城市建设中，通过中央财政转移支付方式，试点允许流动人口中的农民工群体、流浪务工人员享受城镇民生待遇。消除新生代农民工融入社会的壁垒，通过建立阳光村、阳光学校、阳光养老院的方式解决好留守儿童和老人问题，消除社会潜在的不稳定因素。

10. 提高新生小城市幅射农村社区的能力

新生小城市要贴近农村、农业、农民，成为我国农业劳动力向城镇转移的纽带、桥梁、跳板，作为实现城乡一体化的桥头堡、加油站、增长点，是农业转移人口就近到城镇就业与落户的最佳选择地点和发展空间。新生小城市要重视发展具有特色优势的本地产业、配套产业、金融服务、休闲旅游、商贸物流、创意产业、民俗文化传承、科技教育、医疗服务等魅力小镇，带动农业现代化和农民就近城镇化。要推动市政设施和公共服务向农村社区延伸。要积极搭建多层次、宽领域、广覆盖的农村一、二、三产业融合发展服务平台，促进农业产业化链延伸，推进农业 + 产业深度融合，大力发展农业新型业态。

以三农电商新动能推动农村经济发展

◎ 张　鸿

我国农业农村发展迅速，但阶段性供过于求和供给不足的现象仍并存，农业的主要矛盾是结构性矛盾，矛盾的主要方面是供给侧。对此，中共中央国务院公开发布了 2017 年中央一号文件《关于深入推进农业供给侧结构性改革加快培育农业农村发展新动能的若干意见》。文件中明确指出农业供给侧结构性改革以增加农民收入、保障有效供给为主要目标，以提高农业供给质量为主攻方向，以体制改革和机制创新为根本途径，优化农业产业体系、生产体系、经营体系，追求绿色生态可持续、更加注重满足质的需求。因此从产业、生产、经营三个方面展开推进农业供给侧结构性改革，打造三农新电商。

1．推进农村一、二、三产业深度融合，发展新产业新业态

2017 年中央一号文件中明确要求“壮大新产业新业态，拓展农业产业链价值链”，并从发展乡村休闲旅游产业、推进农村电商发展、发展现代食品产业、培育宜居宜业特色村镇四个方面进行农村一、二、三产业融合入建设，发展新产业新业态。

农村一、二、三产业融合是将传统农业、新型工业和现代服务业三者紧密融合，寻找具有地理标志的农产品，将其精深加工，更有利于产品的流通，如陕西苹果中质量比较好的苹果就以好价格销售，品质一般的陕西苹果进入市场以低价卖出，农民并不能增加收入，若将其深加工成苹果汁、苹果醋、苹果干等食品，不仅促进了产业升级，而且高品质

苹果和一般苹果种植户的利益均得到了保障。围绕农产品建设农村产业融合发展示范园，三产融合发展特色村镇等进行休闲旅游开发，让农民参与其中，真正做到提质增效。

2．加强品种品牌品质三品协同提升

“食品安全”“食品质量”“食品品牌”等问题一直以来是人们最关心的问题，也是限制农产品“走出去”的关键。将农产品打造出独具特色的品牌，如土豆姐姐创立了“涌泉居生态马铃薯”品牌，并创建现代农业示范园区，聘请国际、国内的马铃薯专家采用国际先进的种植生产技术管理种植流程，严格按照国际健康标准打造高品质的马铃薯。农村电商带领农特产品走出去，有助于农产品品种、品质和品牌的提升。中央一号文件第 5 条指出全面提升农产品质量和食品安全水平，建立食品安全标准体系，有助于提升农产品品质。

3．电子商务应作为贫困地区扶贫开发的重要手段

“电商扶贫”在 2014 年正式纳入扶贫办的扶贫政策体系，并作为“精准扶贫十大工程”之一开始实施。农村电商作为精准扶贫的新模式，将农民种植的农产品通过电子商务销往各大城市，城市居民希望每天吃上新鲜的农特产品的愿望成为现实，并且农民辛苦一年也能够有所收获。电子商务带动贫困地区的农民群众创业，拓展了农民的就业机会，有助于精准扶贫、精准脱贫，甘肃成县的核桃书记带领全县人民在网上卖核桃，实现了农民增收，促进了县域经济的发展。

4．以大数据为抓手推进精准农业电子商务发展

电商平台能够监测网上交易数据，运用大数据进行分析人们的购买情况，精准反应农产品的需求状况，以及准确测算农产品的供应量和生产量，在农产品生长过程中，利用物联网进行监测农产品的生长环境，提高气象灾害监测预报预警水平，更准确预测出农产品的产量，进而达到供需匹配，推进精准农业电子商务的发展，能够有效解决供过于求、供不应求的结构性矛盾。

5. 积极发挥电子商务新引擎，促进经济社会全面发展

三农电商将农村、农业、农民三者紧密联系在一起，已由推动农业农村经济发展的新动力升级为关键动力，成为新旧动能转换的新引擎，在“三去一降一补”方面发挥积极作用，助推供给侧结构性改革。三农电商有助于打通“工业品下乡，农产品进城”的双向流通，能够促进农产品的充分流动和要素的有效配置，在结构性改革过程中，为市场机制发挥资源配置作用提供了新渠道。

企业发展中以人为本的思考

◎ 张平祥

对于一个企业而言，生存是基础，发展是硬道理，能够为国家做一些填补空白的事情，更是一个企业所有员工的福祉。而实现产业报国是所有超导人的祈盼和事业理想，因此，在西部超导公司，以人为本的智慧、力量得到了有力发挥，公司才能实现奋斗目标。

坚持以人为本，培育出独具特色的优秀企业文化，提升企业竞争能力，把企业的优良传统、价值观念、品牌形象、服务理念、经营目标、行为准则等等有关的方面，融入到每个员工的思想和行为，事业才能薪火相传，打造百年老店。

一、西部超导材料科技股份有限公司（以下简称西部超导）的创立目标及产品定位

西部超导是2003年在西安经济技术开发区注册成立的，以稀有金属材料和超导材料研发、生产为主导的高科技公司。西部超导因“服务国防、造福人类”的事业情怀汇聚了国内多名稀有金属材料和超导材料专家，形成了一支包括50余名博士、近两百名硕士组成的稀有金属材料专业研发队伍。经过十四载的砥砺前行，公司已经成功地建成了具有国际先进水平的航空用特种钛合金棒丝材生产线，以及国际先进水平的专业化超导线材、超导磁体生产线，具备年产航空用特种钛合金铸锭6500吨，棒丝材4800吨，NbTi、Nb3Sn超导线材400余吨的生产能力。至2016年末，公司总资产达32.9亿元；实现营业收入9.67亿元，

实现净利润1.62亿元，同比增长17.82%，人均产值不低于200万的实绩。

公司自成立以来，干成了三件事，走出了一条路。自主研发并批量生产出多种航空用新型钛合金，打破了欧美发达国家对我国航空关键钛合金材料的技术封锁和禁运；自主研发并批量生产出超导线材及超导磁体，填补国内空白，代表中国为ITER反应堆核心装置提供关键材料；自主研发并批量生产建成了国内唯一的超导磁体生产线，应用于MCZ、MRI、重离子加速器等领域。成功走出了一条将实验室成果产业化的自主创新之路，成为中国高端稀有金属和低温超导材料领域的领军企业。公司先后荣获国家技术发明奖（二等奖）、国家科学技术进步奖（二等奖）等多项重要荣誉。

二、科技以人为本，文化汇聚人才

企业宗旨："以人为本、以德为先、求实创新、和谐发展"。超导创业之初，我们深感战略和文化的重要作用，并为其制订和培育做出极大的努力，充分体现企业的集体智慧，明确理念，并坚定地以此指导我们的持续发展。

企业目标："国际竞争、百年老店"。西部超导从产生之日所肩负的使命就注定了是在国际舞台进行竞争，和国际一流的同业企业同台竞技；坚持走可持续发展之路。我们对产品的定位：国内空白、国际先进。坚守高端国际竞争，奉献行业尖端产品。创建创新型、专业化、拥有核心价值观的国际化公司，打造长期发展的百年老店。

企业执行方针："采购务真、研发务实、生产务精、销售务诚"。志存当高远，超导事业的宗旨定位于为人类服务，以此凝聚我们的队伍。体现员工的人生价值。任何一个企业的存在都必须是为人类造福，人类发展的需求就是西部超导的需求，我们的产品广泛应用于能源、医疗、交通、环境等与人类生活品质息息相关的领域，服务与回报社会，致力于材料的创新引领人类美好的生活。

三、高新技术企业高速发展的几点体会

（一）人才之道：志当存高远

1．企业的高层决策者应该目标高远

把国家和民族利益放在首位；要有崇高的思想境界，勇于承担社会责任；不断提高自身素质，始终坚持自主创新，奋力攻克技术难关，加快推进成果转化，以代表祖国抢占世界新材料产业发展的制高点为己任；充分理解服务的内涵，“服了才能服务”。加强管理者的自身修养让被管者服！

2．建立先进的公司文化

确立学习型公司、创新型公司、服务型公司、和谐型公司的先进理念；超导事业永远欢迎忠诚于公司的人，永远铭记奉献于公司的人。

3．人的发展是企业发展的前提

重视员工培养，坚持以人为本。教育员工树立远大理想和目标，具有国际水平的技能和崇高的修养。倡导以“君子和而不同，小人同而不和”为处事原则，对上不盲目附和，提出不同意见，使决策者更完善，对下能容纳和听取不同意见，与持不同意见的人和睦相处，相互切磋。培养“诚信、学习、苦干、务实、团结”和“道德高尚、专业精通、勤思实干、长期进步”的员工队伍。要求优秀的博士善用“笔”（写文章），也会用“工具”（工程实践）；优秀的产业工人善用“工具”（设备），也会用“笔”（技术诀窍和技术经验）。

4．务实的干部作风

明确干部和员工的关系是鱼水关系，干部是鱼，群众是水，鱼儿离不开水！超导干部必须首先是优秀的超导员工，做员工信任的干部；公平处事，注重实绩，少听汇报；服务意识强、多干活、少请示。树立发展观念、协作观念；利用好八小时之外的时间，努力做到虚怀若谷、戒

骄戒躁，对自己的功绩要清零，对下属的成绩，则要及时发现、记住并进行鼓励。合格的超导干部需要做到：实干实效、团结协作、科学管理、终身学习。

5. 科学用人

大才可小用，小才不可大用，高学历的人做些低学历的事大有好处，高 + 低就等于生产力。在企业中要让各类人才（技术、工人、管理）都有美好的未来和前景，知识分子做新品，工人做精品。

（二）创新之道：创新是高新技术企业持续发展的根本动力

国家急需创新和产业结构的优化调整，创新是一个民族的灵魂。传统工业经济时代的特点是依靠机器设备和劳动力，线性地增长；现代知识经济时代的特点是依靠知识技能人才和创新，实现非线性增长。创新与每位员工密切相关。

1. 西部超导的创新包括

技术创新、管理创新及行为创新。技术创新的重点在于研发新产品，管理创新在于提高企业的整体协作性，行为创新在于提高效率。凡能够提高生产力的创造、发明、改革都是创新，公司的核心竞争力来自研发，新产品来自研发，高性能来自研发，低成本来自研发！研发的核心模式是“人无我有、人有我优”，研发必须以市场为导向，以合格产品、合理成本为目标，努力做到材料研发、工艺研发、装备研发相结合，技术人员和工人相结合，重视知识产权保护。

2. 产品定位要高、精、尖

现有的产品永远是企业发展长河中最低级的，本着“生产一代，开发一代，储备一代”的思路不断推陈出新，及时把低端工序外包出去，优化生产结构，做到产品与人的同步发展。

3. 公司发展中而科技成果的转化问题

什么是成果？论文不是成果，实验室的东西也不是成果，成果要实，不实的成果是企业的毒品。技术指标要先进，工艺可行、能够规模化生产，成本要合理，市场能够接受。成果的转化至关重要，再先进的成果不能转化也等于零。产品的稳定性好，技术人员与工人必须紧密结合。

4. 企业家应热爱生活、热爱自然

企业的管理者和技术人员不但要勤奋工作，为企业、为人类社会奉献才智，还要学会生活，享受生活，热爱家人，热爱自然，这才是一个完整的人生。不会生活的人就不会更好的工作，不热爱自然的人一定会缺乏情趣和激情，在工作中也很难持续性地创新。工作只是人们生活的一部分，而不是全部！

现阶段公司已顺利实现了超导线材、超导应用在后 ITER 时代的转型。由于 MRI 超导线材显著的性能、质量优势，公司已与美国通用电气公司（GE）、西门子等国际医疗器械巨头建立了长期、稳固的合作关系。公司自主研制的高性能超导磁体持续取得重要技术突破，陆续应用于科学研究、能源电力、医疗等关键领域。超导线材产量保持稳步上升。

努力报效祖国，共创美好未来。回顾西部超导这十四年，侥幸走上了一条正确的路，为祖国做出了微薄的贡献，却得到莫大的荣誉和回报，这是我们不断前行的动力，我们依然在路上。

（本文系作者 2011 年在西安 MBA 学会方圆管理论坛上的演讲，刊发于学会会刊《方圆管理》2011 年 5 月总第 5 期）

趋势是朋友

◎ 印建安

我一直从事具体的产业技术管理、企业管理。今天，我想从企业的角度，从自己的实践和探索出发，结合对于宏观经济形势的研究与把握，来讨论一些规律性的东西。通过这种讨论，看看在这中间企业如何适应客观规律，找到适合自己生存发展的条件。

一、短缺经济的时代是否已过去

我们这代人青少年时期就经历过中国短缺经济的时代，这个时代给我们留下了深深的烙印。直到现在，很多东西在潜意识里还在发挥作用，甚至在企业经营过程中，始终感觉到一定阶段某种东西将会产生短缺，包括能源。很多专家也在讨论，能源在未来一段时间内会不会存在严重的短缺。最近有了新的观点和认识：由于新技术的出现，能源似乎也不会短缺。所以，在市场经济时代里什么短缺？是不是短缺经济时代已过去？这是值得我们思考的。

全球经济衰退，供过于求，产能过剩。大家都期盼这个阶段早日过去，都期望冬天过去就会是春天，这是不是一种必然规律，也值得探讨。我个人认为，市场经济条件下供大于求可能是一种常态，尽管在很长时间内我们对这种状态还不太适应，但并非无动于衷，而是一直在考虑和分析。做企业就像居家过日子一样，每家的情况和内外环境是不一样的，不一定会有一致性的方式，但是，陕鼓的这种选择可以给大家提供一种参考。

二、陕鼓的选择

陕鼓重新定位了新的发展战略。基于对经济发展的基本认识，陕鼓提出全力推进“两个转变”，打造世界一流绿色动力强企的发展战略。即从单一产品的制造商，向能量转换领域系统解决方案商和系统服务商转变；从产品经营向品牌经营和资本运作转变。

如何实现这样的战略目标？如何应对经济衰退现状？我们的具体举措就是：有所不为和有所作为。

1．有所不为——减肥瘦身

基于对当前经济形势的判断，我们首先选择不做什么。有些时候不做什么要比做什么更为重要。就像吃东西过多而导致的肥胖一样，企业现在要选择“减肥瘦身”。生活在短缺经济时代的人，大家拼命在“吃”，而实质上现在人们对营养的摄取量远远超过本身所需，后果之一就是肥胖，造成一种过多积累和积淀。当然，每个人都可以选择自己的生活方式，但不论做何选择，必然对他的生活方式和品质产生很大的影响。对于陕鼓来说，如何进行减肥瘦身呢？

首先是深化体制改革。陕鼓“十二五”期间确定对国有体制进行改革，第一条是深化国有体制的改革。第二条是管理层和骨干员工必须持股，我们认为企业未来应该与管理层和骨干紧密绑在一起，企业与管理团队签订对赌协议。在对赌协议中，企业如果亏损的话，亏损底线就是管理团队的持股数额，如果管理团队亏损完了持股数额就下岗。其他股东，包括国有股东，要保证其利益不受损失，若损失首先损失管理团队。如果企业经营超过目标利润，包括国有和其他股东应该拿出超额利润的一部分来鼓励和奖励管理团队，管理团队除了薪酬和入股的分红之外，应该享受超额利润所带来的收益，这种方式是否合适有待于实践考证。第三条是引入有价值的战略投资者。

其次是放弃非核心业务，对能够通过社会化协作完成的业务环节通过社会化协作完成。这个观点与一些专家的观点不尽相同，现阶段我们选择的更多不是买，而是放弃。大家有没有注意到有这样的现象：经济危机来了老外在选择卖，而中国人在选择买，在短缺经济的时候来看，觉得它便宜了！买和卖对不对？也许都对。关键是买的东西是我们所需要的，而不是因为它便宜才买。综合考虑后，陕鼓觉得要进一步瘦身，必须放弃现在所有非核心业务，通过社会化协作完成。这里要考虑三点：我们能够减肥瘦身，减掉那些多余的“脂肪”才能保证轻资产；全球产能过剩，我们完全可以借助产能过剩的机会把这种产能交给专业化公司去做；而且这个方向完全符合未来产业专业化分工的趋势。基于这样的考虑，陕鼓近 11 年来已经在 12 个业务范围内，放弃业务，分流员工近 700 名，有 20% 左右的部门被撤销，1/3 的员工进行转岗。

2．有所作为——强身健体

取消了原有的业务环节，那么选择做什么呢？有所放弃，一定要选择强化一些环节，要增强具备核心竞争能力的环节。

第一点是研发。陕鼓近几年在研发方面做了很大的投入。2011 年，陕鼓的研发投入占到销售收入的 8.48%，应该讲这个投入比例在中国的装备制造业是比较高的。陕鼓在研发投入方面能有这样高的投入，是我们聚焦市场和重视市场的结果，我希望未来研发的投入占到销售收入的 10% 以上。

第二是要增加核心制造能力，不是简单的加工制造环节，而是组装、测试和集成的综合能力。

第三是提升系统集成能力，强化陕鼓在工程成套设计、建设能力，我们组建了工程设计院和工程公司，为工程总承包提供相应的支撑和服务。陕鼓原来是做单一设备的制造厂，现在能够向客户提供完整的解决问题方案，已经累计完成了 183 个项目的工程总承包。

第四是强化供应链建设。从 2003 年开始，陕鼓组建了全球的成套技术协作网，在独立的项目中，80% 以上设备并不是陕鼓制造的，有些时候甚至有 100% 的设备是通过配套采购，现在每年有 30 ~ 50 亿的采购规模。通过供应链的管理和合作，我们协同相应的组织、企业共同进行系统的研发，为客户提供完善和完整的解决方案。

第五是加强金融服务的力量，作为一个工业企业，2011 年，陕西 14 家金融企业为陕鼓授信超过 200 亿，这些资金陕鼓并不是用在自己的经营方面，因为我们的经营现金流一直保持良好的运转。所以将这些资金按照客户的需求，为客户和金融机构定制金融服务方案，使陕鼓不仅能提供产业服务方案，同时还能提供金融服务方案。因此我认为，在企业发展的过程中应该借助不同的力量，就像奥运比赛跳高项目，有直接跳高的，也有撑竿跳高的，在企业奥运会竞争中也有不同的方式，没有规定采取何种方式跳高，但是直接跳和撑竿跳所达到的高度是不同的。

这段时间，陕鼓尝试用资本作为企业发展的一个手段，开展了与主营业务关联的一些股权投资，通过资本的纽带增强了陕鼓和市场相关方利益与资本的协同。另外，在陕鼓熟悉的领域，不单通过产品获得收益，而且通过资本在熟悉的领域中获得相应的收益。我认为中国企业应该学习资本运作，就像最早的撑竿跳高比赛用的是竹竿，而现在用的是碳素杆，为什么要这么选择呢？因为强度和弹性都发生了根本的变化，使运动员能跳得更高。近年来，陕鼓除了在上下游的企业进行股权投资外，还在金融机构进行了相应的投资。

有所作为方面还开展了相应的工业服务，陕鼓通过互联网与传统技术结合，组建了全球首家工业技术服务支持中心，为全球客户提供全生命周期的健康管理。经济状况良好时，社会的需求量会增加，而在经济衰退时，需求会下滑。但对服务业务来讲，客户的需求是刚性的。陕鼓还向客户提供润滑油，就如开宝马店卖车或者维修，宝马动力性能好，卖车同时如果提供一种专用机油，而价格和其他油品一样，但更适合宝马的机械特性，我相信车主都会买这样的机油。陕鼓和油品企业合作制造适合客户需要的润滑油，除了满足市场需求，还可以得到效益保障与增长。

最后，陕鼓实现从“卖奶牛”向“卖牛奶”转变。以前卖设备相当于把奶牛养大卖给别人，奶牛被别人牵回家后所有权归客户，自己喝奶自己挤奶。但随着全球化一体化，包括这次全球经济衰退的状况，用户对轻资产结构的需求，导致喝牛奶的人不想再养牛，专业化的运营服务应运而生。陕鼓把服务延伸一步，把设备所产生的结果卖给客户。到目前，陕鼓卖过电、水、气，这方面的市场需求确实很大。可以想象一下，把卖设备一次性收入变成几十年的长线收入，把波动的一次性收入变成与客户的长远利益结合，对于制造企业来说，是比较好的一种应对措施和准备。

在过去的几年中，陕鼓又在 11 个业务单元中增加 800 多个相应的岗位，增加人数超过了被转岗的岗位数，但最大的变化是业务单元几乎不用什么固定资产，劳动形态与之前的劳动形态发生根本变化：之前是通过体能和技能，现在是靠知识和资本与市场的结合实现企业的增长。2005 年，陕鼓的利润是 3 亿多，74% 来自卖设备，服务和运营只占到 26%。到 2011 年，陕鼓的利润将近 9 亿，有 55% 是来自于传统制造，而 45% 来自于工程、金融、服务和运营。

陕鼓希望 3—5 年之后，利润还要进一步增大，同时利润构成发生根本性的变化，传统设备最好只占 30% ~ 40%，超过 50% 以上由服务和运营产生。如果实现了这样的结果，陕鼓的战略转型就落地了。到那时，即使是经济衰退时期，陕鼓的收入也不再受经济波动性的影响，因为收入来自于服务和运营，这种服务相对的需求是刚性的。请大家看一组数据：2011 年，在风机行业中，陕鼓的产值比例只占到 16.61%，而利润比例为 27.55%。陕鼓将德国 MAN 作为标杆企业对标，通过发展，10 年前陕鼓和 MAN 的销售收入有 20 倍的差距，去年是 2:1；人均营业收入 1. 1∶1；人均利润已被陕鼓超过。

各位朋友，陕鼓是基于中国市场的制造企业，这种体会和认识符合规律与否，仅是我们实践的一个结果，还必须在不断实践的过程中进行总结。外部的条件在不停变化，那么企业必须针对变化随时做出自己的选择和判断，趋势是朋友。

（本文系作者2012年在西安MBA学会方圆管理论坛上的演讲，刊发于学会会刊《方圆管理》2012年12月总第8期）

中小企业可持续发展的战略思考

◎ 杨建君

我国的中小企业在经济和社会发展中发挥着极其重要的作用，特别是在企业创业过程中更为明显。这些作用是大企业不可替代的。据统计，我国中小企业的数量约占全部企业总数的99%以上，创造的最终产品和服务价值约占GDP（国内生产总值）的60%以上，上缴税收的50%以上，提供了80%左右的城镇就业岗位，占70%进出口总额等。还有，65%的发明专利、75%以上的企业技术创新、80%以上的新产品开发，都是由中小企业完成的。可见，中小企业以其灵活的运行机制和市场适应能力，成为推动我国社会发展特别是推动转型经济的重要力量。中小企业（包括小微企业）也成为创业企业的主要实现形式。

然而，在我国经济转型期，经济发展与互联网技术高度融合的时代，尤其是经历了2009年的金融危机后，中小企业面临的发展环境令人担忧。中小企业的长远发展面临比较严峻的困难和挑战。这些困难和挑战主要表现在：

从外部讲，首先是我国经济回升时消费内在动力不足。我国经济增长主要通过投资拉动，消费拉动不足。投资对GDP的贡献过高，占70%以上，消费需求对GDP的贡献过低。最近几十年来从需求角度刺激经济发展作用效果一直不明显。其次，金融和财政风险增加。中国财政的发展处于瓶颈阶段，金融和财政风险不断扩大，成为经济实力增强期的阵痛。第三，通货膨胀的压力加大。2011年1月份CPI（消费价格指数）为4.9%，2月份为4.8%，3月份为5.4%。住房价格依然处在高位水平，存款准备金和基准利率创新高。第四，中小企业依然遭遇不公平待遇。比如说民营企业及中小企业到银行贷款还是难以得到信任，能够得到贷款的中小企业数量居少，远远不能满足市场需求。

除了严峻的外部环境，我国中小企业自身存在的问题也急需解决。从总体上来讲，主要有以下五个方面的问题。一是融资比较困难。主要的外部原因是金融机构面对中小企业融资风险大、相对成本高、缺少合适的金融产品和配套措施等。另外，我国对中小企业的社会担保力量不足，资本市场也不够发达。从内部看，主要是中小企业往往只考虑扩张，不太注重内部管理。只注重融资，不注重企业发展战略。还有就是中小企业信用资源不足，财务管理水平也比较低下。这些因素导致了一直都没有解决好的中小企业融资难的问题。二是缺乏人才。我国经济发展过程中，曾一度出现局部地区特别是长三角和珠三角地区中小企业出现用工荒，反映中小企业人才储备严重匮乏，人才培养缺位，劳动力培训不到位现象比较严重。再加上中小企业人才流动又快，受就业观念的影响一些大学生不太愿意到中小企业工作，所以导致人才一时出现紧缺。三是缺少品牌，特别是知名品牌。据我们了解，一些中小企业抓住市场机遇或者政策机遇一时成功，有时将成功的原因错位，以为是自身管理水平提升的结果，因而忽视了长远的战略品牌建设。品牌意识不浓，特别是我们陕西中小企业能够拿得出手的“名牌”的确不多。四是科研弊端。主要是部分中小企业盲目跟风，产品品种单一。企业研发投入不足，自主创新能力不强，对外技术依赖性比较强，买来的技术多是解决暂时问题的技术，而非长远的领先技术，难以形成自身技术特征。还有，多数企业本身缺乏专业科研队伍和系统科研体系，有些企业甚至没有研发投入和研发行为。五是企业经营的短期效应。战略先行，人才跟进，领导者能制订并执行明确有效的战略。这是中小企业发展的长远之道，而我们的企业恰恰忽视了这一点。

面对中小企业外部面临的困难和挑战，我国中小企业面临哪些新的发展机遇呢?

从大环境来讲，2009 年国务院颁布了“36 号文件”，明确指出加快中小企业发展进步和结构调整；支持中小企业开拓国内国际市场；引导中小企业加强内部科学管理；加强中小企业工作的组织领导等。而作为中小企业主管部门对“十二五”时期推进中小企业实现转型提出多项重点工作。可见，抓住“十二五”未来五年发展契机以及未来更长远的发展机遇，抓住国家扩大内需机遇，特别是对中小企业适合的服务业的发展机遇。这里要特别强调的是，服务业包含的内容非常广泛，如旅游、文化、交通、餐饮娱乐、教育、金融、电讯、医疗卫生、出版媒体、科技服务、制造服务、影视会展、广电网络、动漫……我国服务业占 GDP 不到 50%，而美国 80% 以上，日本 65% 以上，印度 50% 以上，而国家对服务业是大力支持的。一句话，服务业潜力巨大，机会多多。中小企业在服务业大有可为。另外需要强调的是适合中小企业发展的新的商业模式。新的商业模式的创新，包括制造模式、消费模式和销售模式，比如“小米”“苹果”“阿里巴巴”等。这些新的商业模式给中小企业带来灵活的发展机遇。

具体来讲，我以为我国中小企业应从以下五个方面进行战略转型和调整，从而紧抓新一轮的国家经济和社会发展的需求，实现企业可持续发展。第一，明确的产品定位。你的企业所在的行业是属于资源型、技术型、垄断型还是服务型。因为不同的行业其发展的逻辑不一样，当然采取的战略转型的对策也不一样。二是强化价值链增值环节。现在市场竞争的特点是产品同质化、技术趋同化，企业若想经营得好，就一定要寻找到自身价值链的增值环节。比如新东方、沃尔玛，都采取了短价值链战略，从而控制市场，实现了增值。三是企业家要执着，追求长远。还是那句话：生意人见钱就赚，商人有所为有所不为，企业家以社会责任为己任。企业家的本质就是冒险和担当，去追求更长远的利益。四是追求品质，勇于创新。陕西竹园嘉华企业集团给我们很好地阐释了什么是品质、执着和创新。品质与创新是企业永恒的主题。品质是经营的核心。没有企业的品质和产品的品质，其他一切都无从谈起。五是处理好与政府的关系。企业特别是中小企业要跟踪政府的政策导向，眼下更要关注“民生”。关注“民生”就是关注市场。但是中小企业不能把企业的长远发展捆绑在政府身上，靠与政府拉关系谋得一时的利益是短暂的，靠市场才是长久之计。因为道理很简单，企业说到底是市场的企业。

（本文系作者2011年4月13日在金蝶软件新产品发布会上的演讲）

呼唤陕商精神

◎ 李　刚

明清时期陕西商人形成“厚重质直、忠义仁勇”的核心价值观，在他们的商业实践上就表现为“陕商精神”。这种陕商精神在其内涵上包括以下八个方面：

1．抓住机遇，乘势而起的时代精神

抓住机遇，与时俱进是陕西商人的历史品格。明清时期，陕西商人在陕西地处边陲的不利条件下，抓住明清政府对陕西实行“食盐开中”“茶马交易”“随军贸易”等政策机遇，乘势而兴，成为中国历史最早形成的商人集团，以“秦晋大贾”“山陕商人”的雄浑气势，垄断中国东西部贸易通商达500年之久。

2．不畏险艰，闯荡天涯的开拓精神

祖国西部高山巨川，黄尘漫天，冬长夏短，生活艰苦。这种艰苦的自然环境，不能阻挡陕西商人经商致富的脚步。道光年间，赵熙出使新疆，走到千里戈壁“一道泉”的地方，唯见有一瓦屋招待行旅，进店问老板，乃知为一陕西三原人，年轻时随军贸易流落于此，在茫茫戈壁上独自生存了30多年，并娶有妻室，成为瀚海戈壁唯一的一户人家，所以叫“一道泉”。这就是陕西商人的开拓精神。

3．不恋家舍，锐意经营的求富精神

在自然经济社会里，恪守家园，“三十亩地一头牛，老婆娃娃热炕头”常常是束缚人们闯荡天涯，客外求富的思想阻力。陕西商人郑绍经华山遇皇尚书女，遂婿。“经月余绍曰，‘我常暂出，以缉理南北之财’，女曰‘鸳鸯匹配，未闻经月离也’，绍不忍矣。经月余绍复言曰‘我商人也，泛江湖，涉道路，益是常分，虽深诚见挽，若不出行，亦也有不乐’。女见绍言切，方许之，乃橐货就路”。新婚娇妻尚且不能留住陕西商人求富的步伐。

4．不辞劳苦，奋志经营的创业精神

清代乾隆年间，成都的陕西商人欲修筑“陕西会馆”，却遭到当地士人的阻挠，言说会馆可盖，但不许动用当地一抔黄土，以免风水外泄。陕西商人不为所动，毅然回到自己的故乡西安、同州府，经千里巴蜀古道，硬是背一口袋一口袋家乡的黄土，在四川盖了华丽的陕西会馆。

5．恪守本职，坚忍不拔的敬业精神

明末清初陕西大商人孙豹人，在扬州做盐商，三年之间三致千金，后来一边业贾，一边读书，成为陕西有名诗人。康熙二十八年召试博学鸿儒科，授官内阁中书衔，豹人固辞，曰“吾侨居广陵（扬州）数十年饔飧待我，使我官京师，不令举家饿死乎?”辞官归商，宁吏也贾，很是表现了陕西商人的敬业精神。

6．诚实经营，恪守贾道的求实诚信精神

陕西富平汉代以来就有一个叫“直镇”的市镇，做生意一言九鼎，不言二价，故曰“直镇”，这是陕西商人诚信精神的物象反映。三原王�治盐淮扬时，“治盐使者行疏通法，商随倚以营私，名曰超掣，或拉君，君谢不往，诸君大有获，乃诮君不听吾而失厚利，君笑应曰‘吾不得鱼，幸有吾筌，若视吾筌在否，不悉不得鱼也’，有识者以君言为是”，也很能反映陕西盐商不违法图近利，而是长线远鹤，功在持久的稳健经营作风。

7．富而不奢，生活朴素的厚重精神

一部分陕西盐商居扬州贾盐富厚后，亦能保持秦人生活俭朴的淳厚民风，淡泊自守，不为声色犬马所动，在扬俗奢侈的风气中亦属难得。如三原贠维新“贾淮扬治盐策，扬俗侈，他贾日高会醵饮声妓间，伯子独淡泊自守，即众嗤听焉，珠累寸积，不数载赀起万……自是益菇苦殚力或废食恶衣，不数载赀又起万余”，可称之为勤劳节俭致富。

8．热心公益，惠及乡党的忠义精神

三原友槐公“座之前亦出数百金，分散三党之戚”；师庄南“以百麦输泾阳，以糈百二十石输三原，又输谷种数十石，输缮城二百金，缮河桥二百金”；贠维新“万历壬辰葺邑城郭，癸巳建石梁，捐助几二百金”；富平李月峰“捐赀辇石”重葺县北石桥，乡党皆碑；而三原商贾捐资修建三原城中龙桥更被称为古今佳话。据李维祯《创建龙桥碑记》载三原“邑南北两城，清河贯其中，故架木为桥，不可久，水涨桥败”。对于陕西盐商这些惠及故乡的善举，《两淮盐法志》曾有总结性说明，该志编者按曰“两淮商人籍隶徽西，各为善于其乡，如建宗祠，置祭田，立义庄，义学以及修理学宫，兴复书院，于夫桥梁道路一切利济事各有其郡志可考”。

陕西商人在长期经商营销中逐步形成的思想意识、道德操守和价值取向，形成了陕商特有的精神。因此，我们要大力弘扬陕商精神。第一，传承秦商抓住机遇、乘势而上的开放意识。第二，传承老秦商奋志经营的创业精神，同时也要学习第一商帮浙商白天当老板、晚上睡地板的艰苦奋斗精神。第三，传承老秦商恪守贾道的诚信精神。陕西与东南沿海地区的差距，说到底是企业家资源的差距。区域经济更大范围和更深层次上参与国际经济合作与竞争，呼唤着一大批新陕商的崛起，呼唤着一支适应新形势、新要求的优秀企业家队伍。因此我们要尽快建立健全全省商务行业执业资格评判及人才考核体系，建立人才流动激励机制，建立多层次人才培训体系，鼓励企业经营管理人员出境或到沿海发达地区互访交流，学习借鉴。努力创造一个有利于企业家创业的营商环境，培养造就一支高素质的企业家队伍，使新一代陕商真正成为国际竞争的能手，成为搏击市场的高手。

（本文系作者2013年1月13日在西安MBA学会方圆管理新年论坛上的演讲）

经理人与老板的十大关系

◎ 郜随印

改革开放后的近四十年，我们从幼稚的传统计划经济走向相对成熟的市场经济，在中国特色经济机制和特有模式下，探索经理人与老板的关系就显得十分重要。

在数十年的职业生涯中，我服务了上千家的企业，一次次面对和处理经理人与老板之间的依存关系，深深感悟到：人是自然属性和社会属性的统一，前者构成所谓人性，后者构成所谓社会性。但人之为人，是由其社会性决定的。正如马克思所说，“人在本质上是各种社会关系的总和”。考察上千家民营企业兴衰成败的案例之后，我发现这样一条规律：能否妥善处理好经理人与老板之间的关系，是一个企业健康成长、快速发展的最重要前提和保障。只有理顺了这层关系，科学定位他们之间的位置，有序地将他们各自镶嵌在各自的标准位置上，才能使企业这部机器良性运行，才能使经济资本链条高速有效地运营，才能达到最低成本、最快时间、最好效果地管理企业、经营企业。下面是我在自己从事多年经营管理工作和研究了大量经理人与老板之间关系现象后归纳总结出来的几点观察心得，写在这里，供那些想成功的经理人与老板们参考、借鉴。

1．信仰关系

一个卓越的企业一定是个有信仰的企业，而在企业里具有相同信仰的经理人与老板一定是默契的合作者，因为企业无论是对外环境的适应，还是对内资源的整合，所有工作都必须建立在公司清晰一致的信念体系下。一个信念紊乱的企业是很难取得优异的经营业绩的，即使一时取得好的业绩，也是很难持续的。这是世界上的所有公司从优秀走向卓越都遵循的基本法则。因为，人的信仰文化决定人的世界观和价值观，一个人的信仰也决定一个人的素养和职业道德，同时一个人的信仰也决定着一个人的习惯，而要改变一个人的习惯，可能比杀了他都难。当缺乏共同信仰的经理人与老板相处时，即使经理人或老板都具有良好的职业习惯，但他们的价值理念一定是有差异的，而这种差异会给他们的相处带来各种无法逾越的障碍，就像一个农村婆姨嫁给了一个具有高级知识水平的科学家一样，不可能有共同语言。

2. 利益关系

在经理人与老板之间关系上占据主导地位的老板，有选择聘用或不聘用经理人的权利，这就决定了老板是利益者的直接主导者，经理人是利益的从属者和接受方。认清这一层利益关系的内涵是非常重要的。我们的绝大多数经理人，还难以做到将自己和企业利益完全融合、无缝链接，还不能完全自觉地站在老板的角度，去无私、忘我地为企业服务、奉献。因为人的自然本性决定了他们是自私的、自我的。老板们总希望通过给予更多的利益，来选聘更有智慧、更有能力、更会做事的经理人，以完成自己企业的使命和目标。在经营管理实践中，不少老板难以将所有者与经营者之间的关系合理有效的融合在一起。老板和经理人在成长和融合的过程中，由于一方或双方不能将企业作为社会企业、将企业资本作为社会资本、将企业成员作为社会团队、将企业发展作为社会事业、将企业品牌作为社会资源，缺少社会未来要靠社会人共同来维护和实现的意识，付出了很多因为理念偏差或思维不成熟而产生的额外代价。在社会生活中，当雇佣关系成为一种利益关系，人们所有考量标准都成了用利益来衡量各自取舍，据此来判断企业与自己的关系。在这种利益关系下，雇佣者和被雇佣者之间所组成的就是团伙，而不是团队，即使有一定的共同目标，也仅仅是利益基础上的阶段性合作，而不是可持续发展的共同事业，更没有共同的愿景。而利益关系决定着工作心态，影响着企业的成长，影响着人和人之间的情感。老板和经理人之间的这种利益关系特征，决定了利益中人之间的合作关系的短期性和阶段性，利益关系也决定了经理人与老板不能一直都在同一战车上，同呼吸共命运。可以说，如果利益关系处理不好，或者老板和经理人之间单纯地靠利益关系维系，任何一个企业是无法有一个健康的治理体系和受人尊敬的企业氛围。如何构建和谐、融洽、长期的利益共同体，是经理人与老板都应认真探讨的重要课题，更是不可回避的重大挑战。

3. 从属关系

老板一般能把握企业战略方向，宏观全局，处于制订和实施企业发展战略的主导地位，是企业战略决策的“拍板”者。经理人通常是企业战略的执行者，老板是站在行业和社会角度来把握企业命运，经理人则是站在企业的小环境中，去有效地实现老板确定的战略目标，去组织更多人认同企业、服务从业、执行企业决策、建设企业团队文化和实现盈利目标。经理人处于一种从属的位置，更多地从实现个人价值及利益出发，以企业为平台，来实现自我。当企业目标跟其个人目标差距较大时，经理人可能会重新选择新的雇主，来施展才华、服务企业。从这个意义上说，经理人反而是非常主动的。而老板只能与企业同舟共济、同甘共苦。在传统企业里，组织结构是“金字塔”形，经理人必须被动地执行老板的指令，受制于企业老板的视野、格局和思路，很难独立实施自己的想法和计划。而在国有企业中，经理人更是既不像官员，也不像老板，必须服从“国资委”的管理与考核，缺乏足够的自主权和独立性，角色复杂多元，难以准确定位。

4. 战略关系

经理人通常是用“智本”“知本”换“资本”，老板是用“资本”换取“智本”“知本”——通过选聘一个有智慧、有知识、有能力、有素质、有意识，能约束自己的经理人来经营好自己创建的企业。经理人必须顺应老板的战略目标、发展思路，来赢得认同和授权，必须站在历史的高端，俯瞰时代的前沿，把握市场的脉搏，衡量自己的能力，定位自己的角色，做自己最擅长做的事情，做别人非常欣赏的事情，做最有把握成功的事情，站在老板的角度看待自己的成长与发展。对经理人的成长、发展影响较多的是其自身的因素——经理人一般会更多的考虑自身的利益、成长空间，及个人所能达到的最大价值。当自身的利益、前途命运与企业的发展兴衰紧密联系在一起时，经理人通常都会有较高的激情。老板们既要考虑到企业的发展扩大、企业的前途与去向，还要考虑到经理人的稳定性，考虑给经理人提供什么样的发展平台，考虑企业人才资源的开发与稳定，需要懂得培养和使用优秀经理人，使他们更好的工作。在这一视角中，老板与经理人之间表现出的是一种唇齿相依、长期默契、动态发展的战略关系。

5. 合作关系

史记中曾记载《鸿门宴》的故事，这一部分共写了四件事：刘邦谢罪，范增举玦，项庄舞剑，樊哙闯帐。这些事里一方面看出刘邦的狡诈与精明，另一方面也看出刘邦与部下之间高度的默契与合作。现代企业面临着各种复杂多变的环境制约与挑战，更加需要老板与经理人之间的默契合作。

离开了老板的信任与聘任，经理人就没有施展才华的舞台。同样，离开了优秀经理人的辅佐，老板的事业梦想就很难顺利实现。因此，老板与经理人的关系首先是一种合作关系。经理人直接受老板（或董事会）的聘用和任命，由此才有了经营管理企业的权力。经理人在行使企业管理职权时，必须考虑其行为要符合企业的战略和长远规划，同时也必须考虑近期经营目标的实现。经理人更直接的是对老板负责，其管理行为必须能够为老板所理解和认同，然后双方之间才会有良好的合作。可以说，在老板与经理人之间所有的关系中，合作关系是最重要的关系之一。

6．互补关系

老板的思想和经理人的思想观点若能处在同一层面上，企业就有较大的凝聚力，经理人也有较强的执行力，企业将能更好地发展，但现实角色的不同造成他们的思想观念又有很大差别：老板一般考虑因素较多，思想较为复杂，而经理人则一般会更多地站在自身的角度考虑自身的发展，想法相对简单，显得比较单纯。因此，经理人就需要在工作中站在老板的角度，更多地从企业长远发展利益考虑，更好地将自身的知识、智慧和专长贡献给企业，多提一些建设性的意见和大胆、创新的想法，和老板的谨慎决策相互补充、相互完善。

7．约束关系

法律约束与道德约束的根本，是利益约束，最本质的问题是利益问题，老板的利益和经理的利益必须统一起来。利益约束需要建立一种机制，一种既能激励、又有约束的有效激励机制。将利益关系变成有约束的利益关系，单纯的职业道德、职业意识、职业品味、职业素质，仅仅能在精神方面发挥约束力，但人性的本质和实际工作中的各种复杂情况。单单靠精神的约束力显然是不够的。经理人头上必须有一个有形的“紧箍咒”，在牢记精神约束要求的同时，也应该在犯错误的时候或者想犯错误的时候，在不能杜绝和遏制错误的时候，用这个约束和激励机制来矫正经理人的行为，促使经理人自觉约束自我，在有任何事情发生时，能准确地用这个“度”来衡量和把握自己，而不至于性情用事，犯某些“一失足成千古恨”的低级错误。

8．信任关系

思路决定出路、理念决定高度、细节决定成败、格局决定胸怀、企图决定版图。老板和经理人的互相信任是需要前提和基础的，这种基础分为三个方面：一是思想基础；二是物质基础；三是行为基础。

思想基础，就是在彼此认同价值观念的前提之下，寻求企业文化和理念的一致性。大家想一想，彼此在一起共事，如果没有共同的价值观念，没有双方都认同的企业文化和理念，那么根本谈不上合作，也很难达成一种默契。

物质基础，我认为应该在责、权、利、风险四统一的前提之下，寻求利益的一致性。老板和股东追求的是投资回报的最大化，而经理人希望付出就要有回报，他需要有施展才华的舞台，去实现自我价值。经理人自身价值的实现必须体现在不断地为企业创造新增价值和效益，体现在不断地为员工带来福利增加的过程当中。只有这样才能达到目标一致。经理人拥有多大的权力，负有多大的责任，也必须界定清楚，否则他权力使用不当带来的损失将是非常大的。经理人经营业绩和利益回报相挂钩的关系，是首先必须界定清楚的。

行为基础，就是经理人一定要摆正位置，经理人首先要做好一个执行者，其次才是决策者。双方应管理好自己的行为，怀疑、指责和抱怨往往是失望与决裂的开始，是损耗心灵的剧毒，是老板事业失败和双方关系破裂的前奏。

经理人与老板在职场利益的驱动下走到了一起，但他们本身就是一对矛盾体，因此双方发生信任问题也很正常。对此，有人从经理人自律的角度提出，在与老板互相磨合的过程中，作为经理人要有一些必备的素质、诚信与修养。企业之间要讲诚信，人与人之间也必须讲诚信。当然，这是个双向的过程，经理人要自我约束，作为老板也得有其基本的素质要求。如果老板总是不放心、不放权，老板与经理人之间的信任基础就会十分脆弱。对经理人而言，与老板目标不一致、信息不对称、合作关系不稳定等因素，往往造成经理人与老板之间互不信任，甚至渐行渐远，严重时将导致彼此决裂、各奔东西。我认为，陕西目前的大多数民营企业的“家族企业”色彩过于浓厚，不利于优秀职业经理人才华的充分发挥，需要在经理人发展的人文环境和生存空间方面还需要更多的改善，需要给予经理人更多的信任。

9. 共生关系

市场经济的本质，在于交换、互助、互利共赢的制度化、规范化。商界最有意义的进化，并非源自生存竞争，是通过共生走向一体化，形成能够追求共同的目标和能够把大家紧紧绑在一起的社会生态循环链，构成能够将企业做大做强的领导团队。这是典型的“家和万事兴”，是经理人与老板“上下同欲”，相互构成“共生统一体”的结果。通过共生进化出来的领导团队具有强大的功能，就能使企业在激烈的市场竞争中真正获胜，同时也使老板与经理人实现长期稳定的共生共荣共赢。当前所需要的，绝不是老板追求成为职业化的经理，也不是经理人追求成为老板，而是双方全力追求通过共生组合成一个事业共同体——这就是老板与经理人所追求的双赢的“共生关系”。

10. 相互忠诚的合伙人关系

忠诚关系中，更多地体现在个体对组织、下级对上级、追随者与领袖，或者相互间有忠诚义务的人。经理人对老板、对企业的忠诚，是全世界公认的经理人必备的职业操守和道德规范。经理人与老板有共同目标但又适应个性习惯，经理人与老板有共同忠诚的事业，但有自己的私生活，经理人与老板忠诚于大是大非，但要彼此认同，保留个人行为习惯和相对独立性。忠诚关系应当建立在一种共同的价值观、共同的理念、共同的追求、共同的适应、共同的包容之中。经理人对老板的忠诚，不是单纯的君王与臣子的个人忠诚，不是奴隶与奴隶主的愚昧忠诚，不是放弃原则、放弃良知、违心的忠诚，经理人与老板都应坚持善良、本分、真诚、信仰、承诺，建立相互忠诚的信任纽带。

作为现代的经理人，必须尽可能地满足各方要求，履行好经营管理职责，协调好企业内外部关系。但是，不值得倡导古代那种愚忠，应该倡导“合则留之，不合则去之”，不浪费社会资源，同时也不要浪费经理人个体宝贵的资源。只有充分释放经理人的独特个性和创造潜能，才能充分体现经理人的价值，才能在为社会创造巨大物质财富与精神财富的同时，实现经理人自身价值的最大化。时代的发展，在逐渐缩短人与人，智本与资本的距离，不同资源，不同能力，不同资本的人们改变了组织形式，合作式的合伙人形势环境将也会逐渐改变老板与经理人的关系。

（本文系作者2010年在西安MBA学会方圆管理论坛上的演讲，刊发于学会会刊《方圆管理》2011年5月总5期）

中小企业经营管理中的几个误区

◎ 祁百福

在世界上任何一个国家的经济体中，中小型企业的数量都占企业总量的绝大部分，包括欧美的发达国家也不例外，中小型企业在繁荣经济，满足需求，解决就业等方面发挥着极为重要的作用。改革开放以来，我国的中小型企业得到了快速的发展，成为社会经济中不可或缺的一支重要力量。但在发展过程中遇到了很多的问题和困难，比如融资难的问题，税赋负担过重的问题，国家政策的扶持问题，甚至不能享受应有的国民待遇，极大地限制和制约了其发展。然而除了这些众所周知的外部性制约因素以外，中小型企业自身存在的问题亦不容忽视，如战略理念问题，管理问题，营销问题，人才问题，老板自身的局限等。笔者在长期的企业培训、咨询、项目策划过程中，深入地接触了大量的中小型企业、他们的管理团队以及老板，对这些企业的经营管理过程以及管理者的心态有较多的了解。一方面，为这企业良好的运行机制、管理团队的敬业、老板们的呕心沥血所钦佩和感动；另一方面也深感由于历史的原因和各种现实性因素，存在着自身的不足，更主要的是思想和认识方面的误区。找到这些误区，并努力地加以避免，远离陷阱，就会更加接近成功。

1．成功的仿制

我国现阶段的中小型企业大多产生于改革开放以来，深深地打着短缺经济时代的烙印。大多数的创业者凭着自己的勤劳、勤奋和执着，善抓机遇；凭着个人的勇气和胆量，敢为人先，推动着企业的发展，获得了一定的成功。在这样的土壤中成长起来的企业老板，崇尚爱拼才会赢的理念，多年商海中的摸爬滚打，无形中养成了他们靠经验和感觉行事的习惯，过度相信自己的直觉和经验，岂不知管理企业是一件非常理性的事情，仅有“拼”的精神是远远不够的。

企业的发展有其内在的规律，企业管理是一门科学。一次性、甚至偶然性的成功，自以为就可以常胜不败，错把偶然当必然，错把特殊当普遍。习惯于守株待兔，岂不知随着环境的变化和社会的发展，兔子早已不在先前的那个窝里卧了。总是按照过去的经验行事，失败是难免的；偶然得到的财富很有可能以更加鲁莽的方式再还给社会。

以变应变，不断地适应环境的变化，不断地提高管理者自身的素质，提高企业的管理水平，尤其是随着企业规模的扩大，管理必须动态地提升。

2. 经营中的投机性

一些企业老板信奉抢抓机遇，习惯于靠机遇取胜，过分地相信机遇的力量，相信市场以外的力量，期望在政府的体制里寻找机会和财富。津津乐道在“灰色地带”游弋，“不找市场找市长”已成为一种思维定势，岂不知机遇总是垂青那些有准备的人。而且这种投机性又客观上为权力参与分配起到了推波助澜的作用，其获取财富的正当性大打折扣，更有些老板们对当初的“原罪”不以为然，甚至还在继续。经营能力弱，既缺乏立足市场用高品质的商品和服务满足消费者的能力，又对此不以为然；喜欢冒险，甚至习惯于孤注一掷；喜欢打擦边球，寻找法律和制度的空白；过度包装，甚至“伪装”，牺牲消费者的利益，欺骗投资者，损害社会利益。此种现象屡见不鲜。

3. 决策的随意性

决策是管理的核心。由于决策不当造成的失误是企业中最大的损失和浪费，然而，纵观中小企业的管理过程，“拍脑袋决策，拍胸脯保证，拍大腿长叹”的“三拍”决策随处可见。可行性研究本来是正确决策的关键性环节，却被很多的企业看作是应景之作，随意抄搬，颇有些自欺欺人的感觉。一个投资500万元的项目，前期10万元的决策论证投入舍不得花，是众多企业的真实写照。靠过去的经验和自己的感觉决策，失之毫厘，差之千里。

决策权力高度集中，老板一个人说了算，决策团队形同虚设，所有的人看老板眼色行事，老板们感觉良好，有一种英雄般的感觉，岂不知失败正在走来。决策程序过于简单，没有制衡，没有完整的决策过程，在决策中企业家个人的天资和能力起决定作用，但每个人都有犯错误的时候，加之有些老板又不注重学习能力的提升，环境的变化使他们的知识和积攒的经验都变得陈旧和过时，但他们依然靠老眼光和旧的经验进行决策，结果可想而知。还有些老板重战术轻战略，美其名曰细节决定成败。方向都错了，再好的战术、方法、细节又有何用?

4．扩张的盲目性

相当多的中小型企业对规模扩张的热情远远高于对能力提升的坚韧，一味地求大而不是求强。对寻找新项目、进入新领域、获取大资金有着异乎寻常的热情，轻看自己赖以成长和发展起来的老本行，向往所谓的高新领域，结果由于各种支撑性要素的欠缺，把前期积累的财富赔的血本无归。类似前几年众多的中小企业盲目进入光伏产业，随着国内该产业进入严冬而难以为继的现象屡见不鲜。

盲目多元化，在一个领域的成功就误以为自己在其他领域也可以成功，而不考虑企业自身要素的支撑和必备要素的整合能力是否具备。其实，企业的规模需要诸多要素的支撑，如技术、人才团队、管理驾驭、市场的营销拓展能力、资金的筹划甚至企业文化等，还有随着规模的扩大往往会带来效率的降低和成本的上升，对此都要有明确的认识和思想上的准备。

5．管理的粗放

漠视制度和流程。

倾向一：习惯于“人治”，反感“法制”。习惯于以自己的好恶和随意性认识管理企业，对用制度和流程管理感到极不自在，很不习惯，以至于在企业中存在大量的制度“空白”，“不请示老板，就不知道该怎么去做”。

倾向二：对制度和流程表面上重视，而行动并不重视。有些企业甚至全面抄袭和照搬同行业的制度体系，但又极少地加以执行。

倾向三：老板是制度首先的破坏者，在很多的情况下，正是由于老板率先破坏制度而使之流于形式，形同虚设。

6．不能摆脱家族式体系

诚然我们很多的中小企业都是在家族的基础上发展起来的，家族的血缘和亲情、信任和一致对企业发展初期的成功起到了关键的作用，但当企业发展到一定规模之后，如果不能摆脱家族的体系，则成为企业进一步发展的最大阻力。家庭是最基本的社会细胞，企业则是最基本的经济细胞，这两个最基本的单元有很大的不同，家庭中以血缘为基础，以亲情为纽带，长幼有序，自然分工，“男耕女织，男主外女主内”是其典型体征。而企业以资本为基础，以文化为纽带，遵循社会分工，以每个人的专业、知识、能力和特长为基础进行分工，分别从事不同的工作。如果把家庭中的理念和行为带到企业中来，显然是有问题的，如果一个长者在家庭中是家长，受到家庭其他成员的顺从和尊敬，而他的孩子是一个企业的老板，如果这个家长又参与孩子企业的管理活动，那么他在企业中的位置又如何摆放？企业中的其他成员尤其是职业经理人又该如何与他相处？是当成企业中的一员，还是也要当成权高位重的“太上皇”？显然这里面有矛盾。据我观察，在诸多的中小企业中这样的问题大量存在，而且严重地影响着企业的发展。

7．相信自己人

潜意识里把企业中的人分为两类，即自己人和外人；用朴素的“用人不疑，疑人不用”的用人观念来管理现代人力团队，只用自己信任的人，岂不知人是可以变的，而不是用制度来管人，“疑人也要用，用人也要疑”，这才是现代法人治理结构下的用人之道。

以上种种误区，是影响和制约中小型企业发展壮大的内在因素。衷心地希望企业的决策者们不断修炼，不断学习，率领企业走向更大的成功。

（本文系作者2012年在西安MBA学会方圆管理论坛上的演讲，刊发于学会会刊《方圆管理》2012年12月总第8期）

第二辑

艺术与方法

企业管理的“方”与“圆”

◎ 蔡苏昌

2003 年 10 月，我出版了第一本言论集《让管理无真空》，当时即兴写了《方圆论》一文收集在书中。多年来，我已不记得多少次以方圆为主题作专题讲座，当这几年的演讲文稿又将结集成书时，我欣然提笔再续《方圆论》。

一、“方”与“圆”的概念

在企业管理中，方是钢，亦为制度；圆是柔，亦为文化。坚持原则谓之为方，广结善缘叫做圆。企业中方与圆的平衡，是一门艺术。厂长就像乐队的指挥，只有勤奋聪明和努力工作的人，才能真正成为其中的优秀者。优秀者不断修炼提升境界，这样的人才能称得上是智者，方可称之为企业家，或者极个别的称为战略家。改革开放 30 年后的今天，取得了一定成就的老板都喜欢以企业家自居，其实他们中有许多人，并不真正明白什么样的人，才称得上是企业家。

从企业领导层面上，管理者可分为优秀的厂长、企业家、战略家。优秀的厂长、经理的内涵是能抓住机遇获得发展，在行业里面有地位，是一个成功的人，是实实在在能做成事的人。企业家是建立完善、合理、实用的管理制度，形成个性鲜明的企业文化，有自己的思想并经过验证，是可行可传承的，可称之为家。企业家可做到无为，知道霸气与霸道的不同，明白企业管理是决策民主、管理权威，能把企业当一个军队那样去指挥。

而战略家则是在制度文化的基础上，能够平衡企业内外的各种要素，尽社会责任，在出产品的同时，也出社会公共产品——合格的社会人。战略家能够做到无为无不为，懂政治、会平衡、善取舍。举例来说，他在员工身边，员工感觉不到他对自己的干涉；他不在员工身边，员工会感受到他无处不在。还有一个鲜明的特点是从不把利益趋向作为直接的目标。这就是优秀的厂长、经理，企业家和战略家之不同。

从企业管理层面上，管理可分为人治、法治和文治三个阶段。所谓的人治就是能人治理，如果企业只有 20 个人，业务比较成熟，老板也比较有才能，有基本的财务制度就可以了，人治可以说是小企业最有效的管理方式。当企业到了一定规模，老板再有才能也管不过来，这时候就需要一个团队来管理，必须要有相应的制度，来界定团队之间的职责，也就由人治上升到法治层面，这个时候强调的权重是法治。文治是不管你制度规定的多么细、多么好，制度要靠人去执行。既然要靠人去执行，人不同，行为艺术就不同。在执行过程中，不仅仅是制度的完善与否，更重要的是制度弹性与伸缩，要靠价值观去把握，这就涉及文化的问题。文治的概念是制度在我心中，每一个员工，每一个干部，要努力做对明天有好处的事。整个企业的管理是活泛的，原则性和灵活性相融的比较好的。

从管理本身来区分，可将管理分为两大类，一是管理技术，二是行为科学。管理技术是全世界通用的，比如计量方法、数理模型、信息化手段的应用。行为科学指的是一样米养百样人，注重的是组织理论和人为因素、风土人情、宗教文化，所以很难有人能就行为科学在管理中的理论与实践结合问题，做出十分恰当的判断让各方都认同。

企业管理的难点在行为科学，管理是一门科学，是艺术性很强的学问，而学问的不断成长来自于实践。行为科学太难量化和把握，因为它属于意识的范畴。国有企业的方式与民营企业的管理方式有差异，外企的管理方式和中国企业的管理方式也有不同。同样一个企业，当老板发生调整和变化时，管理方式会发生变化。或者同样一个老板，他的中层干部发生变化之后，他的管理方式也会发生变化。产品发生变化之后，管理方式也会发生变化。所以行为科学一定是和实践紧密结合的。企业家如果想教训你的团队，你就要善待他，就要喜欢他，他才愿意被你和现实教训，这些都是行为科学的内涵。

但人分善恶优劣，有君子、有小人；好用不好用，可用不可用，敢用不敢用，不得不用。美国GE公司前总裁杰克威尔奇讲过，公司并不是厂房、设备，公司就是人，除了把人管好之外，还有什么比这个更重要呢？要把人管好就要了解人的本性，要知道行为科学在管理中的分量，管理的艺术性就在此。

为什么说是哲学范畴，因为要不断地应变。哲学是人们对世界观的理论，是事物发展变化最一般的规律，在企业管理中的含义有三点：价值观、心态、辩证法。价值观是受文化影响的，是人们判断是非的标准，告诉你哪些可做，哪些不可做，哪些是对的，哪些是错的。心态是企业领导最主要的任务之一，要调整员工的心态达到平和理性的状态，企业不是百米冲刺，拼的不是爆发力，而是耐力。平和理性的心态是需要锤炼、需要提升的，浮躁决策就会出问题。辩证法，就是从正、反两方面去看问题。从坏事里面看好事，好事里面看坏事。管人上不拿原则交易，不与小人为敌。决策上要敢冒风险，但不能赌，这就是我说的辩证法。

其实优秀的企业领导人，一般都是有哲学思维的人，不仅能够辩证地看问题，而且能够用制度去支撑、去量化。在今日之中国，有什么样的企业家就有就什么样的企业，企业命系一人。

很多人说我活得很平淡。说心里话，在我们国家目前的环境下，我还不能说已经活得很明白。我们都是世俗的人，物质永远是第一性的，精神是第二性的。就像我和朋友们创办的西安MBA学会一样，大家都是世俗的人，都有名利的思想。所以我们需要找一个淡化名利、净化心灵的地方，这就是我们 MBA 学会的宗旨。当你有一个净化心灵的地方，你对世俗、对名利就有度的把握。能把握度的人，就离成功不远了，也就是高人了。

我讲的都是自己的人生体验。因为对人生有所感悟，在我帮助过的企业中，他们成功的概率也很高。有几个企业，我根本没有去过，就是通过和老板不断沟通，让他对人生有感觉，胸怀变得大一些，做事的方式和对人的看法发生变化。一旦做事的风格发生变化，企业自然而然也就跟着发生变化。当然，这需要企业老板的感悟能力，特别是在目前的社会环境下，只有你对人生哲理有了深刻的理解，再去谈管理的时候，好像哲学的大门自己打开了，很多东西才能看明白。如果有人学了些管理知识之后，把一些手段性的东西当普遍性的东西使用，那是一定会碰壁的，也是不会成为一个优秀管理者的。

二、“方”与“圆”的平衡方程

纵观管理技术和行为科学，其实都是企业管理的制度、文化和企业家人格魅力三要素平衡与完善的过程，用方程式表述就是：

即：制度 + 文化 + 企业家人格魅力 = 客户需求

制度是管理的基础，文化是价值观之大成，这些都要靠领导者人格魅力去推行。所以说制度、文化和企业家的人格魅力，趋于客户追求，这就是方圆的全部内容。需要牢记的是：

1. 世界上没有一种通用的理念让所有企业都获得成功，但是所有成功的企业，都会贯彻符合他们实际的理念。多年来，我多次和很多学者以及优秀的企业家探讨，到底是美英模式，还是日韩模式更适合中国企业。其实，日韩模式和美英模式在中国都有成功的范例。从科学管理上看，全世界通行的管理方法，中西方是一样的。但是，从哲学层面上看，东西方又有不同。西方人是法理情，法比情大；日本人是尚法理情，法情结合；中国人是情理法，情最大。文化背景的差异，就决定了中国式管理与日韩、西方会有不同，适合自己的才是最好的。

原来在国企时，我坚信国企能做好，而且我也把企业做到了以价值观取向为做事方式的高度。到政府接触的企业多了以后，从文化和人的本性上不断拷问，我认为中国这块土壤更适合民营企业的发展，国有企业只有在特殊领域和资源领域有它的天地和发展的空间。因为中国人从骨子里头给别人干事干不好的比例比较高，给自己干也不一定能干好，这就决定了中国企业管理的模式，一定要坚持两点：一是要量化考核、绩效评价、区别对待；二是老板要有人情味，把员工当人看。坚持了这两点，企业才能说有了基本的管理基础。

2．企业管理是悟性的体现，是一门艺术，只有勤奋加聪明工作的人才能成为其中的优秀者。这一点说明，成功者不一定是很聪明的人，原因是聪明的人多变。所谓的大智慧，其实就是大事少变，小事多变，所谓的小计谋则是大事多变。而要成为战略家，那一定是智者，智者善变。

一位法师在谈到内方、外圆的关系时候说，企业制度是佛珠，是内方，企业文化是丝带，领导者的人格魅力就是握佛珠的手，三者相辅相成互为依托，协调平衡的好，方能完成企业发展的三个阶段，即人治、法治和文治。

三、关于管理制度

所谓企业管理制度，就是支撑企业正常运行和发展过程中的一些重要规定、规程和行动准则。制度做到全面系统不难，做到“简单、实用、有效”绝非易事。这也是管理者的挑战与目标。

1．制度化管理的目的

制度是企业发展的基础，但企业制度的目的是激励、顺应、约束人性。激励不多讲，好理解。顺应、约束，这是因为：（1）人都是自私的，君子和小人都要由规则来制衡；（2）市场经济在解放生产力的同时，也释放了人类本性的贪欲；（3）以人为本，何为本，满足人的需要，约束人的不良欲望，规范团队的行为，界定层级职责。

实际上制度化管理涵盖了三个方面。人是个奇怪的动物，贪欲是天性，不同社会形态和环境，贪欲者的表现强弱虽有差异，但欲望总是会时不时地表现出来。从历史来看，中华文化是建立在家族与血缘关系之上的，而不是建立在一个理性的社会制度之上的，因而大多数人在家族生活中养成了散漫、不守纪律、没有条理的习惯。再加上社会上注重门第观念，看人先看出身，没有合作精神，或者是欠合作的精神。这就为《厚黑学》《阴谋论》等提供了生存的土壤和环境，虽然不是社会的主流，但是在我们的根文化被隔绝，在经济发展到一定程度之后，又再次出现了。很多人堪称社会精英，但懂得取舍之道的却不多，不是终生为其所累，就是因贪走上歧途。那么，现在文明社会的标准是什么呢？无论人们的出身如何，无论你的位置多么高，每个人都应该享有基本的人权，人要懂得索取与给予的关系，生活的真谛不在于你能索取多少，而在于你能给社会和你的同胞的有多少，也就是社会责任。在企业里面，就是企业利益和个人利益的平衡。

改革开放30多年来，我们的教育培养了大批高级人才，但是很少培养出合格的能独立主持企业的管理专家。大部分知识分子不缺智慧，但缺的是勇气和正直的品性，因而在一个团队中，一方面要引导，另一方面要强制。强制就是要靠制度去规范，特别是中国人更需强制。

曾经有一个国际调查机构，对全球50万人做了一项“人性认同”的调查，主题只有一个：“金钱是个人成功的最佳象征吗?”被调查者只需要选择“是”或者“否”。这项调查活动每10年做一次，调查结果显示，全球同意这一观点的人占57%，这就代表大部分人都认同这一观点。但在调查结果中，中国人和韩国人都占了69%，日本人占了59%，美国人只占33%，这就说明中国人比西方人世俗，恰恰印证了中国是一个世俗的国家，而不是一个意识形态的国家。

国情决定了君子和小人都客观存在，君子是大多数，小人虽是少数，但一般人惹不起，只能采取策略式地躲开，因为小人谋人不谋事，君子谋事不谋人。

在企业工作时，我曾经遇到过一个心眼很小的人，他是我的师弟，也是一个家庭贫寒的大学生，在他成长过程中，我和同学们都曾给他很多友爱和帮助。他的外表显得很高傲，我知道他的骨子里面很自卑，害怕别人瞧不起，是以高傲的形象掩盖自卑的心态。他急于发财、急于求成，在企业多个部门里，用不了多久就和所在部门领导发生矛盾，把关系搞得很僵，我的前任对他做了停薪留职的处理。当我当厂长后，他希望回来上班。我当时对他说，只要你能找到一个愿意要你的部门，我就给你安排过去。一个月过去了，没有任何一个单位愿意接收他。我们设身处地地想一下，有哪个领导愿意接受一个整天告你状的员工在自己身边呢？这是人之常情。我也很想帮他，毕竟是大学的同学，一块待了好几年。但是他骨子里暴露出那种高傲的气势，没有单位愿意要他，最后还是离开了，于是就开始写信告我。当时我们的企业十分困难，效益并不好，但是他居然写信说我贪污了 2000 万。听到这个，我只能是一笑了之。三年之后他回来办手续，希望见见我，但是我不想见他，因为我觉得和他无话可说。对有恩于他的人尚且如此，不可交。

有一天，我早上来到办公室，他已经等在办公室外，我当时没有理他，就进办公室了。他在门外站了几十分钟后，走进我的办公室，进来后主动深深的给我鞠了一躬。他然后说：“经过这几年的碰撞，我知道自己错了。我看了你的书，我知道你是对的。我来向你认错，我想请咱们的同学吃顿饭，可是没人愿意来，我想请你替我邀请那些同学一起吃顿饭，我给大家赔个不是。”我说你既然承认自己错了，那么咱们可以好好交流交流，只要你能认错，就说明你成熟了，以前交的学费就是值得的。至于替你请同学来吃饭，我估计我做不到。但我可以把你认错的态度转达给大家，求得大家的谅解，我祝福你在今后的人生路上，顺当成功，快乐健康。

通过这件事我要说明什么呢？小人因为环境变化了，也是可以转化的。他不一定是在你的团队里面转化的，而是外部的环境转化了他。我当时以优厚的条件把他礼送出去，这其实是一种策略。

2．制度化管理的主要特征

一是体现简单、实用、有效的原则。做到制度健全、系统并不难，难的是在全面系统之后的化繁为简，即如何做到简单、实用、有效。

二是以评价体系为主线形成闭环。即：谁制订，谁执行，谁评价，谁来监督评价的人。

我们从严格制度管理开始，借鉴别人的经验，制订了《从严治厂25条》，在厂里宣传3个月后开始执行。这些条例贯彻遵循“简单、实用、有效”的原则，涉及工厂80%的事情都有规定，所有的员工基本都可以背诵下来。但推行的初期非常艰难，仅仅因为抽烟这一条，解除劳动合同6人，免除中层干部3人，门卫制度、卫生制度更是处理了很多人。

很多制度，我并不主张去创新，按体系做好就行。比如质量，要求严格按照质量体系做真做实，其中财务、工艺、销售、物流、人事及奖惩等方面的制度就需要严格细化。但是对于员工，仅仅需要知道自己所涉及的方面就可以了。后来又出台了《绩效评价》，也是遵循了这样的原则。企业的制度由职能部门制订，由全厂来执行，职能部门和业务部门负责评价。

绝大部分企业可以做到谁制订、谁执行、谁评价，但是做不到谁来监督评价的人，假如说，财务部门的人对别人严格，对自己松，谁来评价他们呢？所以说制度的评价必须形成闭环。我在厂里时有4个人直属厂长领导，他们都是德高望重，在各个岗位有一定经验的人，由他们负责监督管理部门的工作。评价的方法就是追问、查原始记录，查考评依据、查奖罚记录，对照执行情况及结果，评价制度的合理性，修订完善，每年进行，不断重复，即反复查，查反复。在年底奖励的问题上，我们有明确的规定，任何部门都不许发红包，所有奖励必须透明，必须公开上墙。很多企业都是实行背靠背的原则，但是我觉得企业管理水平体现的是民主化的程度。奖励制度，能达到70%的员工满意，25%的员工基本满意，5%的人有意见就很不错了，想让所有人满意那是不现实的。

3. 制度执行中要特别注意做到两点

一是执行中不搞下不为例。责任制实行初期要坚持责任不转移原则。企业在管理中，总有顺和不顺两种情况。我做副厂长的时候，有段时间资金相当困难，甚至连买酒精、棉纱的钱都没有，以至于造成生产任务不能按时完成。生产部门就认为是供应部门没有及时购买材料及元器件，供应部门又埋怨财务部门资金没有到位。财务部门讲产品没出来，未收回货款，拿什么给你。每个部门都有理由，这些理由你又无法反驳。针对这个问题，我经过思考，在全厂推行了“责任不转移原则”，即是在生产任务下达过程中，反复征求意见，这中间可以扯皮，可以争论，任务一旦下达，就不再做任何调整，出现问题，只追究第一责任单位的责任。这就要求规划部门下达计划的时候，必须反复征求意见，要具有科学性，系统性，全面性。我们第一个月实施了处罚之后，到第二个月，扯皮明显减少，有个车间为了能完成任务，垫资让采购部门采购了急需的辅料，以保证按时完成任务，这在之前是不可想象的。

管理中，有时候不讲理其实就是讲理。在我刚刚接手的时候，厂里有个不好的风气，很多干部居然把吃喝玩当做了工作的一部分。为此我们做了一个规定，伍佰元以上的招待费，必须由厂长亲自审批。虽说这对于一个大企业来说，其实不是很合理。但当时对控制那些不良风气却有一定的作用。这个制度执行到年底的时候，我们的总会计师都没有想到，他居然是第一个受到处罚的人。因为在我出差期间，他没有按照规定程序，由在家主持工作的书记签字审批，虽然总额只有1.6万多元，按规定从他的工资里扣除。可当时厂领导的年收入不到1.1万元，个人难以承受啊！但制度是铁的，不能搞下不为例，后来部门几个部长和总会计师协商承担了。这件事对厂里职工教育很大，在制度面前人人平等，没有例外。

二是狠心做好区别对待。积极评价、量化考核，用信息化的手段很容易实现，但员工内心认同，要从观念和执行两个方面持续坚持。我们的工厂门口有块照壁上写着韦尔奇的33个字：“成功的团队来自于区别对待，既保留最好的，剔除最弱的，并且力争不断提高标准。”

让所有员工每天都看两遍，牢牢记住“区别对待”的意义。韦尔奇还讲过，领导者最不该做的事情，就是将公司最优秀的员工和最差的员工一视同仁。因为这样无异于自毁长城。刚开始执行时，确实是比较难的，因为中国人好面子，你要把人区分出好坏，谁都割不下情面。但这是企业管理必须做的事情，所以必须狠心来做。因为要把人区分成好与差，这不是一件愉快的事。而区别对待是提高企业经营效率最有效的方法，同时也是最公正的，体现了有用才有价值的理念，能达到合理配置企业资源的目的。

在做的过程中，因为难，大家都不愿意先做。于是我们从厂级领导开始带头执行，我当时就说了，哪个单位的区别对待进行不下去，这个单位的一把手就走人，哪一天企业的区别对待进行不下去，我就走人。运行两年后，20%的区别对待又变成了轮流坐庄，去年你是优秀，今年你坐中间，明年大家再交换，也有部分领导把区别对待作为了打击报复的方式，这样就失去了区别对待的意义。面对出现的新情况，我们克服的方法是培训和讲评，要求所有的结果都要张榜公布，20%的优秀者和5%的落后者，都要面对全体员工的讲评，员工对中层干部有50%评价的权利。这是一把双刃剑，这就要求一定要用数据、用事实来讲话，我也利用每一次机会，宣讲区别对待的好处，希望中间的人努力向优秀转化，让差的向好的方向转化。不合格的进行培训，再给你一次上岗的机会，实在转化不了的淘汰。

这样做有以下几个好处：一是正气上升，人人有压力，尽力做好自己的本职工作。二是干部也是区别对待的对象，员工有对其50%的评价权，他必须公正，必须善待员工，这样干群关系比以前改善明显。就企业管理而言，没有制度建设和管理评价，就不要妄谈企业管理，以贡献以绩效来评价，以结果为导向，不让雷锋吃亏，管理就到了不用扬鞭自奋蹄。

四、关于企业文化

文化是企业发展的太极。太极图由阴阳双鱼组成，旋转相伴，变化无穷，意味深奥。这就是宇宙万物的规律，其本意是变化、再变化的意思。世界上本来就没有绝对的对与错，真或假。更没有完全的黑与白，疏与密，太极生两翼，用于企业管理就是每家企业都是由无而来的，一旦企业成立，就会追求目标，追求目标的同时，就会生出两翼，即黑白之道。比如企业的得与失，善与恶，好与坏，都是天然的互相约束。企业中创新是阳，成本控制是阴；客户满意是阳，客户有意见为阴。太极讲追求和谐，讲和而不同，就如太极图两条阴阳鱼互相环抱，你中有我，我中有你，正与反、黑与白相互对应，用一个圆做整体构架，让这个图和谐自然，也就是道家常说的“万物负阴而抱阳”。道的本质是和谐，企业发展的本质就是追求内外的平衡与和谐，也就是企业文化的作用。

1. 什么是企业文化

有人曾做过一个实验，把5只猴子关进一个笼子，笼中挂一串香蕉，如果有猴子去摘香蕉，自动装置就会向笼中的猴子喷水。这5只猴子争着去摘香蕉，结果每次都被淋湿，慢慢的猴子们知道只要拿香蕉就会被淋湿。后来工作人员从外面放新的猴子进来，新来的猴子进来去摘香蕉，原来的猴子就会蜂拥上去打它。因为它们知道只要动香蕉，就会被淋湿。后来所有猴子的共识和行为准则是：香蕉不能动，动了就会挨打。

从这个实验不难看出，企业文化就是行为和制度的积淀，是全员认同的行为准则。企业文化不是抽象的，或者是含糊不清的东西，一定是具体的，在企业发展过程中慢慢形成的，具有鲜明的个性特点，就像猴子的共识“香蕉不能动，动了就会挨打”一样。

2．如何建立企业文化

关键在于一把手的人格魅力和强力潜心推动。其特点是不在全，也不在印成册子，而是企业领导把你认为正确的行为准则，着力引导形成全员的行为准则，并用制度固化，就这么简单。企业文化的形成过程，也是企业家人格的完善过程。

企业家要强化三点：要有使命感，企业从来都是少数人体现价值，多数人改变生活，要努力帮助他们实现自己的愿望；要有领导力，将文化变为自己的信仰，自己的宗教，让全员成为坚定的“信徒”，跟着你有好处、有希望、有明天，即使吃亏也心甘情愿，你的领导力就变成了执行力；要理解良心是一种至高无上的义务，企业家良心的体现在“国家、企业、个人”三要素的平衡中，虽不同阶段中权重不同，长远一定要把国家民族放在第一位，这样你和你的企业在奋斗过程中就没有“天花板”。

要引导企业的干部强化五点：一是自我认知，培养强烈的赚钱意识。二是培养激情。激情是种天性，是生命力的象征。不要上司表扬就激动，掉眼泪。你培养的是激情而不是热情。三是建立自信。李嘉诚的经营秘诀是光景好时，绝不过分乐观，光景不好时，也不过分悲观。不要靠一身高级的衣服和豪华配置来建立自信，这是短暂的虚荣，而要靠内在的本领、知识。四是强化归属感。如果你不从属于自己的团队，你就什么也不是。建立并领导你的团队，首先从团队的一员做起。五是养成良好的习惯。学管理重于学技能，思考胜于阅读，保持并形成这种习惯。

3．企业文化想要达到的目的

就是实现企业管理的“无为而治”，即文治。员工会自觉努力去做对明天有好处的事。文治是企业管理在法治模式基础上的升华，是以人为核心，以文化为导向，以制度为基础，以战略为重点的管理模式。制度与文化的关系，就是骨架与空气的关系。二者相互依存，要不断发展与完善，之间的平衡是难点，对企业领导的挑战是在不断的平衡中自己的恰当定位。曾经与人讨论此问题时，他问了我三个问题：

你靠什么控制企业？我归纳起来有三点：制度、文化、管理者的人格魅力，管好自己该管的事。我只管三件事："方向、文化、培训用人"。在企业中只分管办公室和规划部。人、财、物都不具体负责。对于企业来说，控制企业一定是职能部门和业务部门，并不是老板或高层，他们只是决策层，负责战略和重大事项。我认为合理的划分应该是厂长管2%，其他高层负责18%，剩余80%的工作一定是职能部门和业务部门来负责。假如企业一把手变化时，只要作为职能部门和业务部门的管理人员相对稳定，企业的基础管理就不走大样，文化的传承就有了基础。

什么是企业的核心竞争力？我的认知是保有人才的能力。你有什么手段和本事，让企业中的人都能不断成长、不断进步，大学生几年后可以成为研究生、博士生，而不是蜕化成大专生。这就要创造一种氛围，这个氛围就是文化。

你的人生信条是什么？我的回答是两个字：善良。善为至宝，一生用之不尽，心作良田，百世耕作有余。我曾在前本书的后记《善在心中》描述过："我不知道良心这两个字对别人有什么影响，却始终左右着我的人生，关爱别人被人尊敬，均源自于想做一个有良心的好人，明白人。曾经帮过不少人，也被人帮助，然而最大受益者恰是我自己，因为我的心灵被不断净化。"好文化建立的重点一定是善待他人。

今年元月，我参加陕西高级人才事务所、人才网举办的陕西民营企业家评选活动，最后大会通过无记名投票方式评选，我获得"最受经理人欢迎的官员"荣誉。这就说明，帮助别人和被别人帮助，其实是相辅相成的。我当厂长第一年时，可以感受到员工眼中流露出来的是希望。第二年由于工作失误，感觉到员工的眼中流露出失望。第三年纠正了错误，再遇到员工时，眼神中是尊敬、是关爱，我很满足，我觉得所有的付出都是值得的，让我更愿意去为企业工作。

有一天，同一个哲学爱好者讨论什么样的人才能当好企业领导？我认为应该是喜欢人的人。企业最无价的东西是人心，凝聚力的体现是人气。“人气”就是企业文化所要达到的目的。

4．怎样才算有了企业文化

企业文化的标志，就是全员认同的行为准则的形成，大家有了共同认知的价值观。

企业文化是一个自然形成的过程，不是靠突击建立起来的，是一个不断发展的过程。既要创新，也要包容，一切以自然为原则。包容指的是价值观的包容，企业文化一定要允许不同的观点、意见存在，己所不欲，勿施于人。形成自我完善、不断调整的管理风格。当你离开这个企业时，你所提出的这些文化还能继续传承下去，才能说明这个文化是真正地建立起来了。

五、关于人格魅力

所谓领导者的人格魅力，就是领导者对他人的感召力和影响力，其特征是：开明、风趣、理智、关心人，具有鲜明的个性。也可以用“坦率忠诚、言出必行”这八个字来概括。一个人在成为领导之前，成功只同自己的成长有关，当他成为领导之后，成功就与别人的成长有关了。人格魅力的历练过程，实际上也是心态的锤炼过程。

1．企业领导者的心态

为什么要讲心态？企业领导要明白自己不是政治家，但企业内部有政治，这里的政治就是策略。企业里的交往，一般都要保持距离，为了大目标、大原则，领导者应该和被管理者保持一定的距离，不要太关注自己的小圈子，否则，便会给那些和珅式的人留下空间。因为不保持一定的距离，把自己的感情渗透进来，就很难做到公平和公正，这点对于企业家，或者战略家来说，影响是巨大的。在和企业以外的人打交道时，要保持交往的度，以不伤人为原则。尽量不得罪小人，不与强者为敌，要耐得住寂寞，经得起诱惑，好人坏人一起当，对事看开而不看破，处事圆通而不圆滑，对人尊重但不盲从。

其次是对待利益的心态。作为领导者，首先要明白，自己本身就是既得利益者，你的存在是因为企业的存在，一定要懂得"皮之不存，毛将焉附"的道理，切勿过度夸大个人的作用。对待利益要有好的心态，不要什么事都想名利双收，这几乎是不可能的。人们常说："财聚人散、财散人聚"，如果想使企业形成良好稳固的团队，就要和大家一起分享财富和利益。这样，你的团队才能与你风雨同舟，持久地待在一起。

三是对待成功和失败的心态。企业家是市场教训出来的，不是书本上学来的。在现实社会中，不管是民营企业，还是国有企业，厂长和经理都是高风险职业。保护自己最好的方式，就是按规则办事，诚实做事，宽容别人。成功是失败的积累，成功与失败总是伴随企业成长的全过程，成则总结经验，败则吸取教训，不论是做事，还是做人，时刻牢记九个字：尽人事，知天命，顺自然。

2．如何建立领导者的人格魅力

我的体会是，只要做到："坦率真诚、言出必行"，就一定能为同事和下属所拥戴。具体可从以下几个方面入手：

首先是明白自己该做什么，别人该做什么，责任一定要清晰。如果你是老板，需要做好企业文化、企业方向和培训用人这三件事。如果你是部门负责人，既要管大事，也要管重要的小事，但不要管全部的事。控制企业的一定是职能部门和业务部门，但引导企业方向和风气的，是老板行为在起作用。

其次是坚持评价，让合适的人去做合适的事，把那些不合适的人调开。用业内评价、同事推荐等各种方式，发现各方面优秀的人才，时刻知道他们在什么地方，做什么事。在企业工作时只要不出差，我几乎每天都要循着厂区走一圈。每次走到车间，都要到优秀员工身边站几分钟，哪怕聊几句话，让他们感受到企业领导在关注他们，爱护他们，和他们心贴心。比如我们的设计所，许多人的成长是缴了很大学费的，都是企业的宝贝。我在大会上讲这些人给一千万，我也不换。这样量化是要让大家知道，企业对人才的渴望和保护。

三是提供指导，帮助部下提高各方面的能力。我在企业时，每年有三个会必须开，一个是职代会，这是法定的。企业发展方向、员工福利待遇等，都要在这个会上定。第二个是科技工作会，每年大的技改项目、科技表彰等重大事项，是在这个会上研究确定的。这是两个务实的会，开会选择的时间会早一些，基本上都是在年初召开。还有一个务虚的会叫经营工作会，每年七八月份天气最热的时候，利用周六和周日两天时间，把中层干部和一些关键管理岗位上的干部封闭起来，谈问题、谈思路、谈发展。务虚会有两个主题，一是找问题，二是找出路，然后让大家围绕这两个主题进行讨论。我们有一个基本要求，就是在这个会议上不讲成绩。所有人都必须提问题，找你单位的问题、厂里的问题、领导的问题，但是不许攻击人。在听完发言后，我连夜整理大家的意见，在会议结束前做总结性的讲话。这么多年来，我所有东西都是自己写。所以《让管理无真空》这本书中比较有分量的文章，都是我在经营工作会上的讲话。在讲话中我会就今后一年企业主要应该关注什么，弘扬什么，普遍遵守的基本要求进行阐述。让干部们明白什么该做，什么不该做，也就是统一思想。

四是树立信心，帮助下属树立自信。要给干部多讲你能行，即使有问题也不大，一定能解决。我们当时有一个项目，投资了一个多亿，亏了十年。把谁放在那个地方都没信心，认为那是个毁人的地方。我就给一位干部讲，让你去是让你先稳住，你的任务是每年减亏一千万，三年之后持平。让我目前的主要精力不受牵扯，三年后我全力以赴支持这个项目。你在这段时间把队伍带好，把设备管好，把市场维持住。我相信你会做到这一点。他看我对他的要求并不高，就努力去做，三年后比预想好很多。今天这个项目已经是企业主导产品之一。当你下属没有信心的时候，你一定要鼓励他坚持下来，创造一种宽松的环境。有问题你顶着，而不要把问题抛给他。

五是有勇气敢做不受欢迎的决定，敢说得罪人的话。不要指望你做的所有决定会让所有人接受，你的目标就是为了做好，其他都不重要。

六是敢于承担风险，勤于学习，成为表率。冒险与学习之间的关系密不可分，创新总是有风险的。在实际工作中，我常常向书本学习，向自己身边的人学习。我们规划部的部长，年龄较大，全面、认真、刻求。我刚当厂长几天，他们部多人找我，觉得无法相处。我让他们充分发表意见，听后主要是工作方式方法有问题。这个人曾经是我的领导，我深知他的优缺点，我告诉大家我需要他，工厂也需要他，你们之中没有任何一个人有他的能力，他是企业的宝贝，咱们一起去把他的缺点抑制住，让他的优点充分发挥。事实证明，在我当厂长期间，此人对企业做出了巨大贡献。在他退休的时候，厂职代会授予他“企业发展功勋奖”。在我离开企业后的第二年，也给我授予了这一奖项。此奖是工厂最高荣誉，建厂 50 多年，获奖者有 3 人。我是第三人，他是第二人。事实上，现在企业领导层中有两人，中层干部四人，都是他培养出来的。他虽然对人苛刻，但务实、认真，在他手下你的潜力会被激发，成长更快。

七是要开庆功会。庆功能让人有胜利的感觉，我们党委也好，工会、妇联、团委，都经常有这样的活动。它最大的作用是创造了一个充满积极活力的氛围，让在这里工作的人感到有劲头，有奔头。

以上几点，是我在做团队素质提升过程中的做法，它是一个让员工认识你的过程，也是你的人格魅力锤炼的过程。一个人的成长，需要志同道合者的鼓励，也需要树对立面，不断的提出批评和警示，还需要不断地学习。人格魅力的塑造，一定是心态和价值观不断完善的过程。你把自己当做一名园丁，一手提着洒水壶，一手提着肥料桶，偶尔也需要清除杂草。心态上就是一定要把绊脚石变成垫脚石，而不是踢开。如果这样的话，你大多数时候只是浇水施肥、细心呵护就可以了，随后你就可以看到满园花开。

现实生活中，优秀领导者有各种类型，有默默无闻的，有爱唱高调的，有充满理性的，还有容易冲动的……从表面上看，很难总结出他们有什么共同的东西。实质上卓越的领导者总是满怀激情地关注自己的员工。

如果你是老板，你必须清楚，你想从工作生活中得到什么？需要什么样的人来干你想要的东西，然后组织人去实现。实现的过程就是你化解、平衡各种要素的过程。其主要要素是：制度 + 文化 + 管理者人格魅力三者之间的平衡。

在企业管理中，你会处处用到方与圆，如果你是中层干部或是普通员工，你想得到提升，就要先满足老板的需求，其次才是你的需求。老板和员工就要在工作中不断寻找平衡，反复实践，不断感悟，在一段时间后，你会发现事情并没有那么艰难，不过是平凡的生活而已，把工作生活融为一体，享受其中的快乐。

善待他们，以坦诚、正直、乐观和仁慈的心态去对待工作。领导才能是与生俱来的，还是后天培养的？其实是兼而有之，智商和情商似乎是天生的，但又不全是。有些是在人生不同阶段培养的，失败累积教训，成功增加自信。对于大多数人而言，一旦成为老板，游戏规则改变之后，领导才能的培养就开始了。以前你只要做好自己的工作，现在你还要学会做别人的工作。只要你能做到："坦率真诚、言出必行"，就是一个优秀的领导者，就会成为一个有人格魅力的人。

（本文系作者2009年11月2日在第二届方圆管理论坛暨西北MBA主席峰会上的演讲）

如何实现中国工业强国梦

◎ 龙兴元

从全球经济演化格局来看，作为装备制造业母机工业的机床工具产业，决定着国家与国家、企业与企业间竞争格局及产业水平。实际上竞争可能是品牌和输出，无论竞争模式还是产业形态，比如长时间居世界前五位的可口可乐。作为装备制造业母机工业的机床工具产业始终以核心竞争力为载体，并决定着国家的工业化水平。

环球通视的数据表明，2010 年全世界的制造业产出为 10.078 万亿美元，中国占世界制造业产出的 19.8%，略高于美国的 19.4%。按产出计算，中国已经成为世界头号生产国，而制造业世界第一的“宝座”，美国从 1895 年一直保持至 2009 年。然而中国制造业大而不强。我们建设工业化强国的目标任重而道远，严格意义上说中国制造更多停留在加工厂、生产车间的阶段，不能称为完整的制造产业，我们中国人制造大量的是增值很少的那一部分，“世界工厂”这顶帽子很沉重，有品牌的原因，但真正的是我们实力还有很大差距，当然我不是妄自菲薄，但正视短板才是我们迎头赶上的基础。

1. 工业强国首先要装备制造业尤其是机床工业强国

装备制造业在国民经济中具有基础性、战略性地位，体现一个国家的工业化水平，这句话是毛主席说的。毛主席当时让全国几大生产机床的机床厂将机床摆到中南海，他自己看了一圈说，我们要真正造好飞机大炮需要靠这些东西。装备制造业体现国家工业化水平，尤其是机床，历史上老牌的工业化强国美国、德国、日本等，首先是机床工具制造强国，然后才是其装备制造业和整体工业水平的领先。

美国在19世纪后半期，机床技术一步步取代了英国的地位，走出了开发新技术的三大步，建立了世界第一个机床工业强国。首先是1898年泰勒研制了钨铬合金的高速钢刀具，切割速度提高了50%，美国的生产率因此普遍提高了30%，另外20%的提高，是泰勒的科学管理。其实现在的管理学科很多都是从机械学科里出来的，比如当时的交大。其次是1896年美国福特流水线生产汽车。大批量的生产，生产线，每五分钟一辆。第三是为了满足汽车工业发展需要，研究大批量生产自动化技术，美国麻省理工创造出世界第一台控制原理全新的数字控制（NC）机床。让美国成为世界头号工业强国，拥有无可匹敌的军工技术，而且军工技术主要靠机械。

继美国之后德国成为第二号工业强国，制订了第一个机床实验室。德国制订了工业质量标准（DIN），其中特别是机床标准，是全世界的创举，后来成为各国采用的机床质量检验经典。德国一战和二战都战败，但是到1969年，机床又成为世界第一。特别是2008年欧美金融危机爆发，德国经济状况良好，大家有目共睹，就是因为工业技术竞争极强。

日本是继美国、德国之后在世界上建立起的第三个工业化强国。日本机床工业从1982年以后，赶上美国、德国，2007年以前，其机床产值实力在26年间一直高居世界首位。日本的产业体系，工业化能力绝对不能小觑，工业化能力迅速转变为军事装备的能力也不能小觑。

我们中国机床工具行业大而不强，表现为低端过剩，高端发展不足。核心技术受制于人，是我国工业大而不强的症结所在。建设工业化强国，机床工具企业承担着天然的使命，而“技术领先，模式取胜”则是承担这一使命的武器。我们高端欠缺，但中高端取得了一定进步。秦川的齿轮加工机床已经在五年内超过了日本，现在亚洲第一。但是在机床行业里几十个小分支，我们能够超过日本的凤毛麟角，在先进技术上我们仍然处于跟随阶段。所以我们高速、精密还有阶段性的差距。转速德国大概是我们的3倍，精度比我们高，加工智能化差距更大。

2. 秦川机床工具集团发展新探索

技术领先，模式取胜是我们克敌制胜的法宝。技术领先方面：秦川齿轮装备第一，世界上只有两个大企业是这样的状况，美国的格里森和中国秦川。从齿轮刀具到齿轮加工到热处理以后的七大系列，特别是两大高端系列，同时还拥有完全的检测。其中刀具和齿轮磨床是亚洲第一。所以我们强调技术上要进行全球资源整合，强化产业创新能力，在这方面我们与西安交通大学有很多合作。

在商业模式上用链条、产业集群，而不是单一产品来竞争，相互支持取得大量订单。把核心零部件一个是提升一个是外挂，部分向下游支撑，秦川既是做齿轮和工具的，同时向下游做延伸做零部件。建立了三级技术联发体，开展全球的资源整合。创新产业布局，推进企业转型升级，特别是在为用户普及工艺，关键是装备方面提供全面技术指导，对产品进行全面工艺管理和服务这一块是新的发光体。

创新产业布局，推进企业转型升级。未来业务构成，1/3 机床装备、智能制造岛（生产线）；1/3 数字化车间和系统集成，机床再制造及工厂服务；1/3 以关键零部件为主的高端制造。

现代制造服务业包括设计咨询及服务，智能制造，用户工艺解决方案，再制造，设备全生命周期管理，远程诊断，物流配送，刀具配送中心，进出口贸易，区域配套，流程布局及工厂建设，工厂服务等。

3. 依托资本市场，按照经济规律办事，“既要找市长更要找市场”

秦川集团在经营中，一直坚持“两手抓”即一手抓销售市场及产业，一手抓资本市场和现金流，紧紧抓住两个市场。在这样一个时代，我们可能正处在产生以新能源生物工程等战略性新兴产业为代表的革命性技术突破的前夜，改变盲目的多元化战略倾向，积极实施差异化战略，从拼低价格向追求高附加值的蜕变，实现由做“多”向做“精”方向的转化，做大做强核心主业，继而实现中国工业强国梦。

（本文系作者2013年11月2日在第十三届中国MBA发展论坛暨首届全球MBA论坛“论如何托起中国梦”主题论坛上的演讲）

变革与创新

◎ 吴一坚

人类历史已经走进信息化时代，我们面对的是一个需要用新的思维、新的理念、新的方式、新的结构来解释的新环境。对于全球经济发展的新趋势，每个企业都不能等闲视之。如果不能深刻理解这场根本性的变革，不能顺应趋势，融入其中，企业就会错失一些重大发展机遇，要么落后，要么被淘汰。所以企业竞争的优势不能仅仅建立在规模、资源和技术上，最关键的是要提高应变的能力。竞争中，谁适应市场能力强，谁就能生存下来，这也是我们努力的方向。

什么叫快？变就是快，任何事情快不过变。变一个方向就是第一，永远都可以当第一，就看你会不会变。从另一个角度讲，变就是新，你要追求新。当然，你要变得符合市场规律。

企业界流行一句话：不创新即灭亡。金花是时代的产物，也是创新的产物，我们要不断地加强创新能力，用创新增加企业的附加值。我想送给全体金花同仁一句古语：苟日新，日日新。经验不是管理市场的万能剂，创新才是企业生存和发展的灵魂。只有在创新中摸索、思考、实践和继续深化创新，企业才有未来。对一颗智慧的头颅来说，苹果落地让他发现了地球引力的存在，或者让他感受到生命的成熟和结束，但对普通人来说，面对苹果落地，想到的也许是：这能吃吗？用 100 元钱去赚 1 元钱叫赚钱，用 1 元钱去赚 100 元钱也叫赚钱，但这两者的内涵是截然不同的。经营讲求以最快的速度、最小的投入换来高速度与高效益。

我们现在的发展就是有 10 元钱想办 30 元钱的事、100 元钱的事，所以我要求每个经营者都要有创新的经营思想，只有这样，你才能最终了解我们的发展思路和目的，把不可能的事变成可能的事，把我们求别人办的事转换成别人求我们。

把不现实的变成现实的，把不可思议的变成可思议的。要实现这些，就要把不可能的人变成可能的人，把不可能的头脑变成可能的头脑。有人不断地说企业要变革，要创新，当然有道理。问题是企业里的很多人都有一种自满情绪，觉得企业了不起了，收入也还可以，面子上也有光，就不思进取了，不愿意变革什么了，有些躺在功劳簿上睡觉的意思。我说这叫目光短浅，寅吃卯粮，这样下去，总有一天连哭都哭不出声来。

我认为我们企业最大的毛病还是四平八稳，变化不多因而赶不上变化，这也是危机所在。我们一定要学会变化，要主动地变化，要在被动的情况下通过变化获得主动。其实我们的企业正当年，怎么就有一些老态龙钟的感觉？关键是有骄傲心理，认为已经很不错了，在地方和行业里已经有一定的地位，别人都在学自己，就不思进取了，同时也把自己的好传统忘掉了。不知道我们之所以有今天，是追求变化的结果，是打破常规、有所超越的结果。

在某些领域，我感觉到一种僵化的状态，死气沉沉，没有活力，缺少创造性，这是我担心的。企业还没有二十年，在一些地方已经变成这个样子。我认为一方面是因为自满，觉得自己已经了不起了，功德圆满了，其实要走的路还长着呢。另一方面是对变化不了解，对竞争不了解，头脑简单，还想偷懒，想拿自己当机关干部对待。这是不允许的，谁想拿自己当机关干部看待，就要让谁下岗。

一方面，我们要跟上变化的世界，这是主动的；另一方面，创新和变革不是想不想的问题，是变化越来越快的世界逼着我们要掌握新知识、新技术、新观念、新能力，以适应这个世界。

每个人都能感受到变化，十年前的今天和现在已经不是一个样子了，对人的要求也有很大不同，为了跟上时代、社会发展的步伐，只有严格要求自己，提高实力。

一些员工一方面说自己没有创造的条件，一方面又不喜欢冒险，不喜欢积极主动地做事，只是按照别人的要求和命令做一些事情，这样的员工一辈子只能做员工。

我们一直在走创新的路子，比如生物制药，当时就是朝阳产业，比如高端百货，又比如高尔夫。可现在，我们好像已经失去了创新的勇气。要知道在非创新的领域里固然也能做出一番事情，但在同等付出的情况下，在创新的行业里就能做出更大的事情。所以要有创新精神，选择行业要创新，产品要创新，管理要创新，除了不可以创新的都要创新，不能再这样疲沓下去。

无论组织变革也好，管理变革也罢，总之该变的时候一定要变，不能照顾方方面面的利益和情绪。但不能为变而变，赶时髦，企业不是流行时装发布会，不赶那个时髦。

按理说，我们还处在一种不太稳定的状态，没有形成什么固定的东西，也没有什么僵死的东西，本身还在变化之中，也一定要改变什么。

但是我们一定要清楚该变什么，说要变的人一定要告诉我哪里应该变，为什么，变了有什么好处，应该怎样变，这才是关于变的正确态度。

我们不能光喊口号，那太容易了，也太不靠谱了。

世纪金花其实是个有技术含量的东西，所谓技术含量就是别人想学还不一定能学走，至少不会很快就学会，这样我们就在时间上先胜一筹。

发现一个不容易被别人效仿和领悟的模式非常重要，这样只要用一个模式就能把竞争对手打败。世纪金花从定位上来说是高端的，那么在运营上一定不能给人那种低端的、原始的、落后的印象。

我们要创新商业模式以增强企业的运营绩效，增强市场能力。在管理、运营方式上我们要持续做到领先同行。

和练字一样，要经历一个临摹阶段，然后才能谈得上创新经营，谈得上在实践中发现一些东西。我们已经发展了这么多年，是该有自己的东西出现了。不是说依靠别人的东西企业马上就不行了，而是一定要创造出符合企业实际的、属于自己的管理方式、新产品等等。内心里，我是不愿意跟在别人屁股后面的。

一提到创新，一些领导和员工就觉得这是个大概念，涉及产品创新、技术创新、管理创新等，事实上，在最细微的工作中也可以有创新，创新是不分大小的，创新体现的是一种创造的意识和精神。具备这种精神和意识的企业，可以在大的方面超常规突破，也可以在小的方面进行小改革，目的只有一个，就是利用创新为企业发展寻找各方面的先机。

即使是在一个小的工作上，都存在创新的可能，比如有人就发明了双头火柴。创造性不足是制约我们的最大障碍，在这方面还要努力。我们的制度基本上没有鼓励员工创新工作，也缺乏对创造的尊重，缺乏对失败的宽容。只要目标是新的，就很可能会产生一种与新的目标相配套的新思维、新办法。

许多想干事的人，总叹息自己手上没钱。我认为，世界上的事情是有事才去凑钱，不是有了钱才去找事，这叫“先谋事，后找钱”。很多人说没钱办不成事，我认为，说这种话的人本身就不具备办事能力。怨天尤人的人即使给他创造再好的条件，也不一定搞得好。

我经常对员工说，我最欣赏也最努力争取做到的操作方法，就是善于调动周围的一切有利因素，把各种生产要素重新组合，资源进行有效配置，以最少的投入换取最大的效益。我承认，这样的人才是真正的企业家。我也承认，我几年来的努力，都在于此。

大家的智力大概都差不多，所以做企业、做产品，总之做任何事情时的表现大概也大同小异，这样一来，整个市场的表现就比较平庸了，没有看点。所以，我们最需要的是那些与众不同的思路、想法、创意，我们要通过它们寻找改变的突破口，让自己有比较出众的表现。

我们欢迎这样的人才。

有一个故事，说的是一个朝不保夕的穷人捡到了一个鸡蛋，就兴奋地对妻子说："我有家当了！"妻子问："在哪里？"他指着鸡蛋说："就在这里，但必须等10年。"接着，他又对妻子讲了一番蛋变鸡鸡生蛋的"发财经"。我认为凭一个鸡蛋做一连串发家的幻想，通常看是可笑的，但当今企业界，凭"一个鸡蛋"创下大家当的事并不少见，奇伟的业绩首先来自奇伟的思想，加上一系列巧妙的运作，是可能成功的。

其实，不光艺术创作、科学发明需要灵感，搞企业、搞经营同样需要灵感，需要创造性。因此，我对我们企业的管理干部和员工的第一个要求就是要有新的思路，要充分发挥自己的创造性去寻找一种能够产生更大效益的可转换性的东西，而并不仅仅是靠钱来达到自己所要达到的目的。

一个企业要取得成功的因素是多方面的，有宽松的外部环境、良好的机遇和前人的经验等，这是客观方面。从主观方面来说，关键在于对生产力要有一个全新的认识，要善于把一切可能的生产力转化成现实的生产力。这不仅是指提高企业的管理水平、劳动效率等，还包括把看起来和生产力无关的因素转化成生产力。从某种意义上说，一切因素在一定条件下都有可能转化成生产力。

金花提倡人才的创造性，希望在实践中培养创造力，通过创造开拓生机，秉持创造实践卓越，仰仗创造战胜自我，汇聚创造实现变化发展。我期望全体金花人都能凭借超凡的胆略悟性，从经济表象风马牛不相及的孤立事物中，找出内在的相互关联，连横重组生产要素，合纵优化资源配置，不断创新组织架构，逐步完善管理机制，通过跨体制跨地域跨时空的转换操作，抢占经济制高点，最大限度地创造财富，推进社会文明进步。

人类的一切高层次的活动，都需要灵感，需要创造性。目前我们从事的活动，说得简单点，不过是两种跳跃，即商品向货币的跳跃，再由货币跳回到商品，如此周而复始。在这种循环的跳来跳去的过程中，货币得以增值，财富得以扩大，但由货币再跳回商品企求增值时，风险是很大的，如何回避风险又使财富增长呢？可不可以不再这样跳来跳去，用商品直接换取能够增长财富的资源呢？这就是新思维，这就是我要金花人考虑的问题。

但这种新思维、新构想不会在一个人头脑中凭空产生，这首先要有个基础，而这个基础就是我一再强调的“文化”，但这“文化”不仅仅指书本文化。仅有书本文化、理论知识的人是不会产生效果好的新构想的，即便有这种新构想，要落实到实践中也是缺乏操作性的。

毛泽东曾说过：“看书是学习，使用也是学习，而且是更重要的学习。”一个新构想必须来源于实践，作用于实践——即构想在实际操作中实现，并获取利润。这种新思维、新构想，创造性越多，实现的机会越多，创造的利润越大，就证明这个企业的文化建设是成功的。它达到了自己的目的。

我们一定要达成共识：金花的核心竞争力是什么，我们每个人的核心竞争力是什么？一定要表现出你比别人更加优秀的东西，不是学别人怎么做，而是发掘出你超越别人的地方。我们要改变以往等、靠、要的思想，要自己去创造条件、创造效益。

“独持偏见，一意孤行”，这是国画大师徐悲鸿的话。这里，“偏见”并不是贬义的偏离的偏见，应该是超出一般见识的偏见。独持偏见，不是说坚持偏见，而是说要非常有主见，定下来的事情就要去做。“一意孤行”并不是“孤行”，是在坚持主见的情况下，锲而不舍，有冲破苦难、排除苦难的信心和决心，自己坚持的事情就要坚持走下去，不要半途而废，不感情用事。你想决策是正确的，就拿出来鉴定。因此，使别人敬佩你。不一定是顶住压力的决策，可能更多的是博采众长，使这件事有个好的结果。我们只要把事情做好，别人怎么说那是别人的事情。我们并不刻意去注意别人怎么说，也不刻意引导别人怎么说，那样很辛苦。我是这样认为的。

务实、冒险、创新、脚踏实地、高瞻远瞩，它们本身是没有关系的，同时又是一种非常缜密、和谐的一个方面的几个问题，不能把它们截然分开，也不能盲目地将它们集中起来认识。比如务实，什么是务实？干工作就是靠务实，因为那是我的工作，不仅要干而且要干好。干工作本身的意义就是让人们能达到一种效果，不能盲目地搞冒险、创新。它们之间也没有明确的界限，最关键的是要根据事物的发展阶段来选择，要朝事物发展更有利的方向去做。

一提起变革，我们当中有些人就认为时机不成熟，要等待。他们不知道变革不是一锤子买卖，变革是随时随地的，在任何时间、任何领域里都要有改变的勇气和决心。

作为一个领导者，应该持续地推动变革，变革不是员工和组织能自动完成的，你不能在发现一些问题后，仅仅提出一个要求，就不闻不问，好像从来没有说过这些话，想过这些事，那下面的员工怎么看？觉得你无非是拍脑瓜想起一件事情，过后连自己都记不起来了。

写文章不能重复，经营也要敢于迈向一个陌生的领域。不是说每个做企业的都应该这样做，只是我自己喜欢尝试一些新东西，我觉得挑战自我是一件很兴奋的事情。

我也有一种想改变的激情，现在还是。无论做一件小事情还是大事情，都需要激情。

不敢承担风险去促进新事物的发生和变化是最大的风险。

（本文系作者2013年4月14日在西安MBA学会企业家讲堂上的演讲，刊发于学会会刊《方圆管理》2013年6月总第9期）

大数据要"活"起来才有价值

◎王　茜

编者按：3月12日，全国政协委员、未来国际信息股份有限公司董事长王茜在接受《每日经济新闻》记者赵娜专访时谈到了她对大数据和电子政务等领域的看法。

王茜表示，大数据要避免炒作，除了数据量和数据覆盖面，各方还应提倡数据共享。如果大家都不愿把数据拿出来，那就不是一个有效的资源，不能发挥作用也就不能被称之为大数据。

聚焦政府信息化服务

未来国际成立于1993年，公司目前已登陆新三板。谈及未来的战略定位，王茜表示，着力点仍然在政府信息化服务方面，如政府信息化公共云平台服务、大数据服务以及维持安全运行的相关服务。

仅有技术创新不足以让企业立于不败之地，还需要对行业的准确判断。2002年，未来国际通过分析研判认定新型电子政务领域将是信息化建设的重点方向，2009年，企业率先将云计算服务模式引入该领域。

"我们已经为政府服务了12年之久。"在王茜看来，信息化是工具，每一个信息化企业都会分行业开展业务，未来国际则擅长于为政府提供各类信息化服务。

据《每日经济新闻》记者了解，未来国际是工信部印发的《基于云计算的电子政务公共平台顶层设计指南》、18项国家电子政务公共平台系列标准和3项国家云计算安全标准的核心编制单位。

事实上，除了电子政务，智慧城市也是未来国际正在开拓的领域，但王茜对记者直言，智慧城市现在仍是一个极难破解的问题。因为智慧城市涉及的面太多，每个城市都有不同的特点、困难和问题。

“我们现在可能存在本末倒置，为了建智慧城市而建智慧城市，今天建个智慧交通，明天建个智慧教育，后天建个智慧医疗，看起来每个面都是深入的，其实‘信息孤岛’变成了‘智慧孤岛’，更难以打破了。”她提到，这样一来虽然老百姓办事可能在某个领域更方便了，但长期而言反而对城市治理和提供民生服务的掣肘更大。未来国际的智慧城市解决方案将着眼于建立一体化的社会治理体系和公共服务体系，使城市真正智慧起来。

大数据应共享落地

值得注意的是，近年来，未来国际还牵手金山云、西安天互通讯等合作伙伴在大数据领域展开合作。王茜认为，合作双方都希望在西北地区联合布局发展。从公司层面讲，去年战略合作较多，今年可能会有一些落地的务实合作。

“此外我们也会联合更多的机构、大企业以及部委，希望开展合作。我们希望能把合作伙伴的优势资源和我们的服务能力联合起来，共同打通西北地区服务的‘最后一公里’，让这些服务落地。”王茜说。

王茜表示，近年来大数据炒得火热，虽然局部有突破，但是整体来说还处于初级阶段。行业做大数据应该务实而非炒作概念，做几个数据统计就称之为大数据更加没有必要。

“好的大数据，除了数据量大、覆盖面广，更重要的是数据要鲜活、要真实。只有这样，对它的分析、挖掘、研读才会更准确。”王茜这样认为。

在王茜看来，大数据必须拿出来开放、交换、共享，要在使用的过程中不断更新。数据只有用才能鲜活有价值。因此，要普及数据共享的理念，否则数据将无法发挥作用或者仅发挥局部作用。考虑到数据安全，针对政务大数据，可以选择在不同的范围内开放共享。

“我多次在提案中提出，希望政府部门、公共事业机构把自己能公开的数据公开出来，先用起来，实践才是真理。”王茜称。

（摘自 2016 年 03 月 15 日《每日经济新闻》）

移动互联网对传统产业的冲击与重塑

◎ 乐开端

每天都是快乐的开端，这便是我名字的由来。我是川大的本科，中科院的硕士，西安交大的博士，目前在西安交通大学任教。2000年时姚引良任西安科委主任做创业计划项目，我开始创业，经历了十几年。从公司的方向、管理到定位，摸索发现读博士的人做企业有致命的缺陷。先是当三年工程师，接着当了总工程师，最后当了企业的总经理。相当于一个搞技术出身的人，从工程师到总工程师，最后才定位做总经理。在2009年物联网比较火爆时候，我开始接触物联网，之后的四五年都立志在物联网里进行摸索。

物联网实际是物物相连的互联网，与互联网密切相关。有句口号“通告大众生活品质，引领未来智慧生活”就是物联网追求的目标。这五年我们研发了一系列的产品，我认为将来会对人们的生活做出巨大改变，类似于我们现在人人一部手机，人人都被圈在手机里做了N件事情。有些事情，尽管大家知道频繁刷手机不好，实际上大家也在频繁刷，最后大家都离不开手机。物联网就是从这个手机互联网一端延伸到实体，让人们想象所有能够实现科幻片里出现的东西，都能延伸到实体空间。这个把需求交互通过中间键，你走到任何地方都会为你服务。所以这个产业比互联网，人与信息、信息与信息的融合更加深入。想象一下它的庞大，因此我们可以想象从阿里巴巴、腾讯、微信，现在几个亿的人圈在里面，五年前这些都不存在，我们虽是老资格，讲过去做过什么已经毫无意义，现在重要的是重新定位，用一种全新的、开放式的思维来看待未来我们面临机遇和发展。

物联网一词从2009年开始非常火爆，最名牌人物当属刘海涛。物联网被称之为继计算机、互联网之后的信息化第三次浪潮。物联网是一个全新的概念、全新的学科、全新的技术。我们定义物联网是以感知为目的的综合信息系统。它的目的是为了感知我们周边客观物理事业，核心是社会化属性。我与刘海涛打交道这么多年，实际上物联网圈子做事的人很多原来是做传感器、信息采集、信息集成的：包括一系列监测、检测、资本交换，后来转变成了物联网。有换汤不换药的嫌疑，是这里出现的最大问题。我们这个领域互联网为什么造成这么大的冲击，因为要根本上改变每一个人的生活。我刚说信息集成这些人在做，包括他们接下来无非是用互联网传输，以后信息为谁服务呢？为企业的领导服务，为政府服务。他服务的对象不是大众，不是在座的老百姓，所以他产生不了真正的互联网里边的价值，离真正的互联网改变人的生活相差甚远。我们的切入点不再是这些个体，未来我们要做安全检测，也叫传感安全，或叫感知互联网。所以我们就切入了几个意义：比如人在家要为家服务，在路途要为路途服务，办公时所见的东西为你服务，退休后还要为养老服务，在这几个圈里基本涉及所有大众。

经过四年多的研发，今年元月份就推出了系列产品，刚才演示的是产品而不是样品，这里面还是碰到了很多技术难题。首先就是我国的宽带分为联通、铁通、移动，还有电信，它们各自的宽带架构不一样，如果不去安装是发现不了问题的，解决网络是首要问题。第二，每个产品，灯也好，热水器也好，窗帘、门锁也好，都牵扯很多技术，我们通过西安交大、西工大、解放军二炮、西安电子科技大学，召集了一批专业研发团队，技术是我们自主研发的。因为产品要面向大众面向老百姓，所以定价也很便宜，即便是月薪两千元的工薪层也可以用得起，而不是只有别墅区的人才可以。

我们已经申请了27项专利，其中发明专利25项，技术专利2项，已经批复10多项知识产权。在全球申请专利，先用专利把这块保护起来。二是复制很难，因为它牵扯到每个开关上有无限种网到服务器到手机端，特别是动态IP要变，还是涉及很多技术，这块有一定难度。当然不能说华为、马化腾他们做不出来。现在马云、马化腾、丁磊已经介入，其他大公司也陆续在谈。我们在用专利保护的同时，我们有创意，跑得快，再加上强大团队的研发力度。

互联网的价值创新，完全归结到里面的技术层面，互联网挣钱的如马云、马化腾、MARKS、FACEBOOK，它最后并不是卖网卡的人，或者卖计算机的人挣钱，实际上他在里面有个创新，有个想法，为这个想法搭建一个平台，让大众都能在平台上实现自己的价值，都在上面玩。我们在设置人脸识别时，价值的重点在于很好玩，而不仅仅是控制，对个人加点时尚，对情侣加点情趣，对家人加点关爱，对朋友加点互动，最终目的是搭建一个大平台让大家在上面互动，觉得是很有玩头的一件事情。

我们这种思维目前国内没有，人脸识别没有，智能家居有人在做，但是把智能家居推送到移动互联网端目前有接近10家，是为了搭建平台，在平台上相互玩的互相设置，传递信息的智能家居的人没有这种思路。这是集中控制的概念。人脸识别，“他是谁的判断”就是门槛值，门槛高低对家庭是小批量的。比如一个家庭中经常出入的有100人，已经算是大家庭了。所以对这种小数量100人以下的人脸识别是没有问题的。可以调低门槛值，长胖也没问题。但是孙博士说大数据海量数据挖掘，国内有人在做。我们与美国方面的一些人士也保持有合作联系，国内中科院等都在做人脸识别。2008年奥运会时，国家想在检票时用人脸识别，没有人能做到，因为批量太大，现在人脸识别能够做到多于五千人，还是比较高的。

我建议让20岁到30岁搞互联网的年轻人进来。因为一般超过45

岁的人互联网思维就很弱了。如果传统企业两三年做几十亿的价值是不可能的，然而在2013年全球化大人物，其中两个是做互联网的，Google和FACEBOOK愿意出30亿高价收购项目，两个年轻人不愿意。这在传统经济几乎没有。年轻人他们知道未来的年轻人想要什么。刚才有位观众说五年前的智能家居，这是不可同日而语的，那时候的概念叫集中控制。现在升级了远程控制，与我讲的智慧家居也是两个概念。首先它的价格决定了受众以群众作为服务对象，如果少数的人是达不到互联网效果；其次设计的模式不仅仅是控制而是加入了个性化服务元素。互联网对人们的影响非常大，但我最关心的是教育改革，我们的教育模式是否适合日新月异的变化，差异化教育的势在必行；另外希望大家能用互联网的思维对自己的生活，自己所管辖的企业，涉及的行业领域引领未来的发展，就从我们天天都接触的微信开始。

（本文系作者2014年1月12日在西安MBA学会新年论坛上的演讲，刊发于学会会刊《方圆管理》2014年12月总第11期）

从霸道管理走向管理王道

◎ 李　虹

心理学更多的是关注内心世界的变化，与我们的生活工作紧紧相关，今天我从思维方式、认知等方面与各位进行探讨交流，希望或多或少对大家心里的情感有种内因的变化，也就值了！

最大的对手是我们自己

从思维方式来讲，真正的主角不是夸夸其谈的老师，而是台下的学员们，不要相信有什么高人、大师教会我们什么，没有人能真正教会我们什么。比如教练，每个金牌冠军都有一个启蒙或者优秀的教练，但是教练经常是做示范，帮助纠正不好的习惯，这是教授的过程。而真正优秀的运动员，关键时刻的灵光一闪，超水平发挥，两强相遇勇者胜，人生真正的精彩瞬间不是实力的比拼，而是心理素质。精彩的瞬间也绝不是别人能教会的，我们身边比比皆是的成功者，哪个又真正是老师教出来的呢？所以今天在座的各位才是主角。

伟大的教育家陶行知说过，最好的教育就是引导学员自己去做自己的先生，老师解惑，顿悟只能靠自己。感悟的过程从心理学讲就是内因起了变化，内心的触动，由内向外。这就是思维方式在心理学的解释，更多的是潜意识层面。在我们人生中，只有极少数的人在遇到坎坷挫折时，能够直视自己内心的变化，去反思自己的方式，而大多数人做不到。现实生活中我们老是遇到一些喜欢抱怨的人，实际上他的内心是对现状不满意。也是客观告诉人们，凭借我们的主观意愿是改变不了环境，也改变不了别人，甚至也改变不了我们的孩子。

人生最大的对手是自己，最难以战胜的也是自己，我们往往最不愿意面对的还是我们自己。你发现身边有很多人，知道的道理很多，尤其是在微信时代，有那么多好的道理和人生的箴言，提炼总结一下似乎比于丹讲得更精彩。可是我们知道这么多，真正的有多少人的行为因此而改变了呢。像鸭子在河里游完泳，上岸后翅膀扑棱扑棱几下，什么都没有留下，似乎比以前叫唤的更响亮了一些。这就像许多企业组织培训学习，难道我们企业真的需要这么多的理论家、评论家吗？高谈阔论，看别人问题头头是道的所谓“能人”吗，这绝不是我们所希望的。

今天我们从自身的感受来举例。比如我们走在街上，突然有人和你打招呼、说事情，你感觉应该认识他，但就是想不起来他是谁，当你跳出他到底是谁这个思维，很自然地把话题接上和他交谈，突然就想起来他是谁了。再比如我们平时做笔记，有的字就是想不起来怎么写，当你把这句话写了几个字后，有时自然地就写出来了。这些现象都与心理学有关，老师不一定比你高明什么，只是老师扮演了一个你不可替代的角色，很多道理，很多人生的认知，老师一说你也知道，但知道不等于你悟到，也不等于你能把它清晰的表达出来。所以解惑的过程，也是老师和学生如何来形成互动的过程。

假设在座的各位要到西京医院，就是要找个专家对我们的健康做一个诊断。你们有没有过这样的假设，一定要找一个肌肉比我发达，看上去比我健康更健美的，才有资格给我看病。实际不是，是希望找一个能让我更健康，他就是好的专家。这叫社会的分工。而我觉得老师就是这样一个不可替代的作用。鲁迅先生曾说过，你自己是一个家长，即便你是一个老师或者医生，你孩子身上的毛病恐怕也要靠别人来帮助解决。所以人最难的就是面对自己内心世界这样的一种真实感受。

这个世界有多少人，他的思维方式已经严重的干扰了他的生活，以及招致他的亲人朋友对他的不满，而他经常不这么认为，不承认，这样的生活我愿意，正是他这样的思维方式，他不断地在给自己制造麻烦和痛苦。刚才说到心理学有个酝酿效应，这对我们成年人很重要。酝酿效应就是成年人在我们的潜意识层面都沉淀了很多的知识、经验、信心，而这些知识、经验、信息都是散的，并没有串起来。这就带来一个现象，我们会发现懂道理的人比比皆是。比如下属找理由的能力，远远超过他做工作的能力，这告诉我们首先是思维方式出问题了。

潜意识是人的第二本能

成年人的学习不要指望一学完就有多大改变。因为成年人有一个学习特征，学而时忘之，学得很快，忘得也很快。一个母亲刚才还听得认真，快到午饭时间想起娃吃什么了，该做什么饭了等等，稍微一走神把刚听到的大部分都忘了。沟通的境界是心灵的碰撞，这样的交流对我们成年人来说比较接地气。老师的任务就是通过举例分析，通过身边的例子帮助你感受，心里有所触动，这在心理学上叫顿悟。顿悟就是茅塞顿开，恍然大悟，禅宗讲开悟，而开悟不是智慧、知识增加了许多，而是你更加客观认识自己的时候。所谓修行，修正自己做正确的自己。做这样的互动，真正的感受是自己，而不是老师讲的多么正确。

我想问各位，比如过春节我们回家，陪父母，父母给我们讲很多道理，我们也会听，但是越听越觉得老生常谈，不耐烦。那么，换位思考一下，在座的父母给自己孩子讲人生道理时，他们又是什么反应呢？他们只要身体一倾斜、眉头一皱、脑袋一低，这说明他不想听、排斥。但是说不说是你的权利，听不听是他的自由。孩子为什么不公开反抗呢，因为孩子明白暂时拿你没办法，这就让我们更加着急，更觉得是孩子的问题，拍桌子教训说：“爸爸妈妈都是为你好，你怎么就这么不懂事！将来你们竞争压力多大，告诉你爸爸都在学习，爸爸吃的盐比你吃的粮都多。”实际上恰恰因为您吃了太多的盐，就想当然的进行说教，去影响孩子，真正的问题难道不是出在自己身上吗？再比如是成人学习能力强，还是孩子学习能力强？有人说是孩子，这是为什么呢？对成年人来讲，是学习新的工具方法困难，还是忘记经验等已知的方法困难呢？习惯是意识层面还是潜意识层面？

简单概括一下潜意识，是人的第二本能，它自然流畅的影响我们的信念、习惯，它的顽固性，不需要人提醒，甚至你说的是正确的我也要排斥你，他自己都说不清，理性告诉他这样做不一定好，但是就这样，我愿意，这种生活是我选择的。在我们生活中有这样的人，能力不错，人也不错，就是混得很背。为什么混得很背？大家可能觉得他心态有问题，情商有问题，性格有问题。性格与遗传关系大还是与后天环境、教育、职业、人生自我修炼等影响关系大？显然是后者。既然与后者有关，我们可以这样定义：说一个人性格有问题，直接体现的就是情商不行，比如人际关系搞不好，情绪管理很差，经常只有自我认知，而忽视别人的感受。不能很好地把握良好的人际关系，他就很难借到力，这个世界上靠自己单打独斗很难成功。

作为社会人，他是一个失败者，也就是造成“我认同你的能力，但我不欣赏你的为人和处事方法。”我甚至有时候给这些年轻的大学生说，我一定会用你，因为我认同你的能力。但是我关键的时候不会重用你，探讨一下为什么？一个企图需要搞清楚为什么的人还有机会吗，就是说做人是不是有点不开窍呢。我觉得从这方面来说是属于心理学范畴。基督教里有句话，满足人的欲望天经地义，但前提是没有妨碍别人，所做这一切不是投机取巧，也不是去损公肥私，在这么一个前提下，他就是我们做人的一种资源优化的生产力。有时候谈创新，创新的鼻祖熊彼特说创新就是生产要素的重新组合。我觉得这方面的优化能力就是时代创新，绝不是对过去的全盘否定，他总是不断优化，不断更新的过程。

我们成年人忘记改变一些旧的习惯远远比学习新的知识要困难，而孩子们没有那么多的经验和过去思维对他的束缚。所以对于我们成年人来说，某一阶段还不是学习新的知识方法和经验什么的，而是拒绝忘记淘汰一些旧的观念和习惯，如果这么一个节奏搞错了，盲目的都在学，似乎都在引进新的正确的东西，但往往收效甚微。人的思维是极其顽固的，听得顺耳的或者于我有利，往往就喜欢听；听得不顺耳，虽然再强调都充耳不闻，实际上是触动了一种内在的内因。李克强曾经很经典的答记者问，他说触动利益比触动灵魂都难。有时候我们觉得这种变化和改革是正确的，对社会进步起到积极作用，一旦触动自己利益的时候，就觉得很不舒服，很不情愿，就想观望，就想看看别人都怎么样。如果这是一个点不可怕，但是多个点都是，这就给我们造成一种“说的和做的不一样”，这样的一种默契形成的反弹力非常顽固。

比如西安旧城改造，首先面临拆迁，邻居之间争执不断，当面对拆迁办的时候却团结的和一家人似的，彼此心照不宣。拆迁办对付完了再解决邻里的事，那是下一步的工作。这方面所形成的内在思维模式，叫做系统思考以终为始。我推行一件事已经预料到会出现哪些事，而且反弹会集中在哪些部门甚至是当事人。我觉得这就是管理的系统思维，否则就会有问题。我们总是等待问题出现才对结果评判，一定是千方百计把问题归结为外界。所以我觉得这首先带给我们的是一次思维上的碰撞。

空杯心态更容易获取

我们的生命，不断的延续，是因为新陈代谢，不断的吐故纳新，新旧之间的交替过程，如果我们体内废物排不掉，那我们的生命也将终止。一个组织和个人往往并不缺乏正确的方法、工具和理念，而是顽固的旧有的东西太泛滥，没有一种魄力，没有一种前瞻的敢于系统思维，让我们就成了和尚的百家衣，今天要培训，明天要加强企业文化建设，后天目标绩效考核，又是薪酬考核什么 ERP，等等。比如乐华城，要引进一个如何与大连万达和华侨城的一个所谓的对标管理。对标管理首先要认识自己的管理水平，管理从来就没有固定的模式，只有最适合于我们的。现代管理之父德鲁克，他说所谓创新就是要符合我们的人力物力和可操作性。也就是说引进先进的考核、流程等前提是可操作性。即便我们有个理想的版本也要分几个步骤。难道我们给公司每人发一套皮尔卡丹西装，一条金利来领带，我们的素质就提高了吗？经常出现越级管理，很多老板倡导制度又第一个破坏制度。经常开会是那样的随意性，开会老板没来，我们热闹的不得了，很多事情感觉我们的中高层很有水平，但是老板一来，大家一言不发。这样的形势在团队里很多，包括绩效考核走过场，包括老板身边可能用了一些我们认为并不称职的人。彼得原理现象告诉我们，随着组织不断发展壮大，我们会在某些重要岗位重用了不称职的人，不是他们没有责任，对组织没有忠诚，而是他们的综合素质和能力已经不符合企业的发展，而这些人对更高职位的追求已经没有更多的欲望，但对既得的权利和利益他们会形成一种潜规则的团体，相互之间彼此心照不宣，他们之间不一定那样的默契合作，但是维护他们自己的权利与利益却目标一致，这也带给我们一种思维方式的改变。

曾经有一位教授对禅学非常有研究，他去拜访德高望重的南音大师，他不停地说，南音大师不停地倒水，起初教授以为是老人家年老眼花，不好意思说，后来桌子上都溢满了水，教授说不要倒了都溢出来了。南音大师把茶壶一放说：“教授啊，您就跟这杯子一样，我倒不进来，我一倒就向外溢。”怎么讲？“教授啊，您说是向我来问禅的，一进门起讲个不停，我不知道我该说什么。”南音大师从旁边拿了一个空杯，“教授啊，你要是个空杯，我不是很容易倒进来了么。”正所谓空杯心态更容易获取。人生拿得起，是你的能力；而放得下，才是你做人的智慧。人生真正的较量是做人的智慧，是综合素养的体现，包括价值观人生观。美国实用资本主义大师杜威约翰说，所谓实用的智慧，就是我们能用具体的方法和手段在解决具体问题中体现的一种能力，不要讲别人怎么做的，或者从理性上来解释这个道理是正确的，而真正动手能力很多是感性的，面对的对象、具体的实际、气息的环境，周边以及我们的城市，人们的一些思维习惯往往在这时候体现的一种行动力，然后凝聚起来的思想，这就是我们需要的人才。

决定竞争力的是思想的差别

人最大的束缚就是思维方式。有些思维方式在内心非常顽固，甚至不可理喻，但是还依旧坚持己见，给自己或者亲人造成思想情感上的伤害，仍然不能做出从内到外的调整和改变。再比如学习思维，传统的学习就是一个大师口若悬河不停地讲，其实老师只是解惑，给你总结一些现象。张德芬女士曾经说过，评估一个人喜不喜欢自己，就看对方能否或者愿不愿意与自己独处，我们很多人一个人的时候就显得焦躁不安，不停地打电话、刷微信、看电影、看电视。想象与自己的关系都如此，是不是在人际关系方面也出现了问题呢。

首先要理顺与自己的关系。在认知方面我们对自己的评价总是那么准确吗？与别人眼中的我们是否相同呢？优秀的人总是会从别人的评价中提升自己。人生无处不营销，营销的是你的内心、真实想法或者是希望，学会欣赏，换个眼光，得道多助。在公司里经常开会，有些人说得很对，明明也知道他说得对，但就是不喜欢他，甚至喜欢和他抬杠。这是思维方式出了问题，此时抬杠是为了惹对方生气，这才是目的，说到底这是嫉妒。表面上是看不惯别人的缺点，实际上是嫉妒别人的优点。

积极的习惯是奋斗，提升自己；消极的习惯就是自己喝毒药，盼别人早死。学会欣赏别人，就善待了自己。他可能不会成为你生活的朋友，但可能会成为你的合作伙伴，这是一种智慧。作为一个组织或者个人，我们不仅要存在差异，还要欣赏差异，毛泽东打天下靠的是完美的组合，《西游记》团队中的每个人都不完美，但确实是一个完美的组合。一个能够包容的组织或者团队，恰恰能发挥每个人的长处，这便是人力资源优化配置。

我主张选拔干部把握两个点：一是善良，与善良的人合作不会有大问题，当然前提是他有担当的能力和素养；二是胸怀，需要人际沟通，与自己不擅长而他人擅长的人沟通，优化人才结构。实际上与自己内心对话，快乐离我们并不遥远。人生不断追求不等于拥有，只有感受权没有拥有权，幸福在身边也感受不到。相对于追求未来的幸福而言，如何摆脱当下的痛苦，更能决定我们的选择。牙疼的时候只要牙不疼就最快乐，然而人性的弱点是好了伤疤忘了疼，我们忽视了真实的感受，就是我们快乐体验的过程。

什么叫幸福，快乐体验的一种累积叫幸福，不能总把幸福当做一个未来的目标。禅告诉我们，人生之所以苦因为欲望太多。“窈窕淑女，君子好逑。求之不得，寤寐思服。悠哉悠哉，辗转反侧”。男人结婚后就开始惦记别人的老婆，实际上男性是视觉动物，而女性为情感动物。一见钟情多是男子，男子可能因为女生可爱而对她产生情感，女子则更加注重内在的可靠等情感因素。佛云色即是空，是告诉我们要懂得节制，从事积极快乐的一面，人生最痛苦的就是追求了错误的东西。如果我们每个人都是社会中的一台机器，而心理学就像润滑剂，滋润着我们生活、学习、工作的方方面面。在团队中要学会包容、理解、接纳，同样适用于夫妻之间。夫妻两人看同一部电影，肯定是牺牲一个人的爱好，是包容接纳对方让彼此更加和谐。当这成为一种习惯，这就是生活。说的清楚的是实事，说不清楚的是生活。小布什的妈妈想念小布什了，打电话叫其回家，老布什只说了一句话：“所有的忙碌与亲情相比都不是理由”。如果想和老板把话说清楚就是不想混了；如果想和伴侣把话说清楚就是不想过了；如果想和父母把话说清楚就是不想孝了；如果想和自己把话说清楚就是不想活了。

人生没有如果，只有结果和后果。所以我们要想好，赏心乐事，不留遗憾才好。没人任何人能教会我们什么，因为我们留给外界和别人的是个性，而这些个性是上帝赋予每个人独一无二的天赋，又是谁能教得会的？谁都看见俞敏洪刷墙贴广告，但是他在美国打官司前 13 个小时，背诵了一本法律书籍对答如流。这些最为精彩的才是不可替代的核心竞争力，学会欣赏差异化是一种智慧。如果说思维方式的差别，决定了人与人的差别，而思想的差别，则决定了我们的竞争力。

（本文系作者 2014 年在西安 MBA 学会方圆管理论坛上的演讲，刊发于学会会刊《方圆管理》2014 年 12 月总第 11 期）

《孙子兵法》与管理之道

◎ 王翼成

兵法与管理究竟有无联系，有多少联系，如何联系？需要我们每一个人去感悟。《孙子兵法》不仅在中国，在世界也产生了深刻的影响，不仅在当时，在当今社会也备受推崇。前不久国防部长梁光烈访问美国时，送给美国人的礼物之一就是《孙子兵法》。它已经不仅仅是一部兵书，而且还是中国传统文化的代表。

20 世纪 80 年代初期，就有人提出将《孙子兵法》与企业管理相结合。如今《孙子兵法》已深入人心，无论是带兵打仗、企业管理，还是家庭教育，大家已经耳熟能详了。但只有对《孙子兵法》进行宏观的把握，才能理解其深刻的思想内涵和丰富的文化内涵，并将其与管理实践相结合才不至于迷失方向。

《孙子兵法》又称《孙武兵法》《吴孙子兵法》《孙子兵书》《孙武兵书》等，英文名为《The Art of War》，是中国古典军事文化遗产中的璀璨瑰宝，是中国优秀文化传统的重要组成部分，是世界三大兵书之一［另外两部是：《战争论》（克劳塞维茨），《五轮书》（宫本武藏）］，其内容博大精深，思想深邃富赡，逻辑缜密严谨。作者为春秋末年的齐国人孙武（字长卿）。全书共十三篇，以下是我根据自己的理解所写的简要概括。

1. 始计篇

讲的是妙算，即出兵前在庙堂上比较敌我的各种条件，估算战事胜负的可能性，并制订作战计划。可概括为“思想走在行动前”。

第一，事关生死存亡的问题必须高度重视。“兵者，国之大事，死生之地，存亡之道，不可不察焉。”在这句话中要把握三点：不惹事、不怕事、关键做好自己的事。不惹事是一种理念，是一种境界；不怕事是一种状态，是一种精神；关键做好自己的事才是正道。

第二，用正确的思想指标、科学的方法认识自己。“故经之以五事，校之以七计，而索其情。”“五事”即道、天、地、将、法（制度、层级、职责、实用）。“道”即团队精神，“将”是管理者，“法”即制度化以及职责、层级、使命。这是我们认识自己最基本的方法。

第三，学会进行敌我双方的比较。始计即系统化，在市场上，有很多的同行竞争对手，我们不仅要认清自己，也要认清对方。所以孙武提出用始计之法正确认识自己，比如领导层谁有境界，管理层谁最厉害，实力谁最强，规模、设备、技术、职工的状态等。这个理念用于今天的企业管理绝不是牵强附会，在我读过的有关《孙子兵法》与现代管理相结合的书中，《孙子兵法说什么》是目前《孙子兵法》与现代管理结合得最好的一本书。

第四，懂得用非常手段保护自己。“兵者诡道也”，当你没有准备好，当你的实力不如对方，但是对方给你出难题的时候怎么办？孙武告诉我们用非常之道保护自己，用现在的话讲就是“诈尸”。除此之外，我们还可以想办法让对方犯错误，这也是弱者保护自己最好的办法。

第五，学会进行可行性分析，即孙武的“妙算”。要权衡自己的优势和劣势，如果事先进行了充分的可行性分析，那么取得胜算的可能性就比较大，如果进行的可行性分析少，则胜算的可能性就小，如果没有进行任何可行性分析，那么胜算是不可能的。我们今天也有可行性分析，但是把这个和孙武的“妙算”相比，就会发现孙武已经比我们领先2000多年了，因为孙武的“妙算”里面，不仅进行可行性分析，同时也进行不可行性的分析。

2．作战篇

讲的是“妙算”后的战争动员及取用于敌，胜敌益强。最近我的感悟是，此“作战”非彼“作战”，其实整个过程就没有打，而是讲备战。可概括为“备战之际仔细算”，其核心是成本核算。

第一，全面进行成本核算。本篇中有一段话：“日费千金，然后十万之师举矣。”相当于今天成本核算中的财务成本、非财务成本、时间成本、时间价值等。

第二，尽可能花小钱办大事。时间是第一坐标，他提到兵贵胜不贵久，跟对手较量最重要的是快速决战，第一时间解决问题是最大的效益。不到万不得已不要打持久战、消耗战。毛泽东最英明的地方在于通过打持久战把日本打败了，这就是辩证法，即具体问题具体分析。日本人最大的希望就是速战速决，那么我们就用他最害怕的方式来对付他——打持久战。

第三，本钱不够怎么办？孙武提到了“因粮于敌”，这是从战争角度讲的，就是学会从对手那里获得所需的资源。

3．谋攻篇

讲的是以智谋攻城，即不专用武力，而是采用各种手段使守敌投降。可概括为“行动之中理念先”，眼光独到，能透过现象看本质。在工作中我们经常说到着眼点、着力点、落脚点，三点一线，眼光至上。

第一，全胜行动有六个要素：明确的目的、准确的目标、正确的策略、精确的途径、自己不犯错和根据变化而变化（以变应变）。这些思想在孙武《谋攻篇》中有多处体现，比如讲全胜的目的时他说：“全国为上，破国次之；全军为上，破军次之；全旅为上，破旅次之；全卒为上，破卒次之；全伍为上，破伍次之。”不战屈人之兵。

第二，配合目标的策略选择。孙武的策略是：“上兵伐谋，其次伐交，其次伐兵，其下攻城。攻城之法，为不得已。”

第三，手段与路径的灵活运用，即不受教条的束缚。他讲“十则围之，五则攻之，倍则分之”，当我的力量不敌对方时，不贸然行动；“少则能逃之，不若则能避之”，也就是毛泽东讲到的“不计较一城一池的得失”。

此外，孙武还提到要避免两个严重错误：第一，高管团队不能失职，高管是为领导出主意想办法的，如果高管唯唯诺诺不出主意，不想办法，只是一味地听命，看似很忠诚，实则在犯错。所以孙子说：“夫将者，国之辅也。”第二，经理人不能犯错误，“故君之所以患于军者三：不知军之不可以进而谓之进，不知军之不可以退而谓之退，是谓縻军。不知三军之事而同三军之政者，则军士惑矣。不知三军之权而同三军之任，则军士疑矣。三军既惑且疑，则诸侯之难至矣。是谓乱军引胜。”就是我们今天说的领导对下属不放心、不授权、瞎指挥、乱干涉。

预判变化，料事如神，即知己知彼。孙武讲“故知胜有五：知可以战与不可以战者胜；识众寡之用者胜；上下同欲者胜；以虞待不虞者胜；将能而君不御者胜。”即经理人很厉害，你就可以直接撒手让他干。对企业管理来说，就是要有实力，团结协作，还要授权。

4．军形篇

讲的是具有客观、稳定、易见等性质的因素，如战斗力的强弱、战争的物质准备。可概括为“胜于易胜最合算”，用陕西方言来说，就是“柿子专挑软的捏”。对于生意人来说就是永远不做赔本生意。

第一，立于不败之地，即“先为不可胜，以待敌之可胜”。

第二，胜于易胜，善之善者也。

第三，学会选择，孙武给了五个字：一曰度，二曰量，三曰数，四曰称，五曰胜。即考虑、掂量、计算、比较、结果。

5．兵势篇

讲的是指主观、易变、带有偶然性的因素，如兵力的配置、士气的勇怯。可概括为“实力成势奇正谈”。以正胜，以奇和，奇即出其不意，但实力是前提，离开实力谈怪招则会很危险。

关于实力，孙武有句话：“激水之疾，至于漂石者，势也；鸷鸟之疾，至于毁折者，节也。”据说老鹰在发现猎物后俯冲的速度是航天飞机冲破大气层的速度。即速度也是能量，速度是关键。要学会造势，而企业的势则在于实力与决策速度的有效结合。

6．虚实篇

讲的是如何通过分散集结、包围迂回，造成预定会战地点上的我强敌劣，以多胜少，即掌握主动。可概括为“因地制胜变对变”。

第一，如何让对手跟你走，“利害”二字，“能使敌自至者，利之也；能使敌人不得至者，害之也。”

第二，改变对方的状态，“敌佚能劳之，饱能饥之，安能动之。”

第三，“故形人而我无形，则我专而敌分。”即想办法把对方的力量分散在很多地方让他自顾不暇，我只找我最擅长的一点，集中力量搞定对方。

第四，打组合拳。很多在我们今天的职场营销中常常用到：“策之”，即可行性分析；“作之”，即通过小动作观察市场走向；“形之”，即广告；“觉之”，即试销。

7．军争篇

讲的是如何“以迂为直”“以患为利”，夺取会战的先机之利，可概括为“争胜当争主动权”。与对手竞争的时候都是奔着利益的，但是利益与风险并存，即“军争为利，军争为危”，我们要趋利避危。在对外环境方面，当对方意图不明确时不轻易与其结盟，不清楚外部环境时不要轻易出手，没有外部力量的帮助，对外部环境的控制力就会很小；对内而言即团队精神：效率、程序、有力、坚定、忠诚、造势。

8．九变篇

讲的是将军要根据不同情况采取不同的战略战术。可概括为“有舍有得变中权”，追求与放弃要在变化中选择，有所为有所不为。“涂有所不由，军有所不击，城有所不攻，地有所不争，君命有所不受。”即学会放弃。学会全面考虑问题，即分清利害杂陈，“是智者之虑，必杂于利害”，权衡利弊。他提到将有五危：必死（不要命）、必生（贪生怕死）、忿速（易怒）、廉洁（过于重视自己的名声）、爱民（心慈手软）。

9．行军篇

讲的是如何在行军中宿营和观察敌情。可概括为“过程管理令当先”。

第一，健康也是战斗力，对企业而言健康就是生产力。孙武讲“军无百疾，是谓必胜”。

第二，学会分析，孙武将行军打仗遇到的情况分为31种现象，对于企业而言，就是要学会到对方的企业里去观察，并对其作出基本的判断。

第三，不盲目追求人数，领导需要解决三个问题：聚力（即把大家团结起来）、料敌（判断敌人的情况）、取胜。

第四，令之以文，奇之以武（即思想工作、制度管理）。

10．地形篇

讲的是六种不同的作战地形及相应的战术要求。可概括为“认清环境辟祸端”。其实这六种地形环境就是我们今天分析的六种市场状态。

“凡此六者，败之道也；将之至任，不可不察也。”团队管理中的六种败象需要高管特别注意：自不量力、领导无能、管理不畅、组织混乱、部下有怨气等。“视卒如婴儿，故可以与之赴深溪；视卒如爱子，故可与之俱死。”用企业理念影响人的心性，用规章制度约束他的行为，用文化道德熏陶他的思想，用诚信道德让他不犯错误。合于利则动。

11．九地篇

讲的是依“主客”形势和深入敌方的程度等划分的九种作战环境及相应的战术要求。可概括为“原则策略随敌变”“合于利而动，不合于利而止。”

12. 火攻篇

讲的是以火助攻，可概括为“该出手时就出手”。其实古代的火攻不亚于今天的核战争。今天，市场化竞争异常激烈，我们要权衡价格战与价值战。

第一，守住利益果实。

第二，道、天、地、上、法。即要把企业盈利分配在五个方面：文化建设、市场研究、技术开发、管理培训、福利提升。

第三，防止心火入魔，“主不可以怒而兴师，将不可以愠而攻战”。即领导不要在情绪激动时做决策。刘备下江都就是最好的反面例子。

13. 用间篇

讲的是五种间谍的配合使用。可概括为“情报信息莫等闲”。作为高级领导要舍得投资情报信息，不信迷信，不要太相信风水、占卜等迷信。

结语

一十三篇万古传，至今仍觉很新鲜；
开篇起计有高度，思想走在行动前。
胜于易胜最合算，争胜当争主动权；
方方面面皆有道，古为今用也不烦。

（本文系作者2012年在西安MBA学会方圆管理论坛上的演讲，刊发于学会会刊《方圆管理》2012年6月总第7期）

正确处理企业发展中的八大关系

◎ 祁百福

战略引领方向，战略决定成败！支撑企业成功的因素很多，但我认为首要的因素是正确的战略而不是细节，“细节决定成败”的观点从管理哲学的角度来看是值得商榷的。

在企业发展过程中的不同阶段，战略的重要性也有所不同。所有的企业在其初始阶段考虑的一定是生存问题，而发展到一定阶段则更多的是考虑发展的战略问题。所以说战略是企业发展到一定阶段、具备一定规模之后所必须思考的一个重要问题。诸如企业向哪里去？如何去？企业存在的社会价值和意义等问题。

我认为：大多数企业的成功得益于日积月累，是一点一滴发展起来的；而失败的企业大多是倒在了错误的战略之下。

为使企业持续发展，应该哲学地处理好以下八大关系：

1. 快速发展与安全的关系

“你方唱罢我登台，各领风骚两三年”，昙花一现的多，百年企业的少，这是对中国当前企业发展现状的形象描述。从 1956 年到 1992 年，我国的世界五百强企业只剩下了 29 家，20 世纪 80 年代大约有 230 家企业从世界 500 强中消失。世界知名企业尚且如此！据统计，在中国 10 年以上寿命的企业只有 24.7%，民营企业的平均寿命是 2.9 年。

在这样一个不是生存就是死亡的残酷现实环境中，企业在发展过程中如何保证安全？就如同在高速公路上行驶的汽车，确保安全是快速行驶的基本前提，否则稍有不慎就会“车毁人亡”。

要速度，更要安全。在保证安全的前提下再谈速度，否则就会“上得快，倒得更快”。无数“先驱”企业的惨烈教训都证明了这一点。

企业要生存更要谋求发展，一旦具备“天时、地利、人和”，往往就会快速的发展，但面对快速发展，很多企业家又往往沾沾自喜、盲目乐观、自我膨胀，好像自己无所不能。其实在这种情况下，往往隐藏着巨大的风险。

那么，支撑发展速度的要素是什么？举例来说，一辆汽车在高速路上能跑多快，取决于车辆的性能、驾驶水平、道路状况、道路上其他车辆的多少以及行驶是否规范、国家及行业的相关管理法规等，企业发展的速度也同样如此。在我看来，一个企业的发展速度至少取决于以下两个因素：一是企业的“内功”。包括管理的水平——领导力及决策力，团队的力量，管理的基础比如完善的管理制度、科学的流程等；技术——技术的研发能力及在行业中的领先性，对先进技术的吸收与应用能力；资金——一定的投资能力和融资能力；市场力——市场的拓展与培育能力、宣传与推广能力等。二是市场环境及宏观形势。只有具备了较为规范的市场秩序、合理有序的竞争、良好的宏观经济态势时，才能顺势而为。

我不赞成“超常规”发展的说法，发展是有规律可循的，“超常规”就是揠苗助长，“不是比谁发展的更好，而是看谁能够死的慢”。

2. 发展与控制的关系

控制是企业管理的重要职能和重要环节。一个企业能够发展多快关键要看是否可控？一定要将企业的发展纳入可控的范畴。

如果你不知道控制有多重要，那就想想时空是多么的可怕？什么叫脱缰的野马？巨额的负债，盲目扩张，市场贪大，人力资源不能有效地跟进，企业的文化不能有效地支撑等都蕴藏着巨大的、失控的风险。

控制的重点：对产品品质始终如一的控制；对成本的严格控制；对

负债比例的合理控制；对人力资源结构的控制；对业务范围发展的控制；科学的决策……企业在发展过程中切忌盲目扩张，无所不能。一定要有所为，有所不为。

企业家一要创新，二要具有风险意识。但企业家绝不是简单意义上的冒险家。

3．内容与形式的关系

严格来说这是个哲学问题，只不过是很多的企业在战略发展过程中忽视了这一关系，失之偏颇。

形式是一个企业的外在形象，就如同产品之包装、人之衣服。比如企业的社会形象、在消费者心目中的形象，是不是一个负责任的企业？维护环保，承担社会责任等。内容则包括提供的产品和劳务的品质，内部的管理水平，决策者的素质等。

内容和形式要做到有机的统一，好企业是表里如一的。可以包装但不能伪装，好企业就如同一杯好啤酒，三分之一是泡沫，三分之二是啤酒。

当然没有形式也是不行的，企业要有自己的 VI 战略、企业形象、品牌形象、企业家形象等，但没有内容更不行，尤其是那些金玉其外，败絮其中的企业最终必遭社会的唾弃。

4．主业与多元化之间的关系

企业在发展过程中面临着诸多的诱惑，有的随波逐流，有的投机心理严重，有的盲目自信等，岂不知业有所专，每个行业都有自己的特点和运行规律，必须具备若干个条件（如人才队伍、行业经验等）才可以进入市场，否则注定会失败。

大多数企业靠主业成长起来，获得了发展所需要的利润，在这种情况下通常会出现两个误区：一是盲目多元化。进入自己不熟悉、也驾驭不了的领域；二是错失良机。因循守旧，不能抓住发展的有利时机，使产品升级，企业上台阶。

5．企业和政府的关系

经济学理论认为市场经济有三大主体，即企业、消费者、政府，三个角色各自承担着不同的职能，遵循着不同的运行规律。企业在利润最大化的原则之下运行，消费者则在效用最大化的规律下选择，而政府是市场的“守夜人”。

企业和政府的角色不同，承担的职责不同。企业是自主经营、自负盈亏、自我承担风险的微观的经济组织，而政府是一种社会组织，承担的是社会职责，算的是社会账、政治账和宏观账。所以政府和企业的思维方式是完全不同的。以此理论为据，我认为政府和企业之间“若即若离，不远不近”为好，远了得不到政府的好处，近了受政府的过度干扰，所谓“成也萧何，败也萧何”。

6．企业和员工之间的关系

这是个看似简单的问题，但很多企业家却常常在这方面犯了致命性的错误。哲学地看，企业和员工首先具有利益上的一致性，所谓大河有水小河溢，当然也有利益上的矛盾，蛋糕是既定的，一方切得多了留给另一方的肯定就少了。

我的基本观点如下：企业为员工构建了发展甚至个人价值的平台，而员工是推动企业进步的力量；企业是舟，员工是水；企业和员工应该共同成长，相互负责，如果员工的成长落后于企业的成长，必遭淘汰，如果员工的成长超前于企业的成长，肯定会另攀高枝。

企业和员工之间应合理分配收益，共享企业发展的硕果。企业不仅要善待客户，而且要善待自己的员工，帮助他们成长，对员工是否负责，是一个企业最基本的良知。

企业家要认识到劳动要素在企业中的重要作用，不仅要重视资本要素、土地要素，更要重视劳动要素，从深层次理解劳动创造价值这一马克思经济理论。

7．企业与社会的关系

企业在追求经济效益的同时，必须要讲求社会效益。企业社会责任感的底线是不对社会造成负面影响，比如污染环境，非法排放，更高的层次的境界是精神和道德层面上有益于社会、服务于社会、造福于社会。“人要有信仰，企业要有追求”，企业的道德在现时首先是企业家的道德。

8．实体运营与资本运营的关系

实体运营和资本运营两者之间紧密联系，而不是相互割裂。资本运作是实体运营的高级阶段，是实体运营发展到一定阶段的产物；实体运营是资本运作的基础。现在的问题是很多企业实体运营还很薄弱，很不完善，就盲目设想资本运作，甚至不惜通过虚假的手段瞒天过海，欺骗公众，以达到“圈钱”的目的，这是很危险的想法，也是极不道德的行为。

（本文系作者2010年在西安MBA学会方圆管理论坛上的演讲，刊发于学会会刊《方圆管理》2011年12月总第6期）

管理的实质是“理管”

◎ 高全成

管理是一个持续的话题，是一种持续的行为，是一道持续的难题。古已有之，古已为之，古已学习研磨之。无数的专家、官家、管家、企业家，学者、智者、行者、思想者……都在探讨，都在学习，都在研究、总结、提升、创新，都在践行。大到一个国家的治理，中到一个企业的管理，小到一个家庭、个人的管理，无数的管理思想、无数的管理理念、无数的管理理论与方法……但无论什么时候都有“成败”，可见其复杂、艰难，真有点“剪不断，理还乱”。

以我之见，管理的实质就是“理管”。理是基础、是前提、是过程也是目标，要管好必先理清、理顺、理明白，理好了管就顺其自然了。“理”包括理物、理事、理人，物清、事顺、人明白，“管”也就顺“理”成章了，有了章法、有了规矩、有了制度和法规、法律保障，“理”也就更顺了，“管理”也就立成了。如果物理不清、事理不顺、人心向背而硬要去“管”，权以压之、利以诱之、威以迫之等，只能越管越乱、越管越散，自己也越管越难、越管越烦。

在理物、理事、理人中，最易的是物，最难的是人，“理”是人来理，“理”是要理人。物要人来易（变），事要人来做，人是核心、是主体。对管理者来讲，要理上、要理下，要理外、要理内，要理人、要理己，而理己又是最最难的！人的一双眼睛朝外，看别人容易，看自己艰难，因此才有了魏徵对李世民的“镜”，“以铜为镜可以正衣冠，以史为镜可以知兴替，以人为镜可以知得失”，人可以作为别人的镜子，更要借助镜子才可以看到自己。其实，人也可以作为自己的镜子，这就是“自省”，常常反思自己、提醒自己、告诫自己，就可以不断理顺自己、提升自己，进而理顺自己与他人的关系。理顺他人、理顺事、理顺物，“管理”自在其中。

管理者首先要理己，不断修身养性，自我修炼，最基本的是“识人性、励修身”。人性包括：自然性——本性。荀子言：“饥而欲食，寒而欲暖，劳而欲息，好利而恶害。”孔子言：“食、色，性也。”社会性——人是社会的人，离开社会就谈不上人类的存在；能动性——人的理性（认知能力）、环境的可选择性（近朱者赤，近墨者黑）、自我改造能力（修身养性，养浩然之气）。因而，描绘自身灵魂的是社会、是环境、也是自己，中国有无数修身养性之法。南宋理学家朱熹论修养：博学之、审问之、慎思之、明辨之、笃行之。应该有这几种品行，择其要有以下几点，供参考。

兼听　墨子言：“君子不镜于水而镜于人，镜于水见面之容，镜于人则知吉与凶。”培根言：“一个人从另一个人的诤言中所得来的光明，比从他自己的理解力、判断力中所得出的光明更是干净、纯粹。”这些都说明一个“兼听则明，偏听则暗”的道理。听，对人是知无不言，言无不尽；对己是言者无罪、闻者足戒、有则改之、无则加勉，最好是“闻过则喜”。明王阳明道：“凡攻我之失者，皆我师也。”

自省　儒家提出“吾日三省吾身”的自省方法，革命前辈谢觉哉提出三自法则，即：学会在灵魂深处自己跟自己打官司，自己当被告，自己当律师，自己当法官。罗曼·罗兰语：“在你要战胜外来敌人之前，先得战胜你内在的敌人；你不必害怕沉沦与堕落，只请你能不断地自拔与更新。”鲁迅言：“我的确时时解剖别人，然而更多的是无情面的解剖我自己。”

淡泊　诸葛亮言：“君子之行，静以养身，俭以养德，非淡泊无以名志，非宁静无以致远。”

慎独　儒家提出在无人监督、无人知道时不做坏事的一种修养方法。山东有一座四知庙，以纪念东汉名将杨震，有人以十斤金子向其行贿，言：“暮夜无知者。”杨震讽刺说：“天知、神知、子知、我知，何为无知?”头顶三尺有神灵，要想人不知，除非己莫为。

管理者要有几个好的心态，大家不妨用这些心态理一理自己，兴许会有一点帮助。

1．志向心——理想与信念

理想是人生的灯塔、是信念的向导、是人生奋斗追求的目标，而个人的理想必须与社会紧密相连，必须符合社会发展趋势、社会运动规律的要求和社会的原则规范，融入社会进步的责任和使命。理想越远大、志向越高远，你追求奋斗的空间就越大、成就发展的空间就越大，对你的激励鞭策就越大，你成就的事业对社会的贡献就越大，社会对你物质和精神的回报就越大。恩格斯讲过，一个人的价值不是看他从这个世界拿走了什么，而是看他对这个世界贡献了什么。如果说理想是人生的灯塔，信念就是人生的航标。它引导你坚定地游向理想的彼岸。

2．道德心——道德高尚的人，才能真正成就伟大的事业

道者，规律也。认识规律、符合规律才能为自己创造走向成功的良好条件和环境，因而要潜学修道。熟知天地运行规律并能运用自如者为有道之人。德者，十四人一条心，人人为我，我为人人，相帮相助，相携相补，人类才能发展进步。能舍己为人团结引领大家者，方为有德之人。然而人类历史留下了无数的道德规范，其中许多不仅大相径庭，而且相互矛盾对立，我们该何去何从？中国的传统道德在于忠、孝、仁、义、礼、智、信、勇、中庸等，这些东西总体上奠定了中国人处理人际关系的基本原则，是做人的道德基础，也是社会关系的一般规律。

3．奋进心——奋斗与毅力

时代的巨流滚滚向前犹如大浪淘沙，筛选着千古风流人物。古往今

来，凡是有作为的人，无一不是时代的弄潮儿，无一不是以时代的使命为己任，无一不是具有坚强的毅力孜孜不倦地艰苦奋斗者。人人都知道天上不会掉馅饼，但坐享其成的心态人皆有之，要他去努力去奋斗去吃苦似乎是一种惩罚，一千个不愿意，一万个不愿意。岂不知人生的两杯酒（一杯苦酒、一杯甜酒）谁也逃不过，是必喝的。你是趁年轻力壮、才思敏捷、精力旺盛、受得起折腾时喝杯苦酒，把甜酒放在年老时慢慢品尝呢？还是等到七老八十、反应迟钝、无力挣扎时再去饮贫困潦倒、百病缠身的苦酒呢？胸无大志必然生活懒散，缺乏毅力，放弃奋斗，终将一事无成。

4．创造心——要敢于开创新的道路，做一个领路人

人生有多种多样的路，有的看似平坦，远处却是泥沼；有的荆棘遍布，前方却有通途。鲁迅先生曾说：路是从没有路的地方踏出来的。地上本没有路，走的人多了，也便成了路。你要带领大家走向成功，必须是一个开创者，是一个领路人，要有发现新路的慧眼，确定前进的目标。去，就要有勇气、有毅力，坚忍不拔、孜孜不倦。

5．平和心——人生就是服务，平和对人才能有发展的宽松环境

为人处世平和为本，人人为我，我为人人，利他，利于社会，自身的利益就在其中。中国有许多俗话：和为贵、和气生财、和谐共赢，与人方便与己方便，送人玫瑰手留余香，“退一步天高地阔，进三尺血流成河”。

明朝山东济阳人董笃行在京做官，一天接到母亲来信说家里盖房为地基与邻居争吵，互不相让，希望儿子出面讲话。董握笔回信道：千里捎书只为墙，不禁使我笑断肠；你仁我义结近邻，让出两墙又何妨。董母读后觉得有理，便主动退让，邻居感悟效法，结果两家让出八尺宽的地方，形成一条胡同，世称“仁义胡同”。利他，也为自己创造一个发展的良好环境。

6. 平常心——以平常的心态对己，成败得失任自在

我们在生活工作中、努力奋斗中、事业发展中，不可避免地会遇到各种挫折、失败、苦难，对这些我们应有一个平常心，不以物喜不以己悲，得之当然失之泰然，不必过分刻意地追求某种“效果”。受到挫折能从悲伤的情绪中很快恢复过来，遇到成功能从极度兴奋中很快平静下来，在极度紧张的时候要能够放松调整。能够长久持续地保持一种良好的心态是良好的生活、学习、工作、事业发展的前提，也就是提高效率走向成功的前提。重要的是持之以恒。“塞翁失马，焉知非福”的典故大家都知道。有时坏事也许是一个好事，不必苦苦苛求自责，静下心来找找转机、想想对策，或许能打开另一条通往成功的新路。

7. 学习心——在任何时候、任何情况下，向任何人和事学习

大家也许听过或看过蚊子和狮子的寓言：狮子被人们誉为兽中之王，而小小的蚊子偏不服气，就去和狮子较量，专在狮子的头上脸上叮咬。狮子用尾巴打不着，使劲抖动身子也甩不下来，又用爪子抓，结果把自己的脸都抓破了，也打不住蚊子，只好求饶。蚊子高兴极了，战胜了兽中之王的它当然是王中王了。正当它得意忘形，吹着胜利的喇叭四处炫耀的时候，不小心撞倒了蜘蛛网上，成了那只饥饿的蜘蛛的美餐。人都有春风得意的时候，在享受成功喜悦的时候千万不要忘了谦虚，才能不断学习，这是进步的永远阶梯。

8. 必胜心——把任何一件小事做到完美

苏格拉底有位学生向他请教成功之道，他与学生边走边谈，走到一个小河边突然将学生推进河里，并且双手按住。学生面临死亡的恐惧拼命反抗挣扎，终于爬上岸来，质问老师为什么要害他？苏格拉底说，这就是成功之道，只有成功的欲望达到求生一样强烈时才可能成功。拿破仑讲：“在我的字典里没有不可能这个词！”必胜的信心是打开成功大门的第一把钥匙。

9. 乐观心——乐观是通向成功的天梯

笑对所有苦难，苦难就会变成成功的良药。人的一生有三水：苦水、泪水和汗水，不论哪个水都要流，谁都不可避免。但在挫折面前只有那些具有乐观心态的人才可能达到成功的高峰。红军长征历尽千难万险，30 多万人最后剩下不到 3 万人，但毛泽东依然满怀革命的乐观主义，在 1935 年 10 月写下了《七律·长征》《念奴娇·昆仑》《清平乐·六盘山》等诗词。在陕北那样艰苦的生存条件下领导全国的革命，他依然豪情万丈，乐观豪放。读一读 1936 年 2 月毛泽东写的《沁园春·雪》，你也一定会信心百倍，豪情满怀。正是这种豪放乐观的精神鼓舞了我们一代又一代革命者英勇奋战、流血牺牲，推翻了三座大山，创建了中华人民共和国。

10. 感恩与责任心——责任与人同在

对人常抱着爱心和感激，就会时常激励你坚持不懈的努力奋斗。父母给了我们生命，养育我们成人；老师教导、社会培养我们长大；亲朋好友给了我们诸多的帮助和鼓励；爱人子女给了我们无尽的关爱和欢乐，老板给了我们工作的机会，员工给我们挣到了利润……我们应当报恩，滴水之恩当涌泉相报，应当担负起更多的责任。

一个人可能身兼数职，扮演很多角色，要演好每一个角色就要各守其道，各尽其职，各负其责。能够有这十种心，就基本能够理清自己，然后就掌握了与人处事的基本准则。

“理人”就是要理清你的所有社会关系，在社会学、营销学上叫公共关系，现在还有专门的公共关系学科。你是社会人，企业是社会企业，要和各种社会公众打交道，政府公众、市场公众（供应商、经销商、销售者、消费者等）、媒体公众、社团公众、社区公众等。任何一个关系处理不好，都可能给企业发展带来灾难性的后果。只有修炼好自己的人格，才能正确处理这些社会关系，也才能为自己和企业的健康持续发展铺平道路，奠定一个坚实的基础。

“理事”就是搞清事物之间的关系规律。人的关系搞清了，人理顺了，才可能把事的轻重缓急理顺。针对不同的事，采取不同的对策，举重若轻，顺利发展。

“理物”是最低层次，所有场地厂房管道容器工具，原料燃料付出材料，产品、包装、运输、销售等，得到合理的利用，既不闲置积压，又不断档停工待料，物流顺畅、销售快捷，各个环节承转契合顺畅，高效运行。这部分更多的是一个技术层面的问题，需要掌握知识、技术、技能的人才。但如果把钱财都看作物的话，“理财”就成为一个重要环节，需要专门打理。

管理的本质其实就是“理管”，管理者修炼好自己，理顺自己、理顺自己与世界的关系，理顺人和人、人和事、事和事、人和物、物和物的关系，自觉地运用规律，处理好这些关系，管也就自在其中了。

（本文系作者2010年在西安MBA学会方圆管理论坛上的演讲，刊发于学会会刊《方圆管理》2011年5月总第5期）

说　情　商

◎ 武润奎

今年我想谈谈“情商”，这也是去年“赢在执行”话题的延伸，因为执行力的强弱很大程度也体现在个人情商的高低上。同时，强化情商也是深化“以人为本”理念、调动干部员工积极性的需要；是集思广益、聚心凝智、优化管理的需要；是畅通交流、共建和谐凌云的需要；是完善客户关系、提升企业品味的需要；是提高个人能力、体现个人价值的需要。

一

情商，通俗地讲，就是一个人与他人或周边人群交往相处的能力，它与一个人的思想观念、家庭环境、学识修养、处事方式、自控能力等因素密切相关。我们今天谈情商，不是赶时髦，而是感到实践中情商比智商更能体现一个人的综合素养，尤其是对领导者、管理者而言更为重要和迫切。智商于我们这些普通大众，有差别却并不十分明显，但从人生的经历来看，却大相径庭。有的一帆风顺，波浪不显；有的历经曲折，不尽如人意。从处理管理与被管理这对矛盾体看，巧拙不同。有的融洽和谐，群众乐道；有的矛盾重重，怨声载道。从处事方式上看，高低有别。有些人才高八斗，盛气凌人，结果却事与愿违；有些人和声细语，温良谦恭，却能事遂人愿……究其原因，除了时运外，绝大部分是情商的差异所带来的结果。现实中情商比智商更加实实在在地影响到每个人的行为，进而影响到我们管理工作的效率和效果。

具体点讲，情商可以从四个方面去理解。一是管理自己的情绪，这是核心。“不以物喜，不以己悲”，顺利之时，不得意忘形；困难之际，不悲天悯人，能够恰当地控制自己的情绪。二是自我激励，就是面对挫折困难所持有的态度。“人生不如意事，十有八九”，尤其在失意时能够保持积极阳光的态度，不回避，能忍耐，保持沉着，保持热忱。三是认知他人的情绪，即要了解、判断他人理解、接受你的观点的程度。“知己知彼，百战不殆”，有一颗体贴别人的“同情心”，将心比心的“同理心”，能从不同参与者的角度看待事物，你的判断和决策自然会更全面、更合理。四是处理人际关系，就是和他人交往的能力。人的性格有差异，有些人开朗大方，不拘小节，而有些人性格内向，谨言慎行。同形形色色的人融洽交往，被不同的人群所接纳，形成良性互动，也是高情商的重要标志。

可以看出，情商是良好的道德情操，是积极的人生态度，是持之以恒的韧性，是理解和关心他人的善良品行，是把握自己和影响他人情感的能力。直观的表现为一个人的亲和力、凝聚力、影响力和进取力，它是个人的情感融入社会产生积极效应的技能。

二

情商因人而异，有高低之别，无好坏之分。高情商的人具有良好的情绪控制能力，能够化解压力，适应变化，体谅他人感受，具有良好的沟通能力和准确的表达能力，在事业与家庭之间维持平衡。具体表现在：一是责任心强，有使命感。在本职岗位上尽职尽责，工作追求尽善尽美，能直面工作中的错误和缺点，乐于挑战自己，即使遇到再大的困难也能以积极的态度去面对。二是愿意融入团队。在团队中甘愿付出，注重协作，勇于担当，能够得到团队的认可，获得团队成员的尊敬。三是勤于沟通，善于沟通。工作中遇到问题愿意虚心求教，意见相左时能耐心倾听，不固执己见，坦诚相待，不伤自尊，也不伤感情。四是家庭事业两不误。会生活、懂生活的人既能为家庭营造温馨和谐的气氛，又能享受工作带来的快乐。

相反，也有那么一些人自我意识差，责任感较弱，目标性不强，被动做事，过度依赖他人，人际关系比较紧张，喜怒不定，生活杂乱，既管不好自己的情绪，更难对他人有积极的影响。比较典型的：一是遇事消极。忘不了过去，看不到将来。不主动为成功想办法，乐于为失败找理由，急于推脱责任，解脱自己。二是做事无序。看着忙碌却效率不高，疲于应付具体事务，累自己也累别人。三是心胸不宽广。不会自省，不知包容，不懂妥协，不善沟通，也不屑于向别人表达自己的完整想法。上对下缺乏沟通的耐心和方法，尤其是不愿倾听；而下对上不敢沟通，担心误解，把一些事情、想法、感受，包着、躲着、回避着，易把事情复杂化。四是缺乏主见。要么循规蹈矩，要么人云亦云。

说到这也许有人会说，情商高不就是善应变、会来事嘛。其实不然，我们要特别注意区分认识上的几个误区：一是认为情商高低与性格必然相关。不是性格外向圆顺的人情商就高，性格内向刚直的人情商就低。外向的人长于表达，但长于表达不等于善于表达和准确表达，相反，内向的人可能较外向的人情感更加丰富和细腻。二是把情商高等同于感情热烈丰富。感情热烈不见得控制情绪的能力就强，多愁善感、意气用事，反而更不易与人相处。三是认为有城府、心计重的人一定情商高。其实有城府，可能不肯说真话，若再工于心计，则可能失去公道、原则和人心，会让人畏而远之的。四是认为不发脾气的人一定情商高。有不良情绪就要处理，如果压抑在心里，一直窝着攒着，到头来受影响的不仅仅只有自己。五是认为直爽的人情商低。直爽并不是“口无遮拦”或“信口开河”，而是敢于说真话、实话，这反而会赢得人们的尊重。六是认为情商高就是做人圆滑。情商高者真诚待人，与人为善，周到而有分寸，绝不是滴水不漏、八面玲珑的老好人，也不是溜须拍马、见风使舵的势利者，这会让他人心生防范，敬而远之的。

三

情商有别于智商，虽然有先天遗传的成分，但其后天开发的潜力远大于先天，是可以培育、强化和提升的，今天提几点思路，以期抛砖引玉。

1. 培育健康的心态

心态是一个人对外部世界的基本态度和客观反映，近似于人们的世界观，包括对人、事、物的看法、想法和做法。健康的心态是情绪管理的基础，是情商提升的根本。健康的心态，一要有正确的价值取向，有基本的是非标准，始终呈现着健康向上、积极有为的人生态度，不怕挫折和失败，总能给人一种榜样的力量。二要平和理性。做到急切而不急躁，自信而不自负，客观而不刻薄。能用一种平常心对己对人，能让他人感到一种平实和真切，愿意亲近和接受你。三要有敬畏之心，保持对法律、制度、道德，对职业责任、未知领域的敬畏。秉持谦卑和谦恭，可以使我们的内心更加温柔和博大，更能让人平视你走近你。四要有感恩之心。我们从这个世界上得到有意无意、或大或小、时断时续的帮助、关心、支持太多太普遍了，也许会觉得这些都是理所当然，无须理会的，其实不然。我们要用心去感受，用心去回馈，也要用心去体味付出的快乐，人助与助人互动，得与失并存，你就会平添更多感染力和吸引力。当然，培育健康的心态远不止这些方面，还包括同理之心、包容之心等等，总之要想控制好自己的情绪，影响别人的情绪，达成自己的目标，健康的心态是根本。

2. 树立正确的思维方式

思维方式是一个人思考认识问题的立场、视角、方法，它直接影响着认知和判断的结果，也影响着交流和沟通的效果。正确的思维方式有助于人们之间顺畅的交流表达，沟通理解，进而互动参与，这是提升情商的重要方式。一是辩证思维。看问题要一分为二，没有绝对，没有最好，矛盾的双方是可以相互转化的，不认死理，不抬死杠，反而更能有效地表达自己的观点和主张，形成更多的共识。二是理性思维。凡事不能先入为主，不能凭直觉、靠经验做判断，要明了分歧，系统分析，缜密推敲，通过举一反三，触类旁通，寻找细微异同，理性抉择。这样不仅失误少，也会引导他人积极参与，扩大自己的影响力。三是发散思维。就是多角度地思考，广视野地观察，鼓励充分的交流，清晰的表达，理性的辩争，从而更有利于达成共识。四是换位思维。就是要站在对方的立场上体验和思考问题，从而与对方在情感上更贴近，这样更能增进理解，统一看法，协同行动。

3. 培养和坚守良好习惯

习惯就是一个人已成形、固化的思维和行为方式，是人重要的品性表现，也是自我管理的结果。好习惯让自己自信，也让他人舒服，能增进人际交流，增强自己的凝聚力和感召力，这也是提升情商的重要路径。一是心中永远要有杆秤，从我做起，遵守社会公德，遵法制，守规矩；坚守职业道德，勤奋、敬业、爱岗，忠于事业。二是作风要民主、务实、细致，生活情趣要健康、广泛、高雅。民主和求实有着极大的道德和人格力量，做事民主平等和实事求是的人总是受人拥戴的。三是诚实守信，言行一致。做人做事都能让人信得过你，自然社会就会强化你的影响力、凝聚力。四是以人为本，善在心中。对善良、厚道发自内心的、自觉自愿的、始终如一的、不求功名的坚守，一定会让你魅力倍增。

4. 积极化解压力

压力与日俱增是当今社会的重要特征，无论成人小孩，不管男人女人，都承受着各种方向的压力，而且直接影响着人们的情绪。压力有两面性，积极的一面它是一种动力，推动着社会进步和事业发展；消极的一面是有着巨大的破坏性。对管理者来讲，要适应和应对来自动力方面的挑战，更为要紧的是要控制好消极的一面，化解压力，引导情绪，转换状态，管理好自己，也调整好他人的情绪，这是提升情商的关键所在。这里要说的一是积极对待压力，不回避，不惧怕，要承受，能担当，甚至于还要自我加压。因为适度压力就是一种激励和动力。二是学会倾诉。找信任的朋友、家人或领导，认真彻底的倾诉自己的苦恼和不悦，勇敢暴露自己的脆弱，不能把什么都扛着，别把自己当铁人，尤其是男性。三是培养业余兴趣，分散和转移压力。压力在不同的时间、不同的环境会有不同的感受，要学会张弛有度，劳逸结合。四是学会心理暗示。告诉自己当今社会人人都不轻松，都有压力，别人同样有压力，而且可能还更大，自己扛住了就是一种成长，一种成功，并尽力放大这种成功的感觉，去体味这种快乐，激励自己，肯定自己。

5．持续提高技能

情商的高低，与我们掌握的一些技能关系极大。加强技能训练，就能增强我们的亲和力、影响力、凝聚力和进取力，这是提升情商的有力保证。一是自省能力。“人非圣贤，孰能无过”，就是能客观地找自己的不足，认真地反思自己的失误，勇敢地承担责任。这体现一种坦诚、自信、平等的理念，虽然有错，却显真实，会更加赢得他人的尊重。二是学习能力。学习能让自己始终掌握新知识、新观念、新技能，提高自己的权威性，能够更有效地改进工作，引导他人。三是实践能力。理念也好，创意也罢，不纸上谈兵，应在实践中检验，在实践中提高，在实践中创新，在实践中扩大自己的影响力。四是表达能力。人与人之间交流同样的事情，会因说话的方式、语气、表情、时机等等的不同，甚至回应对方的态度、姿态、时间不同，都会让对方接受的程度有差异，产生的效果和影响也会不同。当然需要掌握的技能也远不止这些，还有妥协的能力、倾听的能力、赏识的能力等等，这些都需要不断磨炼。

情商是一种能力、一种素养，也是一种技巧。情商也是可以培育、提升和强化的。我希望广大干部员工都能修炼这种技能，多点勇气，多点机智，多点宽容，多点磨炼，多点感情投资。这样，我们就能营造出一个宽松舒适的环境，创造一个更好发挥自己才能的空间。企业发展到了一个新的高度上，对管理者的情商要求会更高。这就意味着：大家要有足够的勇气面对复杂多变的形势和困难，要有足够的度量接受甚至是不可理喻的挑战和攻击，要有足够的智慧来分辨好与坏、善与恶的不同。我们应当把情商看成一门综合技能进行长期修炼，把情商的修炼与外部环境相结合，与我们内部管理实际相结合，帮助我们进一步提升管理水平，也进一步改善我们的生活质量。

（本文系作者2010年7月在陕西凌云电器总公司第十一次经营工作会议上的讲话）

势科学理论在管理中的应用

◎ 李德昌

西方伟大思想家亚里士多德预测，大石头比小石头落地快——错了！将“势能”与“势”混淆了。大石头和小石头落地一样快，因为二者的势一样。

中华民族的伟大智者老子说：“道生之、德蓄之、物形之、势成之。”——对了！中华民族的感悟能力最好。势，是万物在相互作用中成长与发展的基本机制，正像物体落地决定于“物理势”，人才成长、组织创新、社会发展决定于“信息势”。

在现实的社会中，人们的困惑往往来自于总是看到许多人的能力没有自己的能力好，但却总是比自己“混得好”，就是因为人们将“能力”与“势”混淆了。社会的客观规律是，个体在社会中成长与发展的快慢，不是与个体的能力正相关，而是与个体具有的势正相关，具体说是与个体占有的“信息量”，即“信息势”正相关。

势科学及其普适性

信息的抽象性使得信息及其相互作用的研究受到了限制。我们之所以应用“势”来研究信息及其相互作用，是因为“势”具有文化的直观性，而且是传统文化的一个核心概念，人们常常使用各种有关“势”的词语来形容某种生活和实践的成功过程。例如，势如破竹，势均力敌，势不可挡，势不两立，势在必行，势所必然，势成骑虎，人多势众，声势浩大，有钱有势，有权有势，因势利导，气势磅礴，气势汹汹，蓄势待发，弱势群体，仗势欺人，大势已去，狗仗人势，虚张声势，审时度势，造势，乘势，任势，用势，走势，趋势，形势，姿势，态势，架势，势必，势头，势力等。

特别是老子给出的“道生之、德蓄之、物形之、势成之”，完美地刻画了组织成长与发展过程的内在逻辑——干什么事都要有个道理再干，即“道生之”；干什么事都要遵守行业规范和职业道德，即“德蓄之”；干什么事都要积累资源和物质才能干，即“物形之”；但即使所有都具备，能否成功还在于“势”，即“势成之”。但什么是“势”，老子没有定义。即使《孙子兵法》中的“势篇”深刻阐述了营造势在军事对垒中的重要作用，但详细阅读全文你也不可能知道究竟什么是“势”。因为，中国文化的传统是感悟，没有定义概念和逻辑分析的习惯，因而无法形成科学的研究路径，无法建立真正具有科学价值的理论和方法。所以，当今人们最为困惑的是，传统文化的博大精深，我们既无法学习，又无法传承，以致科学总是一天比一天好，文化却一代难以胜过一代，不说老子和孔子无人能比，即使“诸子百家”也无人企及。

自然科学中也有许多势的概念，电势、位势、化学势、量子势、规范势等。宇宙暴涨是由真空势推动的，量子势是量子化的根本缘由，化学势和生物势是化学反应和生物成长动力之源，信息势则是人才成长、组织创新和社会发展的根本动力。然而考察以往所有领域有关“势”的意义，也没有一个统一的逻辑定义来概括所有的“势”。综合传统文化与自然科学各种有关势的内涵，发现势的本质意义为系统元素构建的某种“梯度”，由此可以给出势的逻辑定义：势 = 差别 ÷ 距离 = 差别 × 联系。可见，“势”即梯度，即斜率、导数，即比例。所以，老子说“势成之”，毕达哥拉斯说“万物皆比例”。研究“势”的产生与运行机制的科学叫做势科学。

势 = 梯度 = 差别 ÷ 距离 = 差别 × 联系

几乎所有重要的自然科学问题，都可以归结为导数或偏导数构建的势函数问题，本质上就是广义“除”的问题，所有的社会科学问题及管理问题，都可以归结为事与事、人与人以及人与事之间“差别”与“联系”的关系问题，本质上可表达为广义“乘”的问题，而势 = 差别 ÷ 距离 = 导数 = 差别 × 联系，所以，在势科学的视域中，“除”的问题与“乘”的问题是同一个问题可逆的两面，因而有可能通过对势的普适性论证，将自然科学与社会科学真正统一起来。

经济管理势

经济追求相同投入下的产出最大或相同产出下的投入最小，产出最大就是后一时间点与前一时间点间的差别最大，投入最小就是路径最短联系最紧。因而经济发展的动力机制就是在生产过程中不断营造经济生产中的信息势。

与经济信息势相关的是货币信息势，早有俗话表达为“有钱有势”。一个人越有钱与别人的差别就越大，别人还越喜欢与他来往产生更紧密的联系，所以叫有钱有势。当然，钱越多，也可以将越多的差别很大的人联系起来而形成生产力。

管理是“沟通”。沟通的目标是使差别很大的元素紧密地联系起来，组织中成员的个性化差别越大，通过沟通联系的越紧，凝聚力越强，组织势就越大，竞争力就越好，管理就越有效。

管理是激励，激励是使组织成员感受到未来与现在的巨大差别，可以通过自己的努力联系起来，激励的越有效，成员的内在信息势就越大，积极性就越高，工作就越努力，管理就越有效。

所以沟通是对组织求导，使组织关系产生梯度，营造组织发展的动力机制；激励是对个人求导，使个人意识产生梯度，营造个人成长的动力机制；决策则是对路径变分，选择一条最短的路径达到目标。组织和个人的成长过程，就是在不断求导营造信息强势中的积分过程。

势科学对于沟通和激励机制的这种本质上的理论抽象，概括了以往管理学及心理学的种种研究结论，例如，美国心理学家弗隆（Victor H. Vroom）在他的《工作与激励》中提出的期望值理论，实际上表达的就是一种激励信息势。他认为某一活动对某人的激发力量取决于他能得到结果的全部预期价值乘以他认为达成该结果的期望概率。即：M = V · E。

其中，V——效价。指达成目标后对于满足个人需要其价值的大小——即未来目标与现在处境之价值差别。

E——期望值。是根据以往的经验进行的主观判断，一定行为能导致某种结果的概率——即价值差别之间的内在联系，目标结果出现的概率越大，目标价值就越容易实现，价值差别之间的路径就越短、联系就越紧。

M——激发力量。指调动一个人的积极性，激发人的内部潜力的强度。就是我们所说的激励信息势。

由此可见，期望值理论只不过是势科学理论的一种应用。势科学理论在本质上概括和包含着期望值理论。

制度管理是管理学研究的一个重要方面。制度管理本质上就是以线性的格式化方式营造一种组织信息势，制度要求不同的人们遵守同一种规定，就是用同一种格式化的规范将“不同”的人们紧密“联系”起来，在消除信息不对称的基础上，制度的格式化越强，营造的势越大，制度管理就越有效。

文化管理是信息量最大而作用量最小的最经济的管理，是管理追求的理想。文化是人类生活中最具有格式化效应的元素，组织文化可以将个性化“差别”很大的组织元素在价值观和意识形态上紧密的“联系”起来，组织成员的个性化程度越高，组织文化的凝聚力越大，组织文化营造的势就越大，文化管理就越有效。

“团队建设”是现代组织管理学意义上的新名词，一个团队，其组成人员“个性化”程度越高，对称性素质越好，业务上“联系”的越紧密，意识上“凝聚”的越坚固，团队的信息势就越大，战斗力就越强。

“虚拟企业”是将市场空间距离“差别”很大的各种业务，以核心技术为统帅紧密地联系（组合）起来。所以，虚拟企业在企业的发展史上营造了最大的经营信息势——不办工厂就可以出名牌。

“细节管理”是管理领域的热门话题，是因为细节才能将个性化“差别”很大的成员“联系”起来营造组织信息势，不注意细节就会在细节的地方得罪人而使联系断裂失去势，由此而导致管理失效。一个精明的老板，在顾客生日的时刻寄一个小礼物给他（她），是典型的细节管理，其目的就是为了将情感和商机紧密地联系起来，营造组织的管理信息强势。

就法约尔提出的管理五大职能“计划、组织、指挥、协调和控制”来说，每一项职能的实施基础都基于要素之间的差别×联系。计划——需要将未来与现在的巨大“差别”联系起来，将组织现有的各种“差别”巨大的资源联系起来；组织和指挥——其首要任务就是将“差别”巨大的个性化成员紧密联系起来；而且领导人的综合信息（货币越多、权力越大、知识越丰富、情感越体贴、艺术审美能力越好、虚拟抽象能力越强）势越大，组织和指挥的效率就越高；协调——更是直白的差别×联系，联系的越紧协调的就越好；控制——只有将“差别”巨大的各种问题和要素及人员紧密的联系起来才能进行有效的控制。由此可见，五大管理职能的实施过程，就是在“差别”中寻求联系的过程，就是组织管理中营造信息势的过程。

2007 年诺贝尔经济学奖获得者马斯金所阐述的一个管理学者们耳熟能详的所谓“分蛋糕”问题，也是在管理中常常遇到的、对于管理者往往具有挑战意义的问题，实际上是一个典型的营造最大信息势的管理机制：甲乙两人合买了一块蛋糕分着吃，如何分才能使两人都满意，是管理学的一个难题。一种方案是请一个道德最好的人来分，能够主持公道。但道德好的人要是技术不好把蛋糕切歪了怎么办？所以，另一种方案是请一个技术最好的人来分，但技术最好的人要是不能主持公道切歪了怎么办？看来似乎最好的方案就是请一个既道德好又技术好的人来分就能解决问题，且不说如此完美的人很难找，即使找到了这样的人，但实际的问题是人们往往“这山看见那山高”，即使你切的再公道，他总觉得对方拿走的那块更大又怎么办？或者两个人就会贿赂第三者以求多分一点。

所以，机制设计理论教你不要第三者来分，“让甲乙两个人中的一个来切，另一个先拿”，这就是博弈论计算出的最好的分配机制，这种分配之所以成功的根本原因就在于营造了一个最大的管理信息势：甲乙两人分一块蛋糕，是对立的，即差别最大。切蛋糕的一方——先行动者——行动的时候（切蛋糕的时候）总是想着后行动者（先拿蛋糕的人）的行动：“万一自己切不均对方就可能把大的拿走了”，由此产生了最紧密的联系——先行动者总是想着后行动者的行动。可见，机制设计理论实际上设计的管理方案营造了一个差别最大联系最紧的管理信息势，从而完美地解决了这个管理学难题。但是，如果我们有了势科学理论，这样的分配方案就是显而易见的（差别×联系），用不着博弈论的深长计算。

（本文系作者2013年在西安MBA学会方圆管理论坛上的演讲，刊发于学会会刊《方圆管理》2013年12月总第10期）

陕西中小企业的升级之道

◎ 周战锋

笔者这几年从事市场营销咨询和管理培训工作，工作中接触的陕西本土中小企业不在少数，很多公司潜质非常好，产品也不错，市场知名度比较高。但在激烈的市场竞争中，企业发展仿佛遇到了瓶颈，很长时间在同一个高度徘徊，每年的增长有限，销量和利润变化不大。然而谁能一跃而过，可能就会站在更高的平台上发展，但这一跃如何成功，企业家必须下大功夫而为之，方可鲤鱼跳龙门。

陕西的中小企业大多从事的是竞争性和传统行业，不少企业在 10 多年的竞争中屹立不倒，凭借的是企业家本人的勤奋、努力和勤俭。但企业要做强做大，要从陕西走向全国的市场，从陕西的著名品牌走向中国驰名的企业，光有勤奋、努力、勤俭是不够的，企业在升级换代之时，更需要专业化工具和经营现代企业的理念。这好比我们到一个地方，骑自行车可以到，但激烈的市场需要我们开汽车。企业家不仅需要驾驶的技术，同时还要懂得开车过程中的交通规则。在驾驭企业的发展过程中，有很多企业家已做了很多有益尝试，值得将几个关键的要点和大家分享。

擅用专业工具

陕西德富祥食品有限公司是一家清真食品企业，主要产品是德富祥油茶。产品畅销陕西、山西、河南、甘肃、宁夏、新疆、内蒙古等省区，深受各地消费者喜爱。公司目前内部组织机构清晰，采购、生产、财务、物流、营销等各司其职，各尽其责，整个公司已成为规范化的现代企业。每年营销额高速攀升，先后获得“陕西著名商标”“中国清真食品优秀品牌”，已成为中国油茶的第一品牌。但10年来，公司创业者何斌也经历了许多食品企业一口大锅、百十平方的家庭作坊的生产操作、简单化的市场运作、粗放式的内部管理。

当企业运作到一定阶段，需要吸引人才、扩大规模、强化管理、单纯依靠个人是不够的，需要团队运作企业。好的团队需要好的体制和激励政策，这样才能留得住人。将创业者个人的魅力放大到公司运营当中、放大成为品牌的力量。企业在经历瓶颈时，何斌在合资企业的工作经历帮助了他。他千方百计和管理及营销方面的专业人才交流，能引进的引进，能出谋的出谋，只要能提供帮助的，他都虚心接受，不在乎对方是不是公司的一分子，只在乎能否给公司带来新的变化。

德富祥公司和营销与管理方面的专家合作，对公司进行咨询和诊断，一个个流程寻找公司在运作过程中的问题，规范流程，将员工日常的行为逐一规范，从总经理到员工都有自己的工作流程、岗位标准，并对各个岗位建立了关键指标考核，每个月度、季度、年度的考核来自这些关键指标，而不是对人的判断上。这些指标确立以后，每个岗位的员工和管理者围绕关键指标做好自己的工作，而不是讨论人与人之间的关系问题，把日常负责的管理变得简单化，通过一系列的规范，德富祥在内部管理上实现了传统食品企业向现代化企业的转变。

对于市场的管理，德富祥抓的更准，因为市场本身对于竞争激烈的食品行业尤为关键，作为从西安穆斯林坊上走出的食品企业，能将“油茶”这样一个小众产品大众化，同时能够自主研发生产线，实现工业化生产，并成为陕西油茶生产标准的制定者，实属不易。同时德富祥将市场细化，从省内到省外、从城市到乡镇、从地区到县城、从零售到批发、从小店到大型超市。德富祥的营销管理做到让消费者买得到且非常实惠。

通过和专业公司合作，同时引进部分掌握专业工具的经理人，用专业工具管理企业，德富祥在成长的过程中已突破瓶颈；新的产品已在孕育之中、生产线已在调试之中、占地数十亩的厂房已在规划当中，更大的市场和舞台正在等待着这个有准备的未来之星。

与大象共舞

企业要想发展，犹如一个人要进步一样，当你和能力最强的人在一起，你进步的速度最快。陕西秦宝牧业股份有限公司，作为中国牛肉行业的前三强，始终将与大象共舞作为自己发展企业的路径之一。

秦宝牧业虽然地处陕西，但在养殖方面，公司将自己的起跑线放在世界养牛技术领先的国家——日本。董事长史文利多次到日本考察，同时引进从日本回国的养殖研修生，将中国五大黄牛之尊的秦川牛和国外牛杂交，培育出新一代肉牛良种秦宝雪花牛，秦宝雪花牛一上市就在国内同行业中引起轰动，秦宝雪花牛在口味、营养上与日本的牛相差无几，甚至更胜一筹。产品短短几年畅销北京、上海、广州、深圳、成都等国内一线城市的星级酒店和高端餐饮场所，并走出国门，产品供不应求。秦宝雪花牛的培养成功跨越了其他企业几十年都没有实现的目标。

为了产品让更多的消费者认识和品尝到，秦宝公司将自己的营销战略定位在全国市场和重点城市，而不是省内、省外、西北、全国这样去开发。董事长史文利知道要有一流的客户。秦宝公司将沃尔玛、麦德龙等几家世界500强的连锁企业作为自己全国市场的服务对象。董事长史文利认为只有同管理最现代化的企业打交道，才能最快推动企业的内部管理和市场营销的发展速度，让秦宝公司的整个运营体系以世界500强对供货商的高要求来管理自己的企业。

秦宝是这样想的也是这样做的：董事长和营销总监亲自到上海、深圳和两大企业的采购部门对接，多次反复、多次谈判、多次磨合，秦宝公司终于获得两家国际零售巨头的全国性订单，现在麦德龙在中国的50多家门店、沃尔玛150多家门店都能够看到、买到秦宝公司的产品，产品畅销各大主要城市，常常供不应求，客户如雪片般飞来，厂内车间24小时加班加点生产。今年9月沃尔玛中国投资公司将秦宝公司作为自己牛肉农超对接的基地，也是陕西唯一的基地。实现了从生产到销售的全程连接，为公司高速发展加装了助推器。

在和500强企业打交道过程中，最重要的是将自己的内部流程及管理能力和对方匹配，否则合作难度极大。秦宝在内部调整组织结构：牛源、生产、采购、物流、营销、品牌等各个部门相互协助，理顺关系，将生产、物流、营销等和客户直接对接，生产的样品先取得客户认可，再组织生产，确保产品能够直接对接客户、满足消费者，因为产品的最终使用者是消费者，零售商是最了解消费者的，当市场的信息传递给生产部门后，生产部门按照这个理念生产的产品自然备受欢迎，零售商也非常满意。最为关键的是这些产品是得到世界500强客户认可的，当世界管理最好的零售商认可你的产品，当北京、上海、广州、深圳等城市消费者对你的产品一致好评，其他城市的消费者接受度自然很高。

秦宝公司和麦德龙合作的过程中，产品得到农产品体系认证，沃尔玛和麦德龙的品质部门多次到公司检查验收、从屠宰、分割到加工、物流等上百个作业环节一一调查、论证。给出了几十个改进的建议和意见。通过这些严格的检验后，秦宝公司从生产管理上不断规范，获得了国际客户的通行证。

秦宝公司从公司加农户养殖模式到产品深加工、到关键渠道分销，已形成畜牧行业的“秦宝模式”。各地取经学习者络绎不绝。这一系列成绩来自与大象共舞，通过与国际同行、客户合作提高企业的管理能力，更多的是对自己施加压力，从内部产生改变的驱动力推动企业发展。

观念的改变

企业家的市场格局决定了企业的发展，当你掌控一个县，如销量是100 万，掌控一个市就是1000 万，掌控一个省就是1 个亿、目标放在全国可能做到10 个亿以上。但在陕西中小企业中，当做好陕西这个市场后，走出去的产品和企业还是太少了，尤其是消费品驰名全国的品牌、企业比我们相邻的河南少了许多，多数的企业无非从宝鸡到渭南、从陕南到陕北这个市场圈子打转转。但从这个圈子跳出去的企业获得的是更大的天地。陕西步长制药几十亿的发展规模就是全国市场的最好阐释。所以，陕西的中小企业家更多需要的是把眼光放到全国市场，而不只是陕西，是给全国人民生产产品而不是只给陕西人做产品，当有了这个格局观后，企业就会仔细研究全国的消费需求，而不仅仅局限在陕西的消费习惯，从全国消费者的习惯中去挖掘合适的产品、合适的市场。如果企业的产品能够适应五六个省的消费者，走向全国版图的步伐就不远了。

在企业内部能否与员工分享又决定了企业发展过程中的稳定与否，中小企业往往由于薪酬等方面的原因，或者地处二线城市，不能给员工尤其是高级管理人员、骨干员工提供非常满意的待遇和生活条件；或者企业家忙于生意，企业内部营造的文化不够，就会造成经理人的方向迷失，跳槽频繁。既使企业不能给员工好的现在，也一定要给团队成员好的未来，让团队成员觉得和这样的老板共事有前景，分享的办法可以通过岗位股权的方式表现出来。当管理者在岗的时候，则不能参与利益的分配，这样管理者的关注点不再是单纯的薪水，而是企业的发展，因为管理层比较清楚企业的运营状况，好的老板一定是好的分享者，将核心人员变成合伙人而不是单纯的打工者，这样比较能激发骨干对企业的事情真正负责任，而不是有惊无险、到点下班。

除了市场观和分享观以外，还有许多观念需要改变，这些都是对企业老板能否过渡到企业家的挑战。观念不改变，企业一定是徘徊不前，小富即安。

和专业机构合作

陕西是中国最出专家的地方之一，拥有非常丰富的教育资源，但如何将这些资源物尽其用，将专家的思想落实到中小企业的实践中，至为关键。外资企业进入中国已有二十多年历史了，外资企业为中国培养了大量优秀的、专业的职业经理人，这些职业经理人经历了外资企业在中国起步、发展到壮大的全过程，这些经历是当下很多年轻职业经理人所不具备的，这些职业经理人可能不会属于你这个企业，但他一定能够给你提供专业的服务，这些职业经理人的技能不是短期能够培养的，而是在外资企业历练出来的。用蒙牛总裁牛根生的话说，这些人是带着工具的。而这些职业经理人的专业能力为中小企业提供了借用工具和方法的基础。

有专家的理念、有优秀职业经理人的专业技术，加上我们企业家自身的努力，通过外脑、借用方法培养自己的专业团队，而不是单凭引进所谓的空降兵来改变自己的企业，这样既给企业内部的员工提供了很好的上升通道，忠诚度和稳定性更高；又从管理能力上提高了企业的管理水平；长此以往，企业基础何愁不牢、企业发展何愁无望。

无论是使用专业工具、还是与大象共舞、更新观念，或是借用外脑等，都是企业发展提升方法的小技巧，希望能给陕西本土企业家借鉴。

以上所谈仅是个人浅见，愿和行业人士商榷。

（本文系作者2010年在西安MBA学会方圆管理论坛上的演讲，刊发于学会会刊《方圆管理》2011年12月总第6期）

如何打造卓越领导力

◎ 张大男

松下幸之助说过："我只要走进一家公司 7 秒钟，就能感受到这家公司这个月的业绩如何。"这位日本经营之神用来测量一个公司成就的工具，既不是财务报表上的数字，也非挂在墙上的曲线图，而是他在瞬间捕捉到的一种气氛、一种感受、一种感染人心的力量，它是公司的精神文化。

现代企业的竞争，不仅是资本、技术、人才的竞争，更是文化素质和文化实力的竞争。20 世纪 80 年代席卷世界的"企业文化"概念观被认为是继人员、物资、资金和信息之后的第五大经营资源。而"竞争金字塔"正成为业内人士的共识：市场份额和定位的竞争、效率的竞争，其核心还是文化的竞争。而企业文化依赖于企业领导者，今天就谈谈如何提升卓越的领导力。

孔兹认为：领导是一门促使其不断充满信心、满怀热情来完成他们任务的艺术。泰瑞认为：领导是影响人们自动为达成群体目标而努力的一种行为。罗伯特则认为：领导是在某种条件下，经由意见交流的过程所施行的一种为了达成某种目标的影响力。其实领导的本质是一种影响力，即领导者通过其影响力来影响追随者的行为以达到组织目标。影响力是一种追随、是一种自觉、是一种认同、是非制度化的。对上是管理者，对下是领导者。领导者有指挥、协调、激励的作用。成与败在一念之间，风险或机会在一线之差，其中最关键的是如何找到这一线，归根到底是领导者、管理者！

但凡领导者、管理者，一定是自制能力强并且能管理和领导他人之人。谈如何提升卓越的领导力，不妨先谈谈自我管理。自我管理要从认识自己、学会自我管理、目标和追求三个方面谈起。

首先学会自我认识。管理者是多种角色的扮演者，不时的充当联络人、传播者、名誉领袖、领导人、侦探、危机管理者、资源分配者、谈判者、发言人、企业家等多种身份。工作对他而言是产生价值的一种活动，是发动机、目标驱动、主动体现价值，不是对领导负责而是对自己负责的一种行为。经营管理不仅仅是一门科学，更是一门艺术。一位出色的管理者，能利用极其微小的代价，换来极其丰厚的管理效果。

其次学会自我管理。一是企业管理者要具有较高的素质：其中包括专业知识、积极态度、良好习惯、纯熟技能、核心、强烈动机。不但要有专业、仪表、表现力、兴趣、阅读、外文、经营、健康、资讯等方面的基本素质，而且要有良好的心理素质、敏锐的战略眼光、卓越的决策能力、无穷的个人魅力、卓越的执行能力，这是企业管理者的五项成功要素。二是养成良好的习惯。最难的事不是接受新思想而是忘掉旧观念，问题永远不在如何使头脑里产生崭新的、创造性的思想，而在于如何从头脑里淘汰旧的东西。习惯很难改变，为什么不在一开始就花点心思养成良好习惯呢？管理者、领导者要认清自己的职责所在，事必躬亲恐怕要变成“白＋黑”和“5＋2”的状态（白天黑夜的忙活，五天工作日外加两个休息天的忙碌）。对于工作而言，不但没有任何效率反而把自己搞得很狼狈。

三是目标和追求。一流的干部，凡事不必向上司交代；二流的干部，做一天和尚撞一天钟；三流的干部，工作经常找不着“北”。连美国潜能大师伯恩·崔西都说，成功就等于目标，其他的一切都是这句话的注解。可见目标的意义十分重大。

领导力是有层次的，需要不断突破、不断提升。在管理学界，有这样的话：高层的管理者，一定要学道家，以无为而治理；中层的管理者，一定要学儒家，以仁义来管理；基层的管理者，一定要学法家，以制度来管理。下知有之——文化领导；亲而誉之——亲情领导；畏之——强权管理；侮之——离心离德。要做明智的管理者，就做百年老店树企业文化。管理者、领导人应该追求的是，公司上下齐心协力以企业的融入价值作为自身的荣辱价值。我们知道：可以买到一个人的时间，可以雇一个人到固定的工作岗位，可以买到按时或按日计算的技术操作，但买不到热情，买不到创造性，买不到全身心的投入，所以我们不得不去争取这些。

管理者、领导人认识了自我，现在我们谈谈如何提升卓越领导力。管理者的领导能力有：统帅力、意志力、应变能力、疏通协调、语言表达能力、专业技术能力和创新开拓能力。不同管理工作者的技能层次不同：高层管理者要有洞察能力、决策判断能力、创造能力、统筹能力、领导能力；中层管理者要有判断能力、领导能力、协调能力、沟通能力、专业能力；底层管理者要有专业能力、计划能力、执行能力、运作能力。领导者的 KAS 能力模式是：拥有充足的专业知识，如商业知识、政府法规、产品行业知识、科技知识、管理知识等；拥有敬业的态度，如积极热情的工作态度、负责守法、保守业务机密、不从事与公司利益相违背的工作，能与他人合作，愿意栽培部属等；拥有纯熟的工作技能，包含思维能力、组织能力、绩效管理能力以及专业风采四个方面。思维上拟定计划、做出决策、解决问题；组织上团队建设、领导能力、培育部属；绩效管理上制订标准、成果管控、绩效考核；专业上主持会议、沟通表达、个人管理。

领导不单是一门科学，更是一门艺术。领导艺术是为达到某一领导目标，在一定只是和实践基础上，在一领导过程中表现出的一种非模式化，富有创造性的才能与技巧。其实质是面对事物的复杂性和可变性，从实际出发，具体情况具体分析，富有创造性的实施领导方法。

第一，用人和用权艺术。领导者用人的艺术主要有：合理选择，知人善任；扬长避短、宽容待人；合理使用，积极培养；用人要正、激励人才。用权艺术有：规范化用权、实效化用权、体制外用权。授权艺术包括合理选择授权方式、授权留责、明确责权、适度授权、监督控制、逐级授权。风筝飞得再高，线还是要抓在手里，领导者就是放风筝的人。

第二，培养人际关系，架设通往成功之桥。形成有效的 360 度工作关系，展现值得信赖的领导风格，进行全方位的有效沟通，培养团队合作精神。现代社会分工越来越细，每个人的精力有限，即使是卓越的领导者，也不可能穷尽一切事物，发挥整体作用，实现优势互补就显得非常重要。

第三，领导主持会议的方法与艺术。会议是沟通、协调、解决问题最有效的办法之一，也是使用频率最高的手段，从政府机关到社团组织，乃至各种经济组织，无处不开会。但也要注意文山会海造成的危害。所以作为会议的主持者或组织者，一定要有端正的会风，主持会议的要领，要计算会议成本。

第四，提升管理者的领导能力。过去我们常讲的一句话是“斗争长才干，实践出真知”。对于提升管理者的领导能力也是一样，在管理中学习管理。

第五，提升领导者的形象。良好的内在素质，高尚的道德规范，体现领导个性的服饰等都是领导者的良好形象。

第六，掌握先进文化。精通中西文化，把握民族文化，领悟先进文化。因为现代企业竞争的核心是企业文化。

美国企业平均寿命为 40 年，日本企业平均寿命为 13 年，而中国企业的平均寿命只有 5 年。其重要的原因在于文化的差异，企业文化是企业核心专长于技能的源泉，是企业可持续发展的基本驱动，这也是为什么优秀公司都重视企业文化的原因。

文化管理是现代企业管理的最高境界。

$E=M\cdot C^2$，即：能量=质量×光速的平方，这是物理学中的一个公式。用在企业也很恰当，即：

企业=市场×文化的平方。

企业要追求长久，必须有长久的动力。只有企业文化体系才是持续长久的，天不变，道亦不变。企业文化对企业长期经营业绩有重大作用，体现在导向作用、凝聚作用、规范作用、激励作用和社会影响这五个方面。提升卓越的领导力实质是提升企业文化的重要方面，卓越的领导者才能领导企业扬帆起航。

（本文系作者2010年在西安MBA学会方圆管理论坛上的演讲，刊发于学会会刊《方圆管理》2011年12月总第6期）

国学与幸福人生

◎ 郭建雄

国学使人健康长寿，使企业基业长青，使国家繁荣昌盛。国学，顾名思义，中国之学，中华之学，一国所固有之学术也。一般来说是指以儒学为主体的中华传统文化与学术。当然国学也十分宽泛，囊括百家之术，如儒、释、道、兵、法、墨等百家之说统统收于国学囊中。如此，则五术六艺诸子百家之说，都能统称为“国学”，其中除了佛教是外来宗教，基本全是诞生于中华本土，所以，国学又称为“中国学”“汉学”。

国学使人健康长寿

这几年我深深体会到了这一点。我的父母亲按照现在的标准都不算高寿。我的身体也很差，所以我一直在思考，人活着是为了什么？特别是在当代价值取向多元化的社会背景下，传统的道德观受到了严峻的挑战，很多人面临着严重的心灵困惑却又不知如何去应对，而国学文化是解除我们内心焦虑、重塑美好人生的最佳选择。

子曰：“吾十有五而志于学，三十而立，四十而不惑，五十而知天命，六十而耳顺，七十而从心所欲，不逾矩。”每有困惑我就问问老祖宗，读一读老祖宗留下来的学问。现在物欲横流的社会，人的眼睛是黑的，心是红的，当眼睛红了，心就黑了。

人生的目的是追求幸福和快乐，而如何去寻找快乐、发现快乐、创造快乐，在博大的国学文化中都可以找到答案。药补不如食补、食补不如水补、水补不如心补，在追求幸福人生的过程中，重要的是我们寻求内心的充实与安宁，让“敬天爱人”不仅仅成为一种生活理念，更成为我们的一种生活习惯。学会关心自然、关爱他人、关注社会，在“儒、释、道”的传统文化中汲取智慧，从而真正达到个人与自然、个人与社会以及个人自我内在的融洽与和谐。

生活、生存和生死是我们每个人都必须面临的问题。其实生活的层次有三：物质、精神和道德。中华人民共和国成立三十年中国人精神食粮丰富而物质食粮匮乏；现在我们是物质食粮丰富却没有精神食粮；今后三十年将走向精神和物质的平衡。今天人们虽然得到了物质的满足但仍然全民焦虑，归根结底是因为我们精神匮乏。快乐是健康的基础，幸福是事业的基础。健康的人由身、心、性组成。身体是健康的载体是基础，心性和谐才健康。现在有人见我说我“你都 50 啦”，我说我才 50 岁，现在的我是 50 岁的年龄，30 岁的身体，20 岁的心态，因为心态变了。正是因为养心、养神、养体，我比前几年健康多了。

国学使企业基业长青

开心快乐是身体健康的良药，家庭和睦的基石，事业发展的根本。1998 年，我找了四个伙伴，筹了 2 万块钱，成立西安富士达科技股份有限公司，专业生产射频同轴连接器、电缆组件和高性能射频电缆。经过十多年的艰苦创业，富士达公司从无到有，由小到大，在强手如林的电连接器行业异军突起，迅速发展成为行业骨干企业，连续几年综合运营指标居国内行业首位，取得了可喜的经济社会效益，成为陕西省、西安市的明星企业。2000 年富士达取得第一项国际标准，2009 年国务院总理温家宝亲自到公司视察。

著名的管理学家约翰·科特曾说，企业持续发展最重要的要素是文化，经营业绩不过是文化的一种表现。技术可以让一家公司领先，但是文化却可以让一家企业独特。2001 年我制定了《富士达企业文化诠释》，总体意思是：纯朴健康，积极向上。

我以对待家人的态度对待员工。公司成立 11 年来，富士达未裁过一个员工。2008 年年底，几乎所有制造类企业都在为了保利润而大幅裁员、降低薪酬，富士达的政策是：不减薪、不裁员、不拖欠工资。春节前，富士达的员工不仅领到了双薪，而且还领到了一对“颈椎枕”，这是我让员工送给老人的礼物。富士达长达 11 年的持续高增长与“快乐家庭文化”所形成的凝聚力，有着一定的呼应关系。

富士达为传达国学文化，正在做着三件事：第一，成立国学沙龙，深入研究“儒、道、佛”；第二，修建“静心堂”，每个员工只要心中不快，都可以去这里喝喝茶、静静心；第三，成立富士达慈善基金，开始系统地做慈善事业。“静（净）心堂”，梵香袅袅，经乐悠扬，在黄绣墩上盘坐，与一些儒商品茗论道，使人心清气爽，远离尘嚣，神情肃穆，滚滚红尘的烦嚣被滤得澄明净澈，心灵也变得崇高庄严起来。

我崇尚“儒、道、佛”传统文化，也非常喜欢尝试现代管理制度。在富士达越来越向规模化、现代化靠近的时候，没有抛弃固有的特点：技术和文化。技术上，富士达正向高性能电缆突破，主要用于军工系统，过去在这个产品上主要依赖美国进口，我们的目标是打破美国的技术垄断。在未来几年时间向世界该行业前 5 名发起冲击，使富士达成为一个国际知名品牌，把富士达公司建成应用国学智慧（佛、道、儒的思想）管理现代企业的典范。

国学使国家繁荣昌盛

当今世界需要仁爱、和谐，需要构建一个与浩然的宇宙、天地相生相谐，清新健康，生机盎然的世界。

中共中央在十七届六中全会上也强调弘扬传统文化，弘扬传统文化对于唤起文化自觉，恢复文化自信，实现文化认同，增强民族凝聚力，具有重要的意义；对提高国人的道德水准，提高个人的文化素养，提高国民的精神生活水平，对建设和谐社会具有重要的意义；对于治国理政具有重要的借鉴意义；对于提升中国的国际影响具有重要意义；对促进马克思主义中国化，形成中国特色的马克思主义，完善中国特色的社会主义理论体系具有重要意义。

孔子强调爱，讲仁义、孝道、孝悌等，儒、道由主脉《周易》派生，在此基础上东汉佛学得以在中国生存，儒、道、佛成为传统文化的三根支柱。国学博大精深，一个字概括为“爱”，两个字概括为“和谐”。道讲人对自然应该敬畏，是人与自然的关系；儒讲规避人祸，是人与人和谐的问题；佛可以用静或净概括，是讲人自身和谐的问题。了解国学并学以致用，受用无穷。

国学智慧有代表性，也有个性，其实都是解决和谐问题的。和谐乃宇宙万物存续的根本。几千年过去了，国学依然绽放着灿烂无比的光芒。环顾我国周边的日本、韩国、新加坡，之所以能在近代迅速崛起，靠的就是我们的国学智慧。国学可以使人健康长寿，使企业基业长青，也可以使国家繁荣昌盛。这真是睿智之见。

健康其实很简单，快乐一点也不难，幸福不是某些人的专属权。

（本文系作者2012年3月18日在西安MBA学会走进富士达“体悟国学、享受管理”主题论坛上的演讲，刊发于学会会刊《方圆管理》2012年6月总第7期）

第三辑

感悟与实践

难管的“国人”

◎ 蔡苏昌

我是一个对管理偏爱、自信，有时还有一点自负的人。在企业的时候，将管理当做一种享受，并不认为管人有多么难，关键在于管理者的心态。

2006 年 8 月，有机会去美国进修半年。去的时候，选择的是美国的中小企业管理，待了一段时间后，对我刺激很大。因为之前也去过美国，对美国的现代化虽然佩服，但是并不羡慕，总觉得我们还有赶上的机会。这一次待的时间比较长，我就想，伟大的文化哺育了伟大的民族，但今天中国人、中国社会为什么会是这样。在国外不讲诚信，竟然是中国人的代名词。人与社会、人与人之间的和谐，在我们这里如此之难。穷吃、浪费与可怜的自然资源占有量相比，反差竟然如此之大，子孙后代将来咋办？我的世界观、价值观，在心中剧烈的冲撞着。于是，就去看宗教、哲学方面的书，想从中寻找答案。

一、中国人难管的原因在于根文化上的瑕疵

中国人不容易管，因为都喜欢自主，一旦心不甘、情不愿，充满了被动的感觉就很难商量，更谈不上合作。根据能量守恒定律，世界上不存在永动机。在组织管理中，同样也不存在没有管理就自动运行的团队。而管理的核心就是管人，在中国做企业，就要学会管很难管的中国人，就要找到中国企业教员工做人难的原因。

台湾著名学者柏杨先生 1984 年 9 月 24 日在美国爱荷华大学发表演说，题目是《丑陋的中国人》，此后备受非议。日本人也有一本叫《丑陋的日本人》的书，作者是日本驻阿根廷大使，出书之后被日本政府撤职而下岗。美国也有人写了一本书叫《丑陋的美国人》，而美国政府却把这本书翻印后，发给大家去对照改正。亚洲人处理自己的瑕疵和西方人处理自己的瑕疵，竟然如此不同。人家是不怕亮丑，勇于改错。我们是家丑不能外扬，讳疾忌医。柏杨先生提到的中国文化是一种酱缸文化，还有内耗和窝里斗。在当今的企业、政府中表现得淋漓尽致。

中国人的劣根性，首先表现在脏乱差、随地吐痰、乱扔东西、马路上撒尿等诸多方面。又朋友讲，在国外有国人住的地方，外国人一般会搬走。是不是这样，我没有考证。到留学生公寓去看，如果事先不打招呼，里面会很杂乱。而且很少有人会去维护公共财物，别人的东西不心疼，这就是缺公德。还有就是说话声大、旁若无人，更多地往往是浅薄和卖弄。开会时上面开大会，下面就开小会，你要不断的维持秩序。接手机时旁若无人，看不到对别人的尊重，对环境的尊重。

还有窝里斗，几乎无处不在。做生意你卖 30 元，他卖 20 元，第三个人就卖 15 元，互相挤兑，我不挣钱也不让你挣钱。在企业里帮派体系林立，往往是关系至上，而没有是非标准。外国人说，你知道中国人为什么不团结吗？这是上帝的意思。因为中国人太多了，团结起来谁受得了？中国人窝里斗的历史很长，由于东亚地理的半封闭结构，中华文明是独立发生，独自形成的，属于精耕细作型。只关注自己的福祉，强化家族利益，重视安定和延续，厌恶动荡和迁徙，因而过分关注人际关系，淡化物质文明和科学技术。儒家人文主义的入世观，也就根值于此。因而使中华文明在后世走向岔道，把人与人斗，关注别人的弱点，作为基本思维。中国历史剧和大多数文学作品，都是描写争斗的。这样的结果是什么呢？大部分人活得不轻松也不单纯。俗话讲百般使命，只要人际关系复杂就什么也做不成。反之山高路远，只要人际关系单纯，怎么样也走得通。这就向中国的企业管理者提出一个问题，如何让人与人之间的关系变得简单？如何把人引向单纯？简单靠制度规范，单纯靠文化和价值观的调整。

企业普遍存在制度化误区。第一个误区是中国人就要管住。越是不听招呼越要管，心要黑、手要狠，无情似有情。我碰到过很多这样的人，他认为中国人就要管住。实际上是没有搞明白，中国人的最大特点是灵活，如果你太严格了，他就会钻空子。上有政策下有对策，他会软对抗，让你没有办法。就是发现了他的毛病，有时也奈何不得。举个典型的例子：我们旁边有个企业，老板对企业管理得非常严格，一直是我学习的对象。他强调语言和形象制度化生存，非常能干。他们企业的球场、社区、宾馆，管理都非常好。有一次我同他们单位的人聊天，我说你们管理得好，他说都是骗人的，是在做表面文章。我还不太相信，以为此人对领导有成见。直到有一次在他们宾馆开会，第二天一起吃饭时，这个人竟带着全家人，饭后还吩咐服务员多开点票。我当时非常吃惊，就说这样能报吗？他说明天要开个会，加进去就好了，这样的人我不会用。但也暴露出他们管理的漏洞是多么的大。五年后，这家企业在技术上没突破，员工很听话，循规蹈矩，但创新能力差。这说明如果老板太显能，领了一群绵羊，上不了战场。如果老板太严酷，不让别人说话，自由度太小，别人就钻空子骗你。我们国人往往就是这样，不管你怎么做，他都有应对你的办法。

心特软的好人老板，不是被欺就是被骗。他的特点是总把人往好处想，处处善待人。这当然是好的，但是要有个度。制度的弹性太大，总搞下不为例，弄得制度形同虚设。国人对善心有好报，大多数人会认同。但是人有劣根性的一面，好也要适度，要有区分，现实社会中君子少，小人也少。一般人在此环境下，如果太宽松了，小人的心思就上升了，君子也培养成小人了。为什么在中国百年老店是个别的？为什么在中国管理很好的企业并不普遍？为什么在中国管理好的企业一定有领袖级的人物存在？一定是管理中始终能把握宽与严的度。面对一个诚信缺失的群体，仅仅依靠企业把握宽严的度，是无法内外一致的。我之所以讲内方外圆，就是为了适应现实的环境。

电影《阿甘正传》里有段对白，说的是中国人缺什么？故事情节是这样的，“文革”后期的中国，阿甘越战回来了，有人问他去过中国吗？阿甘说：“是。”“听说那里很穷，几个人穿一条裤子？他们不相信上帝？”阿甘说：“是。”“天呐，他们为什么活着呢？不追求物质，没有信仰。”今天物质虽然丰富了，但人们的心态更浮躁，甚至变得更加贪得无厌，这才出现了“经济盛世、文化乱世”的现象。

有一个国人跟哲学家对话：“你是哲学教授？”“是的。”“麻烦问你一个问题，听说到了共产主义是按需分配，那么如果我要 10 个老婆，能给吗？”哲学家没有办法回答。过了一会儿说：“各尽所能，10 老婆能应付得来吗？没有家庭要老婆干嘛？”这就是中国人的贪心。现实的情况是社会财富总量的增加，并没有带来社会快乐同步的增加，穷人和富人都不快乐。原因是支撑社会物质与精神两个轮子的平衡出了问题，如果从源头上进行分析，则在于根文化的瑕疵。

那么，西方是如何解决这一问题的呢？

二、西方企业是如何教员工负责任地做事

在美国期间，通过对中小企业的考察，从制度规范上看，大多数是可以的。从产品的外观去看，市场分布、客户管理、客户评价普遍都是很好的。但从员工的精神状态上看，似乎很随意、很自由，劳动纪律也不是很严格，我对美国的中小企业管理普遍打分不高。但对员工与老板之间的融洽关系印象深刻，敬业精神尤为赞叹。

有一天，我们去美国一个中小企业，那个企业 100 多人，有两条生产线。生产的产品也不复杂，企业已有 50 多年的历史。我们进去一看，现场比较杂乱，工作台上差一点就能养鱼、养鸟。工作的时候，有的戴

着耳机摇头晃脑，一边听歌一边工作。在我们看来是不可理解的，但是产品质量很好，几十年来收入一直保持在二三千万的水平，觉得已经很好了。就没有我们那种浮躁，今年一千万，明年三千万，后年就是五千万，大后年恨不得把世界统治了。

他们信奉工作永远是快乐生活的一部分，而不是生活的全部。两条生产线只有两个检验员，一个过程检验，一个产品检验。当时我就问那个检验员，假如你的员工不认真，你们只有两个人，漏检了怎么办？他一听脸色都变了，觉得你咋能问这个问题。停了一下回答我说：“他们是为上帝在干活，怎么能不认真呢?”明明是在为老板干活，怎么说成是为上帝呢？带着这个问题我又去问老板，“你只有两个检验，假如检验那天情绪不好，漏检了产品，你怎么来保证你的产品出厂是合格的呢?”非常惊奇的是，老板对我这种提问也是不悦的，回答跟那个检验员是一样的。“这是为上帝干活，怎么能不认真?”我就觉得他们不管是老板，还是员工，都认为是为上帝干活。

所以，我就和指导老师商量，我不想再研究美国的中小企业管理了。反正也研究不出一个名堂，能不能去跟着社会学教授去学点东西。他就问我愿意不愿意到宗教场所去看看？我说好啊。于是，每个礼拜五晚上，就去参加教会的礼拜，去看人家讲什么。听到看到的都是念念圣经，讲讲怎么帮助别人。到礼拜天去唱诗，也是讲怎么奉献、怎么帮助人。试想一下，在这个环境里头，一个人生下来，都是让你想着怎么帮助别人，怎么与人为善，而且周围都是这样的人，你想坏也坏不到哪儿去啊。

在美国道德就是基督教的理念，就像当年我们学“老三篇”一样。美国 95% 的人信仰上帝，86% 的人是基督徒。每年出席宗教活动的人是 52 亿人次，而看三大球，即棒球、篮球、橄榄球的只有 3.28 亿人次。美国人每年对教会的奉献是 600 亿美元，而三大球的联赛收入的总和也没有那么多。我们对美国人的印象是充满暴力、性紊乱、酒池肉林、毒品泛滥。实际上美国人的夜生活并不丰富，比我们现在差远了，中国人的开放程度，已远远超越了美国人。在美国人看来，工作勤奋、乐于致富、善于投资，那是天职。努力工作、创造财富、服务人类、荣耀上帝是信徒的义务，简直和我们的雷锋精神是一样的。不仇恨别人，即使给老板做保姆，也是上帝给予的工作，不是主人给的。因此在美国企业中，你不用专心去教员工如何做人，你只培训技能就可以了。而在中国，你先要教员工做人，其次才教技能。问题还在于究竟有多少老板，自己会做人。若整天寻思的不是偷税漏税，就是坑蒙拐骗，怎么能带出好的企业文化和氛围呢？

为什么我们今天人心浮躁，这和精神的空虚有很大关系。但这绝不是改革开放的错。不论是腐败问题，还是精神问题，都是改革开放的衍生品，是物质发展到一定程度后的瑕疵。对于人类进化过程来说，物质永远是第一性的，精神是第二性的。物质发展到一定程度，必然会引导人们对精神的追求，物质和精神的平衡，永远是人类社会追求的目标。

为什么东西方在这个问题有这么大的差异呢？主要原因是东西方文化在怎么活和为什么活的问题上的差异，是企业管人难的主要原因之一。中国人始终无法区分怎么活和为什么活的问题，为什么活是个信仰问题，怎么活是个理性问题。理性问题代替不了信仰，宗教代替不了科学，科学也代替不了宗教。制度与宗教的结合在美国成功，为什么宗教在欧洲又备受冷落呢？美国的宗教是从欧洲延伸过去的，但在欧洲进教堂的人已经不多了，欧洲的已经变成了世俗国家。欧洲人自己是受什么影响的呢？其实是传统习惯加现在民主自由法制化形成的。与我们在文化上的差异是什么呢？这就是下面我要来回答的问题。

第一次思考活着与活人的区别，是 1999 年去美国进修。在回来的路上，我们二十几个人，有一人提议说在美国待了这么长的时间，能不能每个人用一句话讲一下在美国的感受，得到了大家的积极响应。大部分人讲的都没有印象了，只有一个人说他从来没有到过美国，这次来了之后的感觉是：“美国人是活人，中国人是活着。”当时，没有人赞同，也没有人反对，大家都沉默了，好沉重的结论，但却引起我的联想和思考。

第一次思考生存问题是高中毕业后回家当民工，首先想的是怎么养活自己。有一阵子挖土方，那是个重体力活，住在四面不透风的破庙里，每月只能吃到2斤白面。那时候我想得最多的就是学个手艺，不但能养活自己，还能活得舒服点。

第一次具体讲对生活的向往是大学毕业离校前的最后一天晚上，与老杜同学讨论今后如何评价成功。他说什么时候每天早上能吃一个鸡蛋，喝一杯牛奶，就说明我们这辈子混成了。我感同身受，因为大学四年，由于家贫，靠助学金，从不敢大方地去吃好，仅维持温饱，对好生活的向往就是吃得好点。

从第一次思考生存问题到第二次向往生活，都仍然停留在生存和物质层面上。我人生最大的困惑是到了政府之后，有车有房，生活安逸，打球、看书、学习、讲学，但还是感觉失去了自我。感觉离目标远了，但目标是什么又有些迷茫。

为什么活？是个信仰问题。是人生全部目标和最后的归宿，是动力的源泉。宗教的产生，就是为了解决为什么活的问题。在西方文化中，为什么活和怎么活这两个问题分得很清楚。因此，宗教和科学得以平衡发展，共同支配着西方人的生活。科学的线索源自古希腊的理性精神，宗教的线索源自西伯来人、犹太人的信仰精神。在古希腊那个时代，人们更多的思考是如何摆脱自然的束缚，因此，民主与科学居于支配的地位。到了罗马时期，生产力水平达到相当高的程度，怎么活的问题已不那么重要，活着就是享受现实幸福生活，追求情欲满足感官刺激。随后，中世纪宗教占了上风，指导人们怎么生活，由纵欲转向禁欲、守欲。

为什么会这样呢？当物质达到一定目标之后，人们一定会向宗教、精神层面上走。因为物质的东西总有满足的时候，而精神的追求是没有止境的。因此人生的最终目标，不能在现实世界的此岸世界里头寻找，一定要在彼岸精神世界中寻找。虽然目标无限接近，但永远无达到之日。只有这样的人生，才会永远充满动力，永远有精神支柱。信仰的地盘只能在彼岸世界，信仰的对象也只能在彼岸世界中寻找。于是人类就创造了宗教，创造了上帝、真主、神等可望而不可即的信仰对象。宗教统治了一千年之后，人类又嫌他对自由的干涉过多，于是文艺复兴至今，民主与科学又战胜了宗教，再度处于支配地位。今日的欧洲，宗教居下风，进教堂的人不多，这就是欧洲成为世俗国家的原因之一。

今天中国社会，物质达到一定程度后，物质与精神的迷茫，恰恰也就是精神与物质的平衡出了问题，也就是宗教与科学之间的平衡出了问题。从根文化上去分析中国人，一直没有把为什么活和怎么活的问题区分开，而是合二为一。因此，中国文化也就一直没有产生出像西方那样的科学与宗教。儒家讲入世、道家讲顺世、佛家讲出世；儒家讲天命、道家讲自然、佛家讲解脱。儒家的最高境界是格物致知，追求修身齐家治国平天下。为什么活、怎么活才能被统一在一起。道家讲无为，只是一种处事方式，并不是人生的归宿。佛教与道教虽属于宗教，也都回答了为什么活的问题。佛家的目标是成佛，道家的目标是成仙，佛和仙，似乎都是属于彼岸世界超自然的力量。由于根深蒂固的文化背景，佛道两家总是把佛道从彼岸拉回此岸，从根本上抹杀了人与佛的区别。

因此，中国人拜佛的目的中总有哪一天自己成为佛的愿望。而西方人总认为自己是上帝的子民，从来不会去想自己会成为上帝。所以，国人的信仰中崇拜的成分大于信仰的成分。这就是为什么中国人难管在根文化上的原因。

三、市场经济中，企业、市场、政府三者之间复杂的动态关系，也为管人增加了难度

市场经济改变了人在社会中原来认同的游戏规则。

规则之一：我的是我的，你的也是我的。世界越来越小，全球化使经济没有国界，你中有我，我中有你。国界对经济的作用越来越小，世界越来越一体化。人类社会进入到一个空前残酷，对资源财富重新瓜分的阶段。企业今天是你的，不知不觉之间，可能明天就会变成别人的。美国用金融霸主贬值货币来转移国内危机，中国深受其害，就是利用了这个规则。

规则之二：人不犯我，我要犯人。你要犯我，我更犯人。政治上的规则是人不犯我，我不犯人，仍有现实意义。但在经济上，无论你的企业多么弱小，别人都要欺负你。不论你的企业多么强大，别人都要同你竞争。

规则之三：什么是强者？是那些能够占用别人的资源获得财富的企业。政府的责任恰恰是不断鼓励这些规则，而不是去消灭这些规则。这就是市场经济和计划经济之不同。

政府与市场的关系是规范与自由之间的关系。政府确定市场的基本框架和制定相应的制度，约束不良行为。市场的基本规则是丛林法则，赢家通吃、弱肉强食。

政府与企业的关系。政府在让企业发展的同时，要求对社会贡献最大化。就业、环保、缴税，让企业尽社会责任。而企业要自己利益最大化，就逃避社会责任，这些都是可以理解的。不要认为企业逃避一点社会责任就是十恶不赦，其实完全是可以理解的。这是市场经济环境下形成的一种正常心理。

市场与企业的关系。市场是企业的生命线，企业是市场的主体。市场有其自身规则，赢家通吃、弱肉强食，企业总想摆脱规则的约束。从总体来讲，就是政府建立市场制度，体现“引导、规范、管理、调控”的功能。企业体现的是利益与社会责任，市场体现的是自由竞争。市场经济让人更复杂，利益驱动、生存压力，使大多数人不相信人、自我浮躁，也为我们的企业管理增加了巨大的难度。

实际上，历史原因是根文化的瑕疵，使人们只关注自己的亲属和人际关系，走上人与人斗的岔路，所以国人不单纯，活的都累。现实原因是市场经济、民主、自由、人权的现代气息，使人们的选择多样化、流动性增加，个性化强化。想法多了，人就变得不简单，也就不单纯了。信仰的缺失，使得很多人心中没有信条，社会公约数没有了，胆子贼大的人就越来越多。

四、要管好中国人就要不断完善全民“价值体系”

价值体系是在人生的基本矛盾基础上形成的。总体上来看，有四种矛盾：即人与自我的关系，包括现实状况与对理想的追求，“人格”与“人品”的塑造，物质生活与精神生活；个人与他人的关系，包括人际关系，人伦关系，群体关系；个人与民族、国家关系，长期以来所形成的“天下兴亡，匹夫有责”，在许多人心目中根深蒂固；人与自然的关系，天人合一，天道与人道，无不影响着人们的价值观。

从价值体系的演化来看，西方普世价值的核心是自由、民主和人权。所谓自由是谁也不能享受比他人更多的自由，民主是多数人说了算，哪怕真理是在少数人手中，而人权则是指一个人应该享有的基本权力。它是由希腊民主、罗马军政文明和基督文明三部分组成，经历了科学与民主、宗教、文艺复兴、理性回归等过程。其价值体系演化有四个阶段：努力工作，解决生存的问题，也就是“怎么活”的问题，科学技术在其中发挥了重要的作用；追求财富，这个阶段生存与发展并举，由科学与民主共同推动；社会参与，为别人做事，体现“为什么活”的问题，宗教、科学、民主共同作用，寻求三者之间的平衡；实现自我，这是理性回归的阶段，求得人权、自由、民主、宗教、物质与精神之间的平衡。其实质还是“怎么活”与“为什么活”的不断平衡，衍生不同的认识，形成不同时期的价值体系。目前西方社会处于社会参与与自我实现之间。

中国价值体系的演化过程，在历史上中国价值体系向来由释、道、儒组成。现今仍由马列主义主导，但也受到西方价值体系的冲击，形成“经济盛世，文化乱世”的现象。处于努力工作与追求财富之间，也就是发展中国家的定义。其特征是科学与民主、“怎么活”与“为什么活”均在激烈交锋。而吏制腐败愈演愈烈，社会价值体系被完全扭曲，部分人的权力向地方伸展，让中央的权力出不了中南海。中央调查组满天飞，老百姓不大相信地方政府，仅存对中央的信任。根据我们的国情，在体制上实行“有限民主、温和独裁”，更符合实际。

为什么要这么做呢？

一是世界历史证明，制度崛起，尤其是国家政治制度的崛起，才是一个国家的真正崛起。鸦片战争前的1820年，中国经济总量占世界经济总量的32.9%，比欧洲的总量还要多。但到了清朝后期，闭关锁国以自我为中心的封建体制，导致了中国近代的落后。

二是改革开放、经济发展，中国特色社会主义被世界认同，特别是被众多发展中国家认同，成为其借鉴的体制模式。

三是中国人是个“软不得、硬不得”的民族，能吃苦，骨子中渗透出善，又好窝里斗，相互踩踏，不讲诚信，共患难易，同富贵难，均贫意识强，爱斤斤计较，既可爱又无赖。如地震中体现出的善与关爱，可舍弃生命救人，但灾后却会因为一些小事情而纠缠不清，现实得很。对此民族特点，统一思想不易，故先要强制，即政治上强制，民主只能在政治统一的前提下逐步推进。

四是由于市场经济的特点，决定了变革的艰难，要有强有力的中央政府来化解。所谓市场就是有规则的交换，特性是有偿的，无论你以什么形式拿去多少，都要以另外一种方式还回来；所谓改革就是从一些人手中拿走一些东西，给另外一些人，拿的过程中增值，也就是利益的再分配；政府职能的转换，就是政府权力的适度退出。在这么一种变革过程中，没有强有力的中央政府行吗？

同时由于大国的兴起，往往会改变世界格局，现今主宰世界的西方会很不乐意，会不断制造事端和麻烦，让我们不顺当。以美国为首的意识形态国家，一方面会不断地用“人权、民主、自由”输出普世意识。另一方面用经济规则制衡你，在一个相当长的时期，冲突会不断，麻烦也会越来越多。但最关键的是你要做好自己的事，排除这些干扰。经济学家泰勒在《第二次世界大战起源》一书中说：“政治家的首要责任是确保稳定和繁荣，民主、自由和人权这些东西，如果要的话，也只能是在一条漫长道路的尽头。”

在当今民众思想解放、言论激烈，各种学说大行其道，基本生活满足以后，民主意识、政治权力、自由观念开始进入生活视野的时代，估价我们社会价值体系就似一个人进入了青春期。我们必须要用历史唯物主义的辩证观，用发展的眼光，客观地看问题，根据中国产生不了统一的宗教，信仰多元化的特点，善待传统，中体西用，重塑全民价值体系。将马列主义作为全党的主导价值观，并同释道儒文化相结合。具体而言，就是用儒家思想持家治国，回归和谐与关爱；用佛道思想修身养心，明因果、结善缘、顺自然；用市场经济强国富民，满足人追名遂利的本性，推动社会物质财富的不断增加。

创建全民价值体系，还必须遵循“行王道、持中庸、正吏治、裕民生”的十二字方针。

2017 年 3 月整理此文稿时，以习近平同志为核心的党中央今天的所有作为正是十二字方针的明证。

（本文系作者 2009 年在西安 MBA 学会方圆管理论坛上的演讲）

陕鼓动力着力进行流程再造

◎ 印建安　卞芙蕖

西安陕鼓动力股份有限公司（以下简称“陕鼓动力”），根据国家宏观政策导向，市场需求变化，在企业“两个转变”发展战略引领下，按照“有所不为，有所作为，提升高端，放弃低端”的思路，进行了23项业务调整和变革，放弃价值含量较低的制造环节，聚焦价值链中高附加值环节，增强核心能力，助推公司快速持续发展，与员工分享改革收益，实现流程再造1+1>2的目标。

一、陕鼓动力流程再造回顾

（一）为什么要流程再造

1．面对市场需求的选择

随着中国工业化进程的发展，传统需求发展到一定阶段，必然会出现市场饱和，导致企业触及市场天花板。我们对陕鼓动力近几年出产的轴流、TRT产品进行了统计，分析判断市场饱和的趋势已经到来。

随着市场需求多元化，越来越多的客户希望由专业公司提供系统问题解决方案，例如国美、苏宁的商业模式，用户对分供商由一次选择转为二次或更多次的选择，利润空间越来越小，生存越来越艰难。

在国外，客户100%选择专业化外包，国内已有40%的用户选择专业化外包，有眼光的客户会和陕鼓动力一样，选择专业化外包降低运行成本，提高设备运行效率。同时陕鼓动力决定放弃的业务，恰好为专业化厂家提供了市场机会，陕鼓动力要顺应这种市场需求。

2. 面对竞争格局的选择

据中通协统计，2012 年风机行业工业总产值 409.7 亿元，销售收入 391.7 亿元，利润总额 28.4 亿元，从业人数 53 557 人。行业销售利润率从 2011 年 8.6% 下降到 2012 年 7.25%，行业人均销售收入从 2011 年 71.9 万元提高到 2012 年 73.13 万元，但人均利润从 2011 年 6.21 万元降低到 2012 年的 5.31 万元，行业竞争加剧。

同行是为了获取竞争优势，加速提升生产能力、装备实力，而陕鼓动力要摆脱同质化的竞争格局，不能走同样的发展道路。一是同质化竞争不利于发挥系统技术、关联技术的比较优势；二是同质化竞争的市场风险加大，无法实现产品高附加值。

因此，陕鼓动力流程再造放弃非核心业务，强化聚焦核心业务，实现企业资源的合理配置和效益提升，提高企业竞争力。

3. 践行“两个转变”的路径

陕鼓确立“两个转变”发展战略：从单一产品供应商，向能量转换领域系统解决方案商和系统服务商转变；从产品经营向品牌经营、资本运作转变。将战略转型落脚为“陕鼓三大业务板块”，其中第一业务板块能量转化设备包括：工业能量回收透平、透平压缩机、透平鼓风机、透平通风机、汽轮机、仪器仪表、锅炉、特种车辆、组合机组等；第二业务板块能量转化系统服务包括：投资业务、水处理服务、自动化产业、金融服务、能量转换设备全生命周期健康管理服务、EPC 等；第三业务板块能源基础设施运营包括：园区能源基础设施运营服务、工业气体服务、BOT 等。

为实现陕鼓“十二五”三大业务板块业务协调发展，必须通过流程再造路径，使一、二、三业务板块订货各占总订货 1/3 左右，通过相互支撑，形成主要利润增长点，使公司彻底走出传统产品制造领域，发展为服务型制造企业，为实现国际一流透平强企的目标奠定基础。

4. 社会发展专业化的需要

《西安日报》发表过一组照片，题目是《渐行渐远的电报投递员》，内容是随着科技、互联网、信息化的发展，电报行业逐渐淡出人们生活需要。同理，在计划经济背景下，油、煤气这些物资产品限量供应，如果不备有存量，如何能满足企业生产经营和员工需要？还有，机床设备维修保养，工具工装制造，铸造业务等，是国有企业“大而全，小而全”历史阶段的产物。在历史上，这些业务为陕鼓做了重大贡献。

随着市场经济占主导地位，各行各业专业化分工明确，加油站遍地开花，天然气公司统一运营管理，天然气管道输送到各家各户，既符合国家环境保护、节能减排、劳动安全的要求，公司又可腾出精力集中财力、人力做陕鼓人擅长的业务。

（二）陕鼓流程再造做法

1. 管理层思路清晰，态度坚决

为实现陕鼓持续发展，推进“两个转变”发展战略全面落地，遵循企业“有所为有所不为”，聚焦价值链高端业务的原则，管理层面对复杂多变的外部环境和市场需求，认真分析当前面临的挑战和机遇，深入市场调研，充分挖掘社会可替代资源，结合公司实际提出流程再造方案，成立领导小组和工作小组，有效组织，逐步推进，详见表1陕鼓放弃业务及分流员工统计表和表2陕鼓强化业务及增加员工统计表。

表1　陕鼓放弃业务及分流员工统计表

序号	放弃业务	时间	调整方式	涉及部门	转岗人数
1	油库	2002年	已放弃	原供应处	转岗2人
2	水压机、小锻件	2002年	已放弃	原锻压车间	转岗35人
3	煤气站	2003年	已放弃	原动力处	转岗52人
4	建安公司	2004年	已放弃	原建安公司	转岗8人
5	机床设备维修保养	2005年	已放弃	原设备处	转岗88人
6	工具、工装制造	2006年	已放弃	原工具处	转岗95人

续表

序号	放弃业务	时间	调整方式	涉及部门	转岗人数
7	木型制作	2006 年	已放弃	原木型车间	转岗 26 人
8	运输业务	2007 年	已放弃	原运输处	转岗 40 人
9	备料、下料	2007 年	已放弃	原备料车间	转岗 43 人
10	常规加工制造	2003 年开始	逐步淡化	机加二车间	转岗约 100 人
11	铸造业务	2010 年	已放弃	原铸造车间	转岗 112 人
12	铆焊业务	2012 年	已放弃	结构车间	转岗 93 人
	合计				694 人

在放弃这些业务的同时，陕鼓新增和（或）强化了 11 项业务。

表 2　陕鼓新增业务及增加员工统计表

序号	新增、强化业务	调整方式	涉及部门	配备人数
1	投融资业务的项目策划和实施	已增加	融资服务部	7
2	新能源市场业务开发	已增加	能源开发部	11
3	透平设备全生命周期系统服务	已增加	服务产业部	299
4	物流采购、配送及供应链管理	已增加	物流中心	104
5	电气自动化控制系统业务拓展	已增加	自动化工程部	72
6	工程总包项目土建设计、施工、管理，工程设计研究院	已增加	工程公司，工程院	132
7	产业投资与并购的调查、论证和分析	已增加	证券投资部	8
8	工业气体业务拓展	新增加	气体事业部（秦风气体）	210
9	污水处理业务拓展	新增加	水处理事业部	16
10	风险控制业务	新增加	风险控制部	17
11	汽轮机业务开展	新增加	陕鼓汽轮机	80
	合计			956

2．和谐稳定，企业文化是基础

陕鼓多年来形成了优良的企业文化，“向上向善，优良风气创未来”的核心价值观熏陶着一代又一代陕鼓人，变革在陕鼓深入人心，陕鼓人在改革中识大体、顾大局，与企业同发展共命运，充分理解和支持企业前进步伐中的改革。

通过陕鼓电视新闻、报纸等所有新闻媒体进行宣传，流程再造是符合企业发展趋势的，统一思想，统一认识，解决思想问题，为企业和谐稳定、顺利进行流程再造奠定基础。

3．多种途径全面、妥善安置员工

首先，制定流程再造、员工分流政策，做到公开、公正、透明。其次，通过多种途径、方式对分流人员进行安置。双向选择，采取竞聘与统筹安排相结合的原则，对分流员工采取转岗工作技能知识培训，给予员工二次甚至多次就业选择的机会。促使员工不因转岗而落伍，帮助员工挖掘潜能，在新的工作岗位上为企业发展做出新的贡献，让个人职业生涯取得更大的发展。第三，定期对分流安置的员工采取“回头望”的关怀方案，确保员工“分流不下岗”。

4．与员工分享流程再造效益

陕鼓通过流程再造，放弃低端，聚焦高端，企业取得跨越式发展，实现经济效益倍增，同时员工也从流程再造中共享了效益。

人均收入大幅上涨，2012 年人均收入是 2002 年的 6.9 倍。大多数员工置房购车，生活质量步步高升。陕鼓在承担基本社会保险（包括养老、失业、工伤、医疗、生育保险、住房公积金等）的基础上，建立职工医疗保障计划、商业保险、特定人群意外险、陕鼓情互助保障、特需医疗金、公司补充医院保险、健康管理、紧急救助、特殊群体关注计划九大保障体系以及陕鼓企业年金、采暖补贴、降温补贴、节日福利、带薪年假、女工特殊保障等特殊福利，方方面面保障了员工切身利益，共享了流程再造收益。

二、流程再造经济效益案例评析

（一）放弃业务经济效益评析

1．外包设备维修保养业务

2004 年陕鼓撤销原设备处及各生产车间的设备维修业务，将此项业务外包给专业从事设备维修公司。业务流程再造前后成本费用对比如表 3 所示。

表 3　2004 年至 2012 年设备维修费用对比表

（单位：万元）

项目	流程再造前	流程再造后								
	2004 年	2005 年	2006 年	2007 年	2008 年	2009 年	2010 年	2011 年	2012 年	合计
年维修费用	1074	1253	1285	1324	1395	1368	1257	1369	1344	10595
自制产值	91729	117042	145254	182786	167886	126826	177553	207434	291721	1416502
占自制产值的比例	1.17%	1.07%	0.88%	0.72%	0.83%	1.08%	0.71%	0.66%	0.46%	0.75%
节约额		117	416	816	571	117	822	1060	2073	5993

从上表数据可以看出，流程再造前设备维修费用占自制产值的比例为 1.17%，流程再造后 2005—2012 年，维修费用占自制产值的比例平均为 0.75%，通过定比分析累计节约费用达 5993 万元。

2．撤销铸造业务

（1）自制、协作效益比较

按现行协作价，将自制铸件用于协作，每吨可节约 0.3 万元～1.33 万元（含税）；将自制铸件全部协作，仅 2011 年节约成本 2138 万元。

（2）处置资产收益

2010 年对业务转型涉及淘汰的铸造专用设备及物资清理处置，获得处置收益 1154.25 万元。

（3）环境保护分析

铸造属于炼铁热加工行业，高噪音、高耗能、高污染的作业环境，给企业安全生产、职业健康、环境保护带来了严重影响；陕鼓铸锻位于秦始皇陵国家遗址公园——秦文化旅游区，随着环境保护和低碳、绿色旅游业的发展，较高污染的产业不可能长期在旅游景区存续。

（二）新增业务经济效益评析

陕鼓根据市场变化和客户需求，新增了工程公司、服务产业部、汽轮机公司、融资服务部、气体事业部、证券投资部等部门和业务，实现了收入和利润较快增长。

1. 工程公司

2012 年工程公司实现销售收入 110 642 万元，工程公司和工程设计院为工程总承包业务提供支持，形成了陕鼓在工程总包业务的竞争优势。

2. 服务产业部

服务产业部业务范围包括设备维修检修、机组安装、备品备件销售及其他服务业务等，2012 年服务业务实现销售收入 49 908.54 万元，创造了良好的效益。

3. 汽轮机公司

陕鼓汽轮机产品定位在工业驱动、余热余压发电、新型能源发电等领域。2012 年汽轮机业务实现销售收入 11 245.23 万元，提高了陕鼓成套能力，助推陕鼓拓展余热余压高效回收利用市场。

4. 融资服务部

陕鼓通过提供融资服务满足了客户需求，与金融机构、配套商、工程商等供应链联盟合作，资源整合实现了共赢。截至 2012 年年底，陕鼓已累计与 63 家客户签订 114 个项目融资服务合同，金额达 81.97 亿元。为陕鼓跻身战略性新兴产业、新兴业务市场提供了经验，为陕鼓开拓低温余热发电、污水处理、变频节能、汽轮机等新兴市场提供了有力的支持，促进陕鼓产品领域不断扩大。

5. 气体事业部（秦风气体）

陕鼓将空气压缩机设备与空分流程结合，面向冶金、石化领域客户提供工业气体，系统安全可靠性高。截至 2012 年 12 月底，陕鼓已在全国投资组建六家气体公司，其中徐州东南气体厂和唐山气体厂已正式投入运营，渭南、开封两个气体公司进入试运行。气体业务是陕鼓行业边界的拓展和外延，实现了“卖奶牛”到“卖牛奶”的经营模式转变，是企业向服务型制造转型的标志性飞跃。

（三）流程再造综合经济效益评析

陕鼓通过实施业务流程再造，探索出一条不同于传统制造业发展的差异化道路，放弃非核心、低附加值业务环节，使陕鼓关键技术、核心业务领域更集中，使更多的人员关注市场和客户需求，从事更为高端的业务，体现了社会专业化发展和分工，代表了制造业转型升级的方向。市场竞争力和企业品牌价值不断提高，连续 8 年（2005—2012 年）荣获“中国工业企业排头兵”称号，实现了良好的经济效益和品牌价值。

1. 行业地位进一步凸显

2012 年陕鼓动力实现工业总产值 690 134 万元，销售收入 604 174 万元，利润 114 810 万元，在岗员工 2779 人。陕鼓动力产值占到行业总产值的 16. 84%，而利润却占行业利润的 40. 37%，陕鼓动力人均利润 41. 31 万元更是行业人均利润 5. 31 万元的近 7. 8 倍。显示陕鼓经营效益快于经营规模增长，经营质量进一步提升。（注：2012 年陕鼓动力经营数据来自年报）

2. 促成陕鼓轻资产运营模式

2012 年，陕鼓固定资产占总资产的比重为 9. 5%，而国内同行沈鼓为 16. 53%，国外同行 MAN 集团为 23. 83%，同时净资产收益率陕鼓为 19. 9%，沈鼓为 13. 25%，MAN 集团为 5. 53%。与国内外同行相比，陕鼓践行着轻资产运营模式。（注：2012 年沈鼓经营数据来自行业统计年鉴；MAN

集团经营数据来自年报）

陕鼓通过实施业务流程再造，放弃了低端生产制造加工环节，增加了系统服务职能，实现了向服务型制造转变，资产结构发生了较大变化，固定资产比重逐渐减少，流动资产比重逐渐增加，从而促成了资产结构合理、流动性强、举债能力高、市场适应性强、经营效果好的陕鼓轻资产运营模式。

3. 与国外一流强企差距明显缩小

实施流程再造后，经济效益得到了快速提升。按人均销售收入计算，陕鼓人均销售收入从 2001 年不足 MAN 透平的 1/25，达到了 2012 年 4/5。同时，陕鼓的人均利润、销售利润率、净资产收益率已经超过了 MAN 透平，其数据对比如表 4 所示。

表 4　陕鼓动力与 MAN 透平 2001、2012 年经营情况对比

（单位：万元）

指标	2001			2012 年		
	MAN 透平	陕鼓	MAN 透平/陕鼓	MAN 透平	陕鼓	MAN 透平/陕鼓
销售收入	555052	31238	17.77	1285901	604174	2.13
利润	26443	3215	8.22	137240	114810	1.20
员工人数	2418	3339	0.72	4912	2779	1.77
人均销售收入	229.55	9.36	24.54	261.79	217.41	1.20
人均利润	10.94	0.96	11.36	27.94	41.31	0.68

三、陕鼓流程再造反思

近十年陕鼓流程再造实施了 23 项业务调整和变革，涉及在岗员工 1650 人，占陕鼓动力在岗人数一半以上；从 2003 年产值 10 亿元到 2012 年利润 11.5 亿元，取得了显著的经济效益。特别是人均创造价值的内涵发生了最根本的变化，人均增加值从 2002 年 10 万元增长到 2012 年近 87.45 万元，值得我们对流程再造进行回顾与反思，发现问题，总结经验，持续推进流程再造。

（一）流程再造应统筹规划、宏观部署

1．管理层要认真践行“两个转变”发展战略，深刻理解“有所作为、有所不为，提升高端、放弃低端”的思路，在科学、缜密分析当前形势的基础上，以客户和市场为关注焦点，进一步在公司内审视生产、技术、管理的每一个流程和环节，明确目的和思路，进行流程再造的统筹规划。否则，会导致许多需要“救火”的问题。只有统筹规划、宏观部署、有序推进，才能持续推动资源整合和流程再造。

2．扩大流程再造覆盖面，对重叠业务加大整合力度。合并同类项，实现公司范围内业务不重叠，岗位不重叠，精简机构，提升管理效率，利用公共资源平台，实现资源效益最大化。

3．对生产要素和市场要素进行组合。一方面要根据未来目标发展进行适应性调整；另一方面，在调整过程中打破原有利益格局，对利益进行重新分配。

4．流程再造应与子公司市场、制造能力对接，互为市场。流程再造过程中，应研究集团内各公司的市场和制造能力，考虑已放弃环节能否为集团内其他公司提供市场。

5．每年对已实施的流程再造方案进行“复盘”，检查员工问题是否得到解决，业务流程是否理顺，是否达到 1 +1 >2 的预期效果，持续跟踪 3 年。

（二）制订 3—5 年流程再造整体规划

集团公司应定期对流程再造问题进行研究，制订 3—5 年流程再造整体规划，进行部署和安排。流程再造整体规划至少包括以下三方面：

1．结合流程再造调整产业规划

根据集团公司“十二五”规划整体部署，结合三大业务板块发展方向，按照上述“流程再造应统筹规划、宏观部署”的思路，对各子公司各业务板块，业务环节进行适应性调整，提出 3—5 年结合流程再造的产业规划。

2．为整体规划提供业务支持

结合公司流程再造整体规划，各业务、部、室应明确思路、统一思想，对总体规划提供支撑，针对流程再造的工作规划进行相应的业务调整，做好衔接。

3．整体规划，重点关注员工安置

人力资源应提高对整体规划的提前部署和响应速度，对各类人员进行分析，适时引导，做好安置准备和员工培训，最大限度地保障员工利益。避免被动性进行临时人员调整，给员工造成困扰。

（三）流程再造舆论先行

宣传工作应结合产业目标，流程再造整体规划，进行导向性宣传、舆论性引导。除了通过陕鼓电视新闻、报纸等所有新闻媒体进行宣传外，还要组织文化大使、职工代表等深入讨论流程再造方案，发挥员工聪明才智提出问题，完善流程再造方案。

（四）流程再造重视经验推广

各子公司应根据自身经营情况，借鉴陕鼓动力流程再造经验，按照这种变革的思路和做法，主动提出流程再造的意向和方案，使之成为战略落地的有效措施。

集团提出“归零赛马”机制，是赛结果，同时也是赛思路，各子公司管理层必须有清晰的发展思路，审视各自业务流程，放弃低端业务，加强客户需求强烈，竞争对手不具备的业务；同时也要重视所在领域高端人才的引进。

（五）主动推进流程再造

回顾陕鼓动力近十年流程再造，很多变革都是自上而下，被接受，被理解，属于被动变革，推动很难。应抓紧利用企业经营状况较好的时机推动流程再造；否则，若经营状况不好时被动实施流程再造，企业会面临改善经营与员工安置的双重压力。因此，各子公司及各位员工，应认真审视各自所在的部门、岗位流程及业务环节，挖掘可替代性的社会资源，逐步培养形成一种自觉行为。

（六）挖掘员工潜在能力

陕鼓已实施的流程再造比较成功，仰仗于员工的高素质和团队凝聚力，以及对企业的信任。员工与企业息息相关，企业发展是员工利益保障的前提，员工应根据公司发展及需求，反思各自劳动贡献与收入是否接轨，思考目前所在岗位属于增加或是放弃环节，通过拼命工作，拼命学习，拼命思考，达到公司增强业务要求的知识和技能，做好人生职业生涯的转型，在公司流程再造中奋进与成长，提升自己，与陕鼓发展同步前进。

（本文刊发于西安 MBA 学会会刊《方圆管理》2013 年 6 月总第 9 期）

谈 胸 怀

◎ 武润奎

今年的经营工作会，我想和大家交流一个既具体又抽象的话题——胸怀。

人的胸怀看不见、摸不着，但在人际交往中却能实实在在地感觉得到。它无时不在深深影响着我们的生活和工作。一个人的志向、能力、成就、影响力、幸福感等都与他的胸怀息息相关。胸怀不仅决定一个人的思想和行为方式，更决定着人生的品质和事业的高度。

今天我们谈“胸怀”，不应仅局限于个人的胸怀，大家还应该立足于我们的事业，从企业经营管理的层面，站在企业经营者及管理者的角度，去思考和探求如何扩展我们的视野，提升我们的境界，培养和造就我们宽广的胸怀，共同支撑起建设“百年凌云”的博大胸怀，让向上、大气、包容、有愿景、有活力、有担当成为我们企业文化的显著特征，达到凝气聚才、齐心协力，推动企业健康持续发展的目的。

一

一个人有胸怀，直白点说就是心胸宽广博大，有志向、有度量、不狭隘、不局促；诗意一点讲就是尽纵横之才、取天地之利的气概。胸怀有两个层面的意思：一是气度，就是对待人世间万事万物的气量和风度，承载着人生的志向和抱负，显示出人格的品位和质量；二是包容，听得进不顺耳的话，装得下不顺心的事，容得下不顺眼的人。宽广的胸怀会形成一种从广大处觅人生的态度，呈现出与众不同的眼界，进而把生命的境界做大，把追求的事业做大。

胸怀有大小之分，却难以用数字衡量。但是大凡胸怀宽广之人，他们身上都有着这样一些共同的表现：

1．志存高远，有使命感

胸怀宽广的人对人生、对事业都有着明确的方向和目标，并能为之不懈奋斗。“先天下之忧而忧，后天下之乐而乐”，便是古人对“胸怀”的最好诠释。胸怀宽广的人有志向、有抱负、有追求、有舍我其谁的担当情怀。他们目标明确，信念坚定，行动坚毅；他们对工作有激情，对生活有憧憬，敢于直面种种挑战，无惧无畏，勇往直前，不用他人费心引导，就会心甘情愿、义无反顾地朝着既定的目标不断前进。

2．自信坦荡，为人豁达

胸怀宽广的人是自信的，也是豁达的。他们性格开朗，乐观向上，对事物有见解、有判断，既善于独立思考，又不固执己见、认死理；他们能够顾全大局，公道正派，不徇情枉法、迁就亲近，能听得进异见，容得下异己；他们胸中有尺度，对事不对人，不搞亲疏远近，不存小心眼；他们善解人意、待人坦诚、不卑不亢、有礼有节，看得开，想得通，坐得端，行得正，有凝聚力和感召力。

3．虚怀若谷，私欲有度

胸怀宽广的人必是谦恭虚心之人，从不自满，从不炫耀。每个人都有欲望，但胸怀宽广的人懂得节制个人欲望，能正确处理个体和群体、局部和全局的关系，不过分计较得失，不因个人恩怨影响工作，不为部门利益争高下，不为眼前利益论长短。胸怀宽广的人能够理性地表达个体或群体的利益诉求，诚实守信，有奉献精神，能以大众和企业利益为重，能把握住是非轻重，大事讲原则，小事讲风格，始终怀有“让三分心平气和，退一步天高地阔”的敦厚。

4．品味高雅，富有魅力

胸怀宽广的人笃信厚德载物，不逞强好胜，不争名利，不慕虚荣；他们修德养性，磊落大方，脚踏实地，富有创新意识和创造能力；善于控制和支配自己的情绪，待人和善，人际关系融洽，气场强大，正所谓“水惟善下方成海，山不矜高自极天”。

二

企业的经营管理者需要有宽广的胸怀，才能吸引更多有志向、有才华的人才，才能制订出远大而宏伟的目标。胸怀有多大，决定着事业能干多大，企业能走多远。同样，作为企业的各级管理者，乃至普通员工，也应该具备宽阔的胸怀。心胸宽则思路广，思路广则出路多；心胸宽则人气旺、朋友多，同事关系融洽，团队才能步调一致，同心同德，达成目标。

纵观现实情况，有些企业由于缺少这种大气和包容，缺乏长远的发展眼光和抱负，致使企业发展后劲不足，经营坎坷挫折；也有一些经营管理者刚愎自用、心胸狭窄、自以为是，导致企业经营团队人心涣散，人才流失，企业失去发展的动力。这些现象，看起来是大环境影响或能力有限、管理不善所致，但从主观剖析，更多还是各个层面经营管理者“胸怀”上出了问题。居安思危，在我们企业，这些问题也或多或少存在，必须高度重视和坚决克服。

1．志向缺失

表现在工作上激情减退，缺乏动力，感觉什么都无所谓，什么都没意思；干工作、做事情缺乏责任心和使命感；遇到问题心浮气躁、急功近利，盘算自己小利益的时候多，权衡企业利益的时候少；碰到困难或拈轻怕重、或推诿扯皮，缺乏大局意识和长远眼光。

2．度量狭小

表现在听不进建议，受不了批评，容不得失败；小肚鸡肠，以怨报怨，甚至以牙还牙，从不让自己吃一点点亏；不懂自省，没有担当，一丁半点责任都不愿负，常常是既为难自己，也折磨他人。

3．表里不一

左右逢源，见风使舵，独处时或自暴自弃，或自高自大；群居时或卑躬屈膝，或目中无人。习惯讲套话、空话，甚至假话，欺下瞒上，塞责诿过，说一套，做一套，人际之间缺乏信任，也缺少尊重，做事做人失去了分寸感，也没有了感恩心。

4．私欲过重

不能正确对待名利地位，过于计较个人或部门单位得失，常为一些鸡毛蒜皮的小事斤斤计较，受点委屈便大呼小叫；私心杂念太多，稳不住自己心神，经不住名利诱惑，守不住原则底线。

当下，企业经营形势复杂多变，新矛盾、新问题层出不穷，既面临着外部市场竞争激烈的考验，又承受着内部经营管理改造的压力。如何保持发展的长足动力，尤其需要企业的干部员工具备大视野、大气魄、大胸怀。因此，拥有宽广的胸怀，既是保持企业发展大局和保证经营目标实现的需要，也是领导干部自身能力不断提高的需要。

三

宽广的胸怀不是与生俱来，需要我们认真领悟、细心培养、长期坚持和不懈追求。如何修炼？我觉得应该从以下几方面做起：

1．自省自励

即自我反省，自我激励。自省自励是对过去所思所为的一种理性的总结，是一个人内心世界强大的表现。它能使我们分辨是非，认清优劣，明白强弱，奋发上进，从而完善自己的人格。做管理工作，懂得自省自励很重要，这是修炼胸怀的基础。首先要有善于自省的意识。干任何一件事，无论结果如何，都有可汲取的经验和教训，如果没有自省的意识，不敢、不想去回顾、总结、思考，就不知道为何成功，何以失败，也就不会有下次的进步或改正。其次要有敢于自省的勇气。自省是一次自我激励与自我否定的过程。自我激励能够增加自信，增强干事做人的信心；而自我否定就像刮骨疗伤，要敢于晾晒自己内心的阴影、承认自身的不足，这样才能有顿悟、有提高。一个敢于直面错误并且乐于改进的人，必是一个胸怀坦荡、光明磊落的人。

2. 承受委屈

人的胸怀是伴着逆境和委屈成长的，宽广的胸怀是被委屈撑大的。委屈与磨难是一个人走向成熟的良药。委屈不是懦弱怕事、逆来顺受、毫无底线，而是一种面对打击与责难的坚韧和度量。有时适当降低点傲气和自尊心，看似受了点委屈，实则开阔了自己的胸怀。心是被现实撑大的，你能容纳多少，就能战胜多少；你能忍受多少，就能收获多少。一要牢记责任。干部的职责就是为企业创效益、为员工谋福利，只要时刻牢记这个使命，做任何事都出于这个公心，即使受点莫名的委屈、一时的不被理解，我们也应该坦然接受，相信总有能理解你的人，也终有你被理解的时候。二要经得起批评。面对不同的批评，我们始终要保持平心静气，有则改之，无则加勉，以大局为重，勇于担当；不能暴跳如雷、耿耿于怀；更不能兴师问罪、挟私报复。我常讲干部的薪水比员工高一点，其中就有为挨批评、受委屈埋单的那部分。三要学会忍耐。每个人都有被误解、被责难的时候，我们一方面要积极沟通，妥善化解，一方面也要有点耐心，用更出色的作为、用一定的时间去澄清，视委屈为促进工作的动力。

3. 与人为善

善在心中方为善。心有善念、与人为善是智者心灵深处的一种沟通，是仁者内心世界一片广阔的视野，是开阔胸怀的有效途径。老子在《道德经》中讲到："江海之所以能为百谷王者，以其善下之，故能为百谷王。"意思是说，江海之所以能成为百川百谷之王，就是因为江海能够自处于谦下的位置，从而河川自然会流向江海。在企业当干部要明白这个道理，才能获得员工的认可和支持。一要学会尊重，尊重周围的每一位同事，信任身边的每一位员工，少些轻蔑猜忌，少些虚张声势。试想，一个终日居高临下、颐指气使，不尊重员工的领导，怎么会赢得员工的信服与支持？二要保持谦卑，学会“处下”，不能把所有的功劳记在自己身上，把所有的光环套在自己头上。每个人都有弱点或缺点，用平视的眼光，勇于正视自己的弱点，善于发现他人的优点，尽力拉近彼此之间的距离。对于一个企业干部而言，“处下”对正确处理企业内外部关系有很现实的意义。三要宽容大度，不能“顺存逆亡”，要求大同，存小异；对反对意见、对表达激烈的人尤其要包容；对他人多一份理解和宽容，其实就是在支持和帮助自己，严于律己、宽以待人会让自己增添一种高尚感。

4．坚守使命

坚守使命就是坚持我们的人生追求和事业目标。只有心存大目标，不在琐碎小事上和人较劲，才能心往一处想，劲往一处使，成就大胸怀。怎样坚守？一要有明确的志向。人生要有规划，事业要有目标，这样就有了前进的方向和动力。有了思想的高度就会锻炼出更大的能力，有了更大的能力自然可以成就更大的事业。二要有团队意识。做人最难的是认清自己，清楚自己的价值，要给自己一个恰当的定位，要明白团队的需要和自己的能力，个性的能量只有在团队的合力下才能得到释放。三要有务实的作风。使命的完成不是喊出来的，而是做出来的。实现使命靠的是实实在在的行动、真真切切的付出。具体到我们的工作，使命则体现在对职业的热爱和对工作的尽职尽责上，体现于每个细节和用心程度上，体现在创造性地解决工作重点和难点问题上。眼下，要坚守如此朴实、简单、基本的一种责任，看似不难，其实很不容易，面对各种利益的纠缠与取舍，需要我们内心足够强大、心胸十分宽阔才能够做到。

5．淡泊名利

心底无私天地宽。淡泊就是超脱世俗的诱惑和各种干扰，真实、豁达、客观地看待身边和周围的一切。我们把名利看淡一点，心胸就会宽阔许多，就能对色彩纷呈的事事物物泰然自若，心境也会开朗许多、坦荡许多，工作也就能顺心许多，生活也会快乐许多。一个人如果成天想着追名逐利，做任何事、干任何工作都以利害得失为前提，以名利为判据，心胸自然开阔不起来，到头来只会变成一个狭隘自私的人，让人瞧不起。要看淡名和利，一是不要怕吃亏。当干部就应当学会吃亏，甘于吃亏，这既是要求，也是一种境界，在“吃亏”中沉淀自己，磨砺自己，升华自己。二是以平常心对待名利。我们倡导以结果为导向，但反对挖空心思做“秀”搞业绩，提倡脚踏实地做事，通过正当合理的手段取得成果，做出业绩。当干部要正确对待得失，正确看待责、权、利的均衡分配，得之不傲，失之不馁，放下功利心，保持平常心。三是学会自我调节。我们经常讲大局意识，对待名利也要换位思考，服从大局、胸怀大局，会自我调节，保持谋事而不谋利的心态。只有这样，才能成就事业，成就自己，得到干部员工的肯定与尊重。

6．勤修情商

第十一次经营工作会上，我谈过“情商”这个话题，今天再度提起，一是因为情商与胸怀之间有着非常紧密的联系，从一个人的情商高低，能够看到这个人的胸怀大小；二是请大家回顾并审视一下自己这些年的情商变化。这里我再提几点：第一，保持健康的心态。拥有奋发向上、积极进取的心态，是事业成功的一半，只有真正做到“不以物喜，不以己悲”，情绪稳定，才能造就豁达的胸怀。第二，养成良好的习惯。俗话说：“行成于思，毁于随”。好习惯培养起来不容易，是我们一次次战胜自己、战胜惰性的结果，千万不可丢掉。良好的习惯能够使我们取信于人，增加个人魅力，提高生活品质。第三，树立创新的思维。创新思维是超越自我的驱动力、缓解情绪的催化剂，许多时候，放下包袱，拓宽心境，另辟蹊径，或许会迎来柳暗花明、神清气爽，只要我们能够时时想到创新，处处有创新的意识，就一定能够收获创新的喜悦，感知创新的力量。

同志们：胸怀之于我们大家，是一种干事创业的力量，拥有了博大而宽广的胸怀，我们就能够从容自信地面对任何艰难险阻，我们的事业也就多了一份成功的保障，我们的生活就平添一种快乐。我希望大家都能够从提升素养、改造管理的角度，涵养自己的胸怀，造就如大海般宽阔的胸怀，推进企业各项工作不断迈上新台阶。

（本文系是作者 2013 年 7 月在陕西凌云电器总公司第十四次经营工作会上的讲话）

天朗地产的三次创业与转型

◎孙　茵

编者按：她出身于书香门第，驾驭天朗地产，缔造出“蔚蓝城系”的居住梦想。随后凭借“梦想创造生活”的理念，以“中国首席系统生活服务商”的姿态，将其独创的“城系开发模式”快速复制到上海、北京、广州、成都、武汉、厦门等全国热点城市。她就是天朗地产集团董事长孙茵——一个勇于创新、大胆尝试的女强人。

为了与更多人分享他们的经验，天朗地产集团董事长孙茵来到西安MBA企业家论坛，就民营企业家的心路历程这一话题展开演讲。她说天朗控股成立于2003年，经历了三次创业过程，也是我们追逐三个梦想的过程……

2001年：第一次创业

2000年的时候，西安大部分人还在大杂院居住，我们去深圳参观，见到东海花园等高档楼盘时，十分震惊，因为那里的环境十分好，回来以后开始了我们的第一次创业。公司注册于2001年，当时我们的梦想是让西安的老百姓住在公园一样的环境中。

第一次创业的时候，我们是一个不懂的人带着一群不懂的人，但我们请了来自新西兰的一流设计师，拥有创新的设计理念，注册的时候，我们取名“天朗”，源于《兰亭集序》中的“天朗气清”，寄托着我们带给业主美好生活和企业的积极文化。企业子品牌做了“蔚蓝”系列，一次做了 4 个项目。我的家乡杭州的地产起步早几年，我鼓动朋友投资项目。在香港做了企业品牌和蔚蓝项目大型宣传片，在西安影院播放，迅速得到了大家的认可，4 年时间，项目取得了较大成功。经过第一次创业，我们积累了企业管理的基本经验，对地产行业有了一定程度的了解。第一次开盘的时候，加班加点布置现场，相对比较成功。当时中国百姓对全新居住环境的渴望成就了我们创业的第一次成功。

2005 年：第二次创业

2005 年，我们开始了第二次创业，那时候的梦想是关于城市的梦想。当时面对西安大规模的旧城改造，我们不知道新的城市面貌是什么样的，当争取到曲江开发项目时，我们发现原来一个城市可以变得如此美好。在老区改造的时候，没有任何配套设施，我们觉得自己是有能力去改变城市的，就做了西安三级联动的整体城市方案。第一个方案，在钟楼下回民区 240 米的历史街区改造。这在中国非常罕见，其中有 13 个唐代清真寺，五教合一。在回民的坚持下，这个街区是西安保存最为完整的街区。钟楼和鼓楼是西安人流量最大的地方，兴奋的同时，我们庆幸自己能生长于西安这个富有文化底蕴的城市，我们希望把这个街区打造成为西安的一张历史文化名片，同时希望这张名片能走向世界。我们花了两年时间，先后拿出了十几个方案。

当时创业老团队成员的视野、专业知识、现代管理理念等都比较欠缺，我们在全国拉开了招聘帷幕，建立了一个由 30 人组成的团队。拆迁过程中，遇到了来自回民的极大阻力。洒金桥的搬迁延续了 18 年，那条路至今也无法贯通，是西安的一个瓶颈，这个项目以失败告终。还有六村堡项目，因为跨区也失败了。但大兴新区，我们成功了。这个项目是和政府一起做，所有政策都是从我们的重庆项目移植过来的。在完成大兴新区项目过程中，我们积累了一整套城区改造的区域性开发、城市系统开发经验，建立了城市系统开发模式。2005 年到 2009 年，是我们的二次创业阶段，也是企业系统升级阶段。需要全面对接资本市场，也需要对项目型开发公司升级，从一级开发到二级开发的整体联动、全面对接资本市场和土地资源市场。在大家的共同努力和政府有关部门的支持下，我们实现了企业的第一次系统转型。

2010 年：第三次创业

2010 年，我们萌发了第三个梦想，关于中国的梦想。中国地产市场有三大板块：华南板块、华东板块、京津板块，特别是华南板块起步最早，实力最强，这三大板块主宰着中国的地产市场。除了龙湖等在西南有一定的市场外，其他大部分地区，尤其是西北地区，在中国地产业基本没有什么声誉。西北五省没有一家企业做中国地产的整体布局，也没有一家企业上市，因此西北板块在中国整个地产行业实力非常薄弱，作为一个成立不久的企业，我们的起步比其他企业晚，管理基础比较差。

2010 年年初，我们跑遍了中国东南沿海地产市场，结果发现很多大企业在资源配置方面的实力还不如我们，但他们的开发能力强，于是也认识到了我们自己的强项，发现东南板块并非想象中那么神秘。于是做了一个新 10 年计划：2010—2012 年是探索期，探索一个全国布局开发模式；2013—2015 年是成长期；2016—2019 年是发展期。这个企划有三个方向和目标：第一，实现在中国的 20 个中心城市的整体布局，跻身中国一线地产商行列，即城市规模和开发量规模。第二，在香港上市，因为房地产企业不能在国内上市。第三，产业转型，这也是创业过程中面临的一个问题，前十年我们只是做住宅，如果一直只做住宅，这条路会越走越窄。

截至目前，我们已进入了 10 个中心城市，主要是长三角地区的上海、昆山、无锡、南京，西南地区的昆明、重庆和成都，环渤海地区的济南、长春、北京。还有西北地区。而在华南、华中的开发，因为受环境因素的影响，走得比较慢。在整个中国的布局中我们选择了热点经济圈的中心城市，中国的发展现状是所有的资源和机遇在大城市高度聚集，二线小城市和大城市之间的落差非常大。美国一家研究机构研究预测，未来10年内，世界特大城市几乎全部都将出现在中国，包括西安。分析发现，在第一轮城市化进程中，中国是高度聚集的大城市迅速发展时期，所以我们的选择考虑到了这个大形势。而事实证明我们的选择是对的。房地产开发商在一、二线城市发展迅猛，而大部分都会在三、四线城市受挫，最近又开始重返大城市。

关于产业转型战略。在第三次创业过程中，当我们进入热点城市后，面临着产业植入这个大问题。进入市场后，土地招拍挂门槛高，资金需求量大，在与政府洽谈过程中，几乎都要求产业植入，这迫使我们推进产业转型。我们在南京、昆山等城市做了很多产业型项目，使得我们顺利进入华东市场。在这次产业转型过程中，我们面对的形势和以往不同。以往主要是二产，这次主要是三产，即现代服务业。而我们所在的城市，也在进行产业升级，所以我们需要和城市一起成长。如何以现代服务业推动整个城市转型？这是我们第三次面临的最大问题。

在这个阶段，整个中国，甚至全世界的商业也在悄然变化。网上购物对实体商业造成了巨大冲击。传统商业和体验式商业之间发生了强烈冲突。所以我们希望通过文商旅综合系统植入来实现商业升级。围绕贸易平台搭建、创意产业、展示平台来完成产业升级。在总结过程中，我们发现，整个产业需要以文化为核心元素来推动整个转型。而作为古都西安的企业，我们本身就传承着历史文化基因。因此，系统梳理了原来城市系统开发模式中的产品系，分为城市文化集、旅游文化集和产业文化集。我们总结出我们的核心竞争力在于以文化集推动产业转型，也建立了自己的企业开发模式。

文化保存基础的街区，我们植入了很多业态，进行了运营创新，搭建创意产业基地，力争把其打造为这个城市的产商文旅系统名片，助推我们进入整个长三角地区。在重庆农旅文化集打造过程中，我们还成功解决了都市农业再造问题，以文化的力量结合三产和一产，从而拉动一产的发展。我们在西安、南京的郊区也在着力打造这种农旅文化基地。同时在上海，打造贸易产业和服务产业平台，建立第三产业文化集。通过这些工作，我们较早成功地实现了产业转型。在中国地产业内，我们的产业升级得到了广泛认可，成为房地产行业产业转型的领跑者。

（本文系作者2013年在西安MBA学会企业家讲堂上的演讲，刊发于学会会刊《方圆管理》2013年12月总第10期）

只有经历风雨，才能看见美丽的彩虹

◎ 周素琴

编者按： 周素琴，大专学历。1990年在汉中开办竹园村火锅店，任总经理，1997年在西安成立陕西竹园村餐饮有限责任公司，任董事长、总经理。曾荣获“全国杰出创业女性”“陕西省三八红旗手”等荣誉称号，中国商业优秀创业企业家。从最开始的两千多元起步，经过二十多年的艰辛创业，直到今天取得这样的业绩。让我们来听一听女企业家周素琴是怎么说的。

所有走过的路，我都记忆犹新，所有经历的事，我都十分珍惜。

最初，我在汉中南郑县的南湖附近开了一间茶馆，一间照相馆，后来又开了快餐厅，到了第二年，我们在南湖这里的店铺已经赚到了三万块钱，可是到了冬天，南湖的游客明显减少了，我们就决定经营火锅生意。当时很小的餐厅里仅有三张桌子和两个布置很简单的雅间，在经营中我们不断摸索、不断学习。

到了春天，我们依然经营照相馆，开茶馆，但是当我看到火锅店生意那么兴隆，看到顾客们满意地品尝着美味佳肴时，我决定继续经营火锅，因为我很享受这种“迎来送往”的快乐。后来由于慕名而来的客人越来越多，我们火锅店的面积也越来越大，到了汉中时，客人多的时候居然需要提前几天预订座位。没过多久，我感觉实在太辛苦了，感到有点吃不消了，就萌发了想把店面转让的想法，很快就有人来和我谈这件事情，我也痛快地答应了他。在那天晚上，我召集所有的员工一起吃了一顿团圆饭，我告诉大家，从明天开始我就不是这家店的老板了。很多员工都不吃饭，围在我的身边依依不舍。晚上回到家，我感到心里很不是滋味，似乎我卖掉的不是这个店铺，而是把这些员工卖掉了。由于当时不用再这么辛苦的经营这个店铺，似乎身上的担子也轻了很多，我们一家三口去北京、成都等地尽情地放松游玩。等这一圈玩回来，我又开始想，接下来的人生又该如何安排呢？经过反复的思考，我懂得了做任何事都要有执着的信念，我自己还是对经营火锅情有独钟，但是，我不能在汉中继续开店了，因为那样就会对之前转让的那家店，造成一定的威胁，这就失去了商德。

就这样，我们来到了西安，在小寨什字找到了一家濒临倒闭的店铺，当时租金和装修花了几十万，这西安第一个火锅店就算开张了。为了尽快扩大知名度，吸引客源，我带领员工在路边发传单，沿街宣传。一个月之后，我们的店面就出现了排队用餐的场面，当我看到西安的顾客逐渐接受并喜欢了竹园火锅后，又陆续在大雁塔、和平门、高新区开了分店。记得在大雁塔分店开张以后，我就组建了自己的配送中心，统一采购、统一配送，那时候市场上没有质量好的豆腐制品，我们配送中心就自己发清水豆芽，自己做豆腐，我们还到四川去采购泡菜、酱料。为了保证食品卫生和菜品的质量，1999 年，我在汉中建起了占地面积百余亩的食品生产基地，从那时候开始，竹园村火锅的食品从种植到上餐桌，都是一条龙服务，这样也就保证了竹园火锅的色、相、味的品质。2008 年我们公司生产的香辣酱，还摆到了北京奥运会组委会的餐桌上，同时，在很多大型超市里也可以见到我们公司的商品，销量十分好。通过我们的调查，全国每年调料的销售达到 2000 多亿，我们又在杨凌建了一家酱料生产工厂，占地 100 多亩，还有 1000 亩地的种植基地，建成以后，将是陕西最大的食品调料工厂，这样既为竹园火锅使用的底料提供一个安全的货源，又为陕西省在酱料深加工生产方面做了贡献。这样的做法，就是通过竹园村火锅带动了一系列的产业。我们计划今年之内，在西安周边再增加 5 ~ 8 家店铺，不断扩大竹园火锅在西安的影响力。

在去年一个偶然的机会里，我了解到西安科技二路有一家“呀米快餐公司”，由于这家老板以前没有涉足快餐行业，所以连续几个月都处于亏损的状态，我就萌生了收购这家公司的想法，通过联系，得知这个公司也有这个意向，通过多次商谈，于 2010 年 7 月，我正式接手了这家公司，现在我们一直都在给东方航空、百盛集团、部分大专院校、写字楼等单位配餐，并且得到普遍好评。在西安召开的世园会，我们也有幸成为指定餐盒供应商，并且保证世园会员工每天 5000 余人的用餐。

公司的生产线非常先进，不论是洗菜、切菜到最后的净菜，还是淘米、筛选到最后的米饭，都是一条龙的生产线，不但干净、高效、卫生，而且有效地节省了人工，降低了成本。

有了这些产业的支撑，今年我们成立了竹园嘉华控股集团。属下的几个企业，各自在不同的领域发挥自己的作用：汉中农产品基地为竹园火锅提供了支持平台，做到质量可控，为大家能吃到安全放心的火锅保驾护航；杨凌的蔬菜种植基地又为“呀米快餐”提供了合格的货源，保证了食品质量。截止到现在，我们已经打造出来竹园嘉华食品产业链，接下来我们还要为竹园嘉华集团早日上市做准备。关于上市问题，我有以下两点考虑：第一，成立公司股改办公室，三年之内，我要让那些和我一起打拼了二十多年的老员工们由此得到他们应得的回报；同时还要广招贤才，让更多的能人都加入到公司里来。争取五年时间顺利上市。第二，我以前是从事摄影工作的，现在竹园火锅杂志封面依旧是我拍摄的，所以，我希望能有机会再涉及这个行业。

大家都知道，我是从小商小贩开始起家的，并没有系统地学习过企业管理，所以，还有很多的东西都需要我们不断地学习，不断地完善。

2003 年的时候，我在北京开了第一家火锅店，但是刚刚看到一些希望，就遇到了“非典”，等我们走出这个困境后，就有很多人在质问我，为什么曾经如日中天的“竹园村”怎么还干不过“海底捞”呢？我当时就笑着说，海底捞是通过自己努力和勤奋得到了今天的成绩，我作为一个四川人，也为他们感到高兴自豪。但各自的情况不同，有许多事情是无法向外人说的，其中甘苦只有自己知道。除了在餐饮上发展外，我们公司在其他领域也都有了一定的成绩，其中，我们在陕北有一处煤矿；汉中的竹园华府楼盘已经清盘；在汉江南岸有储备土地500多亩；最近，又在西安高新区高新国际中学南边有一处地产；2009年，西安成立了长安银行，我们集团也在长安银行占了一定比例的股份；在MBA学会，我学到了很多经营管理的知识，对我今后更好的管理竹园嘉华提供了很好的帮助。

记得我在南湖边经营摄影的时候，遇到有些照片光线不好或构图不好的，我都会把钱给游客寄回去，并且写上一封致歉信，我觉得做生意，就是做良心。作为人大代表，我每年都在提食品安全的问题，呼吁国家对食品质量的整合加大力度。

我想对女同胞说，我们作为新时代的女性很幸福。这个社会已经给我们很多好的机会和平台来展现我们的才能。我的体会就是在工作中，做事的时候，不要把自己当作一个女人，男人能做到的事情，我们也能做到。但是回到家里我们要做一个合格的女儿、妻子、母亲，这样才能享受事业和家庭带给你的快乐。在很多人有了一定成就的时候，却丢掉了很多东西，比如我们浮躁，我们攀比，其实我们每个人都需要一个平常心，不论事业做得大与小，都是在为社会做贡献，只有十分的淡定才能理清生活的头绪，不要太在乎别人的评价，不要生活在别人的评价误区里，那样的生活只是疲于奔命，不是真正的生活。有人就过着“5+2”“白加黑”的生活，就是每周五天工作日还要加上两个休息日，白天忙完晚上还要忙，这样的生活就失去了快乐和幸福。不要等到我们老了的时候，才发现我们没有顾上多陪陪孩子，没有顾上多孝敬父母，只有懂得享受生活才是人生最高的追求。

我平时不太看电视，但是每天的《新闻联播》我是一定要看的，很多企业经营时遇到一些问题，其实就是对国家政策不了解，通过这些年的拼搏努力，经历的风风雨雨，让我感到，任何人做事都不能半途而废，都要坚定自己的信念，不要害怕困难。我自己这些年的座右铭就是：勤劳，执着。为这一份社会责任，为了企业更加的兴旺发达，为了自己的家人过上更好的生活，我们都不能轻言放弃，因为只有经历风雨，方能看见美丽的彩虹。

（本文系作者2011年在西安MBA学会企业家讲堂上的演讲，刊发于学会会刊《方圆管理》2011年12月总第6期）

守望初心，创造明天

◎ 解领权

“你总是心太软、心太软、把所有问题都自己扛……”自从 1999 年，我们注册成立陕西心特软食品公司以来，为了在激烈的市场竞争中站稳脚跟，为了在行业中树立心特软的品牌形象，为了创造更多的就业机会，就像歌词中唱的那样，以心换心，矢志不渝，经过十八年的不懈努力，发展成为集烘焙食品研发、生产、经营为一体的现代化清真食品企业。

1. 坚持诚信经营的立企之本，遵纪守法、公平竞争，自觉维护行业尊严心不变

目前，我国经济发展正处于动力转换的关键时期，大力培育新动能，改造提升传统动能，充分激发市场主体活力是当务之急。国家也相继出台了一系列建立公平竞争审查制度，降低制度性交易成本，克服市场价格和行为扭曲的政策和法规。省烘焙协会充分发挥行业协会的自律功能，为努力创造公平竞争的市场环境做出了积极的贡献。但在食品行业仍存在着许多不尽如人意的事情。其突出表现为假冒伪劣、以次充好，欺骗消费者；恶意竞争、降价销售，大打价格战等，严重扰乱了市场秩序。对此不良现象和行为，我们给予坚决抵制，首先是依法经营，自觉维护公平的市场环境；其次是强身健体，做到出厂的产品货真价实；三是不打价格战，做到不以有奖销售、变相降价等形式进行恶意竞争。

2. 始终秉承“诚做实在人，精制放心饼”的企业宗旨，坚持感恩善待心不变

坚持做到善待消费者、善待经销商、善待供应商、善待同行、善待员工，常怀感恩之心，以期共同发展。在内部管理上，坚持以人为本，从“关心人、理解人、爱护人、帮助人”入手，增强员工的凝聚力和向心力。在不断提高全员收入水平的基础上，对优秀员工进行奖励、对困难员工给予资助，与全体员工共同分享企业发展红利。特别是在经营上，把让经销商挣钱作为硬道理，在春节、端午、中秋三大新产品品鉴推介会上，聘请具有丰富实战经验的营销专家对经销商进行培训，开拓营销思路，分享成功案例，教会大家挣钱的方法。并对业绩突出的优秀经销商，进行各种不同形式的奖励，与经销商建立起社会责任、经济利益共同体。

3. 郑重向社会进行承诺，坚持做良心食品、放心食品，共铸食品安全心不变

近年来，随着食品质量安全事件频频发生，心特软人更加感到肩上的分量，深感道德与诚信责任之重大，视食品安全为最大的社会责任，多次组织社会各界人士走进心特软，见证食品质量安全，先后有 60 000 人次走进企业，进行参观考察，增强了消费者的信心。早在 2012 年，就向社会公布了“用良心撑起食品安全一片天”的心特软质量宣言，郑重向消费者承诺：在生产前，精心选料、严格把关，以绿色有机的原材料为基础，把住产品生产的入口关；在生产中，提升技术、严格训练，使每个员工都成为产品质量的检验员，使每一道工序都成为产品链上的“金锁关”；在运销中，精心包装、轻拿轻放，保证产品运销过程中包装完整，让每个经销商和消费者一起为我们把好产品质量关。今年春节期间，携手陕西百名新农人走进心特软，共同宣誓捍卫食品安全。并在由“三秦食药”推出的“3 · 15 老百姓最信得过的十大食品品牌”评选活动中，以过硬的产品质量和品牌影响力，从众多参评企业中脱颖

而出。

4. 积极参与社区建设，热心社会公益事业，坚持履行企业社会责任心不变

心特软公司从最初只有几间厂房、十多个人的小作坊，发展到今天占地 80 多亩、560 多人的现代化食品企业；从一个名不见经传的小资，到跻身陕西省十大烘焙企业，心特软公司从无到有，由小到大，在十八年的发展过程中，首先是积极承担并履行好经济责任。以放心可靠、安全健康的食品，为极大丰富人民的物质生活，为国民经济的快速稳定发展发挥自己应有的作用，累计为国家上缴税金 1300 万元。与此同时，努力做奉献社会的慈善企业。不论是当年的汶川地震、玉树地震，还是每年的扶贫帮困，支援社区教育、支持健康、人文关怀、文化与艺术、城市建设等项目的发展，帮助社区改善公共环境，自愿为社区工作，心特软人都自觉承担起应尽的社会义务。尤其是近两年来，从春节慰问环卫工人到九九重阳节征集最美百名全家福活动；从携手青歌王子刘和刚走进长安敬老院到心特软篮球俱乐部爱心助教；从与“最美中国人”的残疾青年马华参加慈善事业到为癌症患者捐款；从参加西安防霾大作战出资资助 5 万口罩到参与扶贫爱心购买贫困户的苹果，在建设负责任的社会企业上交出了一份合格的答卷。

5. 按照“专注陕西味道、传承中华糕饼”的品牌定位，坚持振兴秦饼心不变

在省烘焙行业协会的支持下，率先成立了陕西秦饼文化研究中心，先后召开了“首届秦饼文化研讨会”和“月饼的故乡在长安”研讨会，并推出了“周礼”“秦风”“汉典”“唐韵”等系列大唐秦饼。企业首批通过国家食品质量安全 QS 认证，荣获全国农业产业化优秀龙头企业、全国民族特需商品定点生产企业、省级科技型企业、省级质量管理先进单位、全省烘焙食品行业十佳企业等称号。产品先后被评为“中华糕饼文化遗产”“中华糕饼优秀品牌 100 强”“中华国饼”“陕西省名

牌产品”“陕西省著名商标”。还在2016年9月21日，国家农业部在中国著名的马铃薯之乡——陇中定西隆重举行的全国马铃薯主食加工产业联盟成立大会暨第四批全国主食加工业示范企业发布活动中，心特软公司获“全国主食加工业示范企业”殊荣。为了整合科技人才等资源，不断提高科技研发能力与水平，引进科技人才和技术，扩大科技合作与交流，发挥行业龙头作用，使企业生产的产品完全符合《少数民族特需用品目录》要求。2015年，公司投资600万元组建了清真食品工程技术中心，并经咸阳市科学技术局认定为咸阳市清真食品工程技术研究中心。

6. 按照供给侧改革的要求，自觉调整产品结构，坚持创新做健康食品心不变

在供给侧改革中，自觉适应市场和消费者对产品的新要求，实现两个转变。一是逐步由节日短线产品向日常消费长线转变，积极参与中小学生营养早餐工程，开发出方便、安全、营养的学生营养餐系列放心食品。二是由高糖食品向低糖、无糖健康食品转变，2016年心特软月饼除传统口味的老月饼外，还独家创新、研制出符合当代大众口味，并将“健康、养生、时尚”等理念相结合的健康新产品——蔬菜饼。包括山药木耳蔬菜饼、西芹蔬菜饼、番茄酥、鲜花饼等品种。这些新产品一经上市，就受到市场的好评和消费者的青睐，目前已经成为企业的拳头产品。由于产品质量和品牌影响力的不断提高，2016年9月6日，在由农业部支持，河南省政府主办的第十八届中国农产品加工业投资贸易洽谈会上，心特软公司代表陕西农业产业化重点龙头企业参加，新推出的中秋新品鲜花饼、番茄酥、老月饼等在名特优精品展区亮相，吸引了众多嘉宾驻足品评。在重点项目签约仪式上，心特软公司与澳大利亚澳中企业文化交流中心签署了战略合作协议，标志着秦饼的代表品牌——心特软将走出国门、走向世界、走向更远的地方。

心特软人深知：未来的路还很长，纵向与自己相比，做了许多卓有

成效的工作，也取得了很大的成绩，获得了消费者和社会的认可。但横向与同行相比，特别是与行业内的一流企业相比，不论是产业规模，品牌影响力，都还有很大的差距。前有榜样，后有追兵，犹如“逆水行舟，不进则退”。

我们坚信：只要守望初心、砥砺前行，心特软就不会迷失方向，就一定能迎来更加美好的明天！

（本文原载于2017年《西北信息报》）

乐在服务中

◎ 王弼华

记不清是在哪一次学会的论坛上，一位著名的企业家曾讲过："领导就是服务，企业里也是如此。当你的下属，或者员工，遇到自己不能解决的问题，你及时给予指导，或者提供支持，帮助他解决了问题，他回报你的一定是发自内心的追随和服从。"由此，引起我对服务的思考。

记得傅雷曾经说过："一个人对人民的服务不一定要站在大会上讲演或是做什么惊天动地的大事业，随时随地，点点滴滴地把自己知道的、想到的告诉人家，无形中就是替国家播种、垦殖。"由于我在高校从事 MBA 教育工作，与西安高校许多教授、乃至企业家、政府官员建立了较多的联系，便想成立一个学会，让更多的人，特别是中小企业的管理者也能接受 MBA 教育。恰在此时，结识了对企业管理情有独钟的蔡苏昌先生等几位师友，大家的想法一拍即合，很快就发起并成立了西安 MBA 学会。

作为倡导人之一，我被大家推选为学会的秘书长。刚开始时，由于自己资历浅、没经验，怕担不起这个重任。但创始人蔡苏昌老师告诫我："学会的生命在于活动，活动的成功与否在于组织策划，你只要做好组织服务工作，就一定能把学会的事情办好。"从此，我把"组织活动、服务会员"作为自己的中心工作。每次学会开展活动前，从主题定位到请谁主讲，对场地选择到通知人员，甚至为大家准备一张纸、一支笔、一瓶水，我都做到事无巨细，一一安排妥当。特别是在选择请演讲嘉宾时，为能请到观念新、水平高、善演讲的大家，往往不辞辛苦，在多个人选中比较，为确定演讲主题与内容，反复进行沟通，力争将每次论坛都办成一次让大家分享思想的盛宴。因而，参与活动的企业家越来越多，学会在社会上的影响越来越大，学会所倡导的“开放、公益、自然”理念成为大家的自觉行动，我这个秘书长也越来越好当。

在为大家服务的过程中，我也获得了很多感悟。体会最深的是：服务是一种快乐，也是一种荣誉。看到许多参加学会活动的人在这里得到启迪，成就了事业，觉得自己的工作有了回报，也更加坚定了我为大家做好服务的信念。正如博学、宽容的哈佛大学教育学者葛登纳所言：“当你服务他人的时候，人生不再是毫无意义的。”

在学会成立十周年之际，以此短文与一直和学会相伴的各位师友共勉。

（本文系作者于2017年10月西安MBA学会成立十周年之际而作）

关于 MBA 教育的十点思考

◎ 石高宏

时光荏苒，岁月飞逝。转眼之间中国 MBA 教育的实践已达 35 年之久。回顾自己多年来的教学和服务工作，我觉得有以下十个方面的问题值得人们去思考。

1．商学院的使命、愿景和价值观

商学院的使命就是为培养现代管理英才而不懈努力。当然，该使命说具体点就是如何使学员在今后的做人方面更加真诚，在做事方面更加精干，从而成为最好的自己。这样就可以因材施教地培养出现代企业所需要的企业领袖、职业经理人、职能部门管理英才和其他管理层面的优秀团队成员。

商学院的愿景就是让商学院的学员、教师、服务人员包括商学院自身得到大的提升和成长。任何正在前进中不断发展的商学院都会关注自己的排名，但真正志存高远有强大实力的商学院绝不在乎他们所谓的排名位次，而只在乎自己的成长。事实上，这种只问耕耘、莫论收获的态度，就是他们最大的愿景。

商学院的价值观就是要弘扬主旋律，传播正能量，而不是同流合污、沆瀣一气。商学院不仅要和学员一道研习企业创新和营销，更重要的是与他们一道承担社会责任，推动时代前进。

2．商学院的体制

理念是事业发展的起点。但任何壮丽的事业的发展从根本上都离不开一流的体制。例如，中欧商学院和长江商学院的体制就充满活力，没有沉重的历史包袱。又如，已有 21 年发展历史的陕西工商管理硕士学院，集陕西几个有实力的高校优势资源、统一管理、灵活创新的体制，使得陕西工商硕士管理学院能够在激烈的市场竞争中立于不败之地。就国内而言，各校的体制不尽相同，各有差异。有的管得太死，下面缺少活力和积极性；有的则放得太开，出现了一些失控现象。理论上讲，既要放开又能管住的体制是最好的体制。也许在实践上最适合的商学院实际情况的体制才是最好的体制。大家习惯说，没有最好，只有更好。世界上没有最好的体制，只有最适合基本原理和具体情况的体制。

3．商学院的师资

无论是名师出高徒，还是严师出高徒，甚或是宽师出高徒，但任何一流的商学院最终还是要有一流的师资队伍。商学院的师资大致有三种类型。一是纯学院派系列。他们习惯于用更高深更抽象的概念讲解略微有点高深和抽象的概念，其结果是学员听得云里雾里，不仅不明白，反而更加糊里糊涂。这是把简单问题复杂化。二是培训师系列。他们上课时喜欢用更简单的故事来解释其实并不复杂的道理。学员开始听得高兴，不久就会觉得腻味，最后感到索然无味。三是融会贯通系列。他们讲课总是用极为简单的生动事例来恰如其分地阐明复杂而抽象的道理。学员听得有滋有味，心明眼亮。事实上，学员最喜欢这些能把理论和实践紧密结合在一起的老师。在实践中，全国 MBA 培养院校都会在课程结束时让学员给授课教师评分。这也许有一定的促进作用，但也许因体制等方面的原因却会出现一些偏颇之处。例如，有些同学上课很少甚至从来没有上过课，往往效仿其他同学给老师评分。这很不严肃也很不公正。作为教学服务工作人员，有时需要进课堂听课，深入了解真实的教学情况。例如，上课时可用照相机拍照，了解分析上课时多少学员的腰是直的，多少学员的脖子是直的，多少学员的眼睛是直的。在低头看手机的移动互联时代，传统教学的的确确面临着新的巨大挑战。

4. 商学院的教学设施

一流的商学院必须有一流的教学设施来保证教学质量。良好的学术氛围是通过好的学习环境来保障的。例如宽敞明亮的教室、资料丰富的现代阅览室和能够让教员、学员和教辅人员进行有序讨论和互动的案例室。具体包括桌凳的用料和设计，学员课间茶歇时的相关配套设施。总而言之，历史总是在发展，时代也总是在前进，符合全球国际标准的校园和教学大楼对学员是有吸引力的。

5. 商学院的管理团队

优秀的商学院必须有优秀的管理服务团队。他们能深刻理解领会商学院的使命、愿景和价值观。他们做人诚实、办事干练、勇于开拓、进取精神强；他们能以身作则，积极奉献；他们有极强的团队精神和协作意识；他们既能坚持原则，同时又不适灵活性；他们知道管理的本质是就是服务；他们富有爱心，能给学员营造一个温馨的成长时空。

6. 商学院的服务精神

商学院不仅需要一流的管理能力，而且需要一流的服务精神。一方面，要为优秀的师资队伍做好备课、授课和结课等流程的服务工作；另一方面，要为所有学员提供入学前的咨询、入学后的管理和毕业时择业、创业和职业发展等全方位的综合服务工作。今后不断加强师生员工与商学院的真诚互动是时代赋予商学院的一项崭新的工作内容。

7. 商学院的管理环节

商学院的日常管理要为 MBA 入学后在五大环节上提供精准的服务。一般地讲，MBA 学员在商学院所经历的学习环节大致可以分解为课程学习、第二课堂（学术报告与企业家报告）、实践考察、毕业论文和学员之间的互动等五大环节。这些环节环环相扣、节节互连、相互支持、自成一体。所有教员尤其是管理团队要紧紧围绕这五大环节开展耐心细致的教学管理服务工作。当然，所有学员也要积极主动地参与配合这些环节的工作。

8. 商学院的科学方法

优秀的商学院除了传授现代企业管理知识之外还非常重视科学方法的传授。授人以鱼不如授人以渔。如果说普通的商学院似乎忙于给学员提供美味的面包的话，而卓越的商学院则专注于给学生一把猎枪，让他们时刻迎接生活的挑战。这些科学方法包括了求真务实的价值观层面的哲学思考、提纲挈领的理论层面的抽象概括和删繁就简的工具层面的操作应用等三方面的内容。相对而言，院校的教员与行业的师傅最大的区别也许在于：教员希望学员超过自己，而师傅害怕教会徒弟饿死自己。从这个意义上讲，教师这个职业的确是太阳底下最神圣的职业。青出于蓝而胜于蓝只是问题的提出，让每个受教育者能够充分挖掘自己的潜力，成为最好的自己，才是教育成功的答案本身。

9. 商学院的教材

现代化的教育不仅需要现代化的师资队伍，而且需要现代化的教材。好材教对于教员而言既如同士兵冲锋陷阵打仗时手中的利剑，又如同将军指挥作战时胯下驰骋的战马一样重要。在选择教材时既要有全球化视野又要有本土化考量。当然，要充分尊重每位任课教员的意愿。例如，不同任课教员在不同班级讲授同一门课程完全可以根据自己的喜好选不一样的教材。教员在围绕教学大纲展开教学的同时，要为学员推荐一些其他教材和读物。在资讯如此发达的今天，教员要引导学员少走弯路，多读一些经典原著和经典案例。其实，读经典就是与大师对话，读普通书籍和普通故事就是和凡人聊天。读经典就能使人醍醐灌顶、茅塞顿开，从而促使大家深入独立思考帮助我们点燃一把火，而不是灌满一桶水。

10. 商学院的成长

商学院的成长归根结底是学员的成长。优秀的理念能够引领学员正确地认识到自己的责任和定位，从而促使他们具有不断努力的积极端正态度，进而具有坚持不懈刻苦钻研和持续思索练就真功夫的精神，从中体会并找到科学的方法，最终取得显著的学习效果并获得良好的成长。诗人歌德说过，人们习惯关注别人的成功，却很少关注别人的成长。衷心祝愿天下所有的商学院都能在帮助学员健康成长的大道上做出自己应有的特殊贡献。

让管理思想成为一种习惯

◎ 安克万

2007 年春夏之交，有幸在曲江国际会展中心一间不大的会议室听会兼做服务。屋顶是拱形的，向外延伸，配上窗户，恰似一艘扬帆远行的航船。在座的有学会创始人蔡苏昌教授、西安交通大学管理学院杨建军教授、西北大学管理学院王弼华老师和时任太白酒股份副总经理包小卫等人，大家相见甚欢、无所不谈。也是在这里，大家萌生了成立西安 MBA 学会的想法。至今，当时的情景仍历历在目。

经过十年坚持不懈的努力，通过论坛、讲座、交流、走进校园及企业等活动，学会如一棵茂盛的大树，给人绿意、给人想象、给人力量、给人希望、给人愉悦、使人进步。现在，管理思想潜移默化的熏陶着我，而我也将管理思想的应用内化成一种习惯，用“内方外圆”指导自己的修为，用“内方外圆”滋养着单位的发展。

有时在想，管理就像医生与服务对象一样：无病时要体检，需保养；生病时要治疗，需康复。医生的作用就是动态的诊查，提出解决方案。我理解的管理便是这样：根据变化的情况及发展的需要，及时予以修正，加以引导。

近年来，当管理思想成为习惯后，每年年初，我都会根据年度工作情况，写一篇带有指导性、方向性的新年祝辞给单位的员工，或提醒、或鼓励、或鞭策，让大家明白新的一年的发展目标与方向。

如 2017 年初的《给新年》是这样写的：

年是自然对人的叩问，是开始，又是终结。终结基于开始，开始提升终结。

丁酉鸡年的开始，应该是丙申猴年的提升。

一是识人用人。一上班，就得与单位的人和事打交道，尤其是和人打交道。怎样识人用人，或者说自己展示给别人的“内芯”是什么，别人从你身上接收什么样的信息，就尤其重要。已经认识到某人能力较强，责任心较重，那就可以放心、信任多一些；认识到某人的能力较强，责任心较差，怎么办？认识到某人责任心较强，但能力较差，怎么办？这个过程也是“内芯”彼此验证的过程。毕竟五根手指不一样长，却可以同时弹出最美妙的音符。

二是过程管控。尽管都接受过高等教育，素质相对较高，但基于人性的弱点，管控还是必须的：道德、习惯、制度、法律加上自律，应该说是一个很好的闭环，但不能仅此而已。而是要在识人用人的基础上通过适当的过程管控来保证结果（质量和效率）。承担具体工作的人，在什么节点，与哪些人讨论，向谁汇报，解决什么问题要心中有数。不能认为交给我，我就是老大，自负或自卑，将结果搞糟；每层的负责人在安排此项工作时能否有个计划，何时催办，何时讨论，有问题怎么解决，也应心中有数。特别是有责任的领导者，就更须“克己复礼”，为达成需要的目标而不懈努力。

以上两点，其实质还是单位生态建设的一部分，这两方面做好了，加上薪资、奖评、会议等方式的强化，相信工作的质量和效率会得到保证。

我们怀有共同的梦想，我们是命运共同体，是彼此依靠的对象，让我们感悟、改进、提高！

顺祝各位家庭幸福！身体健康！工作愉快！万事大吉！

再如2016年初的《新春感言》：

灼灼腊梅报春韵，阵阵清风启新元。

过去的一年，在大家的共同努力下，我们顺利完成了全年的主要任务，取得了较好的成绩，应该感谢大家，并向大家表示敬意！

新的一年，我们还需在以下几方面努力：

唯其艰难，才需攻坚。伟大的事业召唤奋斗的人才。在工作生活中，我们不仅需要温文尔雅的气度，更需要坚定目标，咬定青山，夺取胜利的勇气与干劲。因为有困难，有压力，才需要我们，也才能发挥我们的聪明才智。

因为合作，亟须交流。有了分工，个人有了不同的工作内容或目标，小组或部门也一样，这给个人或部门提供了展示的舞台，但同时个人或部门的工作，是单位工作的有机组成部分，必须符合单位的工作目标，这样才能彼此推动，协力完成。工作内容、标准、进度都需要在完成的过程中不断的修正完善。这就亟须交流沟通。另一方面，临时负责的工作也需要交流、交接。上级单位的来文、来电应按归口处理，以便有连续性或专业性。交流还可以取长补短，愉悦心情。

因为发展，更需创新。发展是总目标，但发展是动态的，在特定的阶段，发展的方向或速度可能面临调整，这就需要创新，而不是一成不变。同时，在发展的过程中，也需要创新的因子推动发展，加快发展。对于个人，思维需要创新，某些固有的模式或习惯也需要创新。创新可能会带来压力，更多体现的却是活力或收获。

交流凝聚力量，共识坚定人心。

新的一年，让我们瞄准目标，共同努力，形成合力，努力推动中心发展迈上新台阶。

祝大家新春吉祥！万事如意！

当管理思想成为一种习惯，收获的便不仅是知识，更多的将是认识提升；惠及的便不仅是自己，更多的将会是事业发展。

年前，周战峰老师感慨学会的成长历程，在微信上发了一首“十年一瞬间，方圆有灼见，新年送百福，撸起袖子干”。忆及十年，一路相伴，思绪难掩，我便回了一首：“恍如红油船，几人把话谈，乐见方圆现，共尝智慧甜。”恰是我的内心表白。

感谢学会，感谢大家！祝福学会，祝福大家！

（本文系作者于 2017 年 10 月西安 MBA 学会成立十周年之际而作）

分享思想的盛宴

◎ 李战民

人生中有许多事情看似偶然，其实背后都有其内在的必然性。比如我和西安 MBA 学会的联系，就是如此。

大约是在 2009 年，我当时在《陕西商界》杂志担任主编，通过朋友老周认识了中外名酒城的包小卫先生，又通过包总走进西安 MBA 学会，结识了更多的朋友。这是一个松散的学会，秉承“公益、开放、自然”的宗旨，到学会来演讲的人和听课的人都没有费用，也不用填写入会登记表，凡来参加者即是会员。原以为这样松散的学会，活动不会有多少人来，但由于组织者的周密安排和演讲者的精心准备，几乎每次活动都成为一次分享思想的盛宴，参加活动的人也越来越多，影响越来越大。因我是媒体中人，又编过多年杂志，时间不长就被委以重任，负责学会对外推广宣传和内刊《方圆管理》的编辑工作，也由想来就来的一般会员，变成了逢活动必来的骨干核心成员，并一直坚持至今不辍。看似偶然，实则必然。用佛家的话来说，这就是缘分。

在这里，结识了许多博学之士，成为我思想的智源。七八年来，到学会“方圆论坛”来演讲的专家学者不下四五十名，既有多年从事管理研究和教学的西安交通大学、西北大学、西安理工大学、西北工业大学、西安电子科技大学、西安邮电大学等经济管理学院及陕西师范大学国际商学院、陕西省工商管理学院的知名学者，也有驰骋商海多年，或在企业担任高管，积累了丰富管理经验的企业家和职业经理人，还有来自省决策咨询委员会、政府研究机构、商协会领导等社会精英，每次听他们演讲，或者现场交流，都收获颇丰，成为我思想上的智源。

如创立了“方圆管理法”的蔡苏昌先生，在多年的工作实践中，他将企业管理用“内部（制度 + 文化） + 外部（环境）⇒客户需求”这样一个简要关系式表示出来，或者用方圆表示可为“内方 + 外圆⇒目标”。并给它起了个名字，叫企业管理的平衡方程。他认为“方”与“圆”，即刚与柔，方有形，如骨架；圆无形，如空气，无处不在。二者相互补充、相互依存，其间尺度把握得好，则可形成无真空管理，也便达到了企业管理的高层次。不论是听他讲课，还是读他的著作，我都有一种茅塞顿开的感觉。最大的收获是让我明白：一是好用和管用的企业管理方法，永远是最简单、朴素、实在的，而不是越多越好；二是管理要以务实为本，千万不要搞花架子，那样不但劳民伤财，而且会越管越乱；三是管理是一种悟性，悟性在于思考和行动，成功的管理没有模式，只有心态，就像参禅悟道一样。

在这里，结识了许多新朋友，有的成为合作共事的伙伴。如西安财经学院高全成教授，博学多识、待人诚恳。此前我一直认为大学教授架子大、难接触、不好处。但认识高教授后，彻底改变了我的认知。他虽然衣着简朴、其貌不扬，但理论功底深厚，在学术上建树颇多，而且还是省政协委员，担任着西安财经学院区域经济研究所所长、省民建经济委员会副主任等职务，社会活动极多。尽管很忙，但却乐于助人，不论是谁，只要有事找他，都是有求必应，不厌其烦帮忙解决，是圈子里面出了名的热心人。特别是他家里还有一位年过九旬的老母亲，在他无微不至的照顾下，耳聪目明、精神矍铄，让人羡慕和钦佩。正因如此，我们成了好朋友。共同编制了《欣汉生态渔村建设发展规划》，合作出版了《唤醒沉睡的东黄》一书，完成了《进一步办好中国西部跨采会，提高陕西经济外向度》研究报告等项目。

在这里，提升了我的境界，成为管理思想的传播者。我虽长期从事宣传工作，主编过多种杂志，但编辑《方圆管理》这样的专业性内刊，还是第一次。为了准确传播演讲者的管理思想，为会员提供丰富的精神食粮，学会的活动，我很少缺席。如果实在来不了，也都安排专人录音。对每位讲演者的报告，我字斟句酌，不但在听的过程中认真做好笔记，还在整理文稿的过程中，对不懂的名词、生僻的句子，通过各种渠道反复求证，直到完全弄清楚微言大义为至。

如西安交通大学李德昌教授"势科学"的报告，因为录音整理的缘故，许多段落逻辑结构衔接不上，我便直接向李教授请教。他不但传来了经过整理的演讲稿，还赠送给我《信息人社会学——势科学与第六维生存》《新经济与创新素质——势科学视角下的教育、管理和创新》两本著作，让我对势科学理论有了深刻的认识和理解。特别是他提出的势科学模型：

"势＝梯度＝差别÷距离＝差别×联系"

他进一步解释到："几乎所有重要的自然科学问题，都可以归结为导数或偏导数构建的势函数问题，本质上就是广义'除'的问题，所有的社会科学问题及管理问题，都可以归结为事与事、人与人以及人与事之间'差别'与'联系'的关系问题，本质上可表达为广义'乘'的问题，而势＝差别÷距离＝导数＝差别×联系，所以，在势科学的视域中，'除'的问题与'乘'的问题是同一个问题可逆的两面，因而有可能通过对势的普适性论证，将自然科学与社会科学真正统一起来。"

由于我在多家民营企业担任品牌顾问，自从听了他的势科学理论后，似乎找到了一扇门，品牌推广不就是造势么。怎样做势才会大呢？势科学理论告诉我们，在做好品牌差别性的同时，一定要让传播距离小一些，与消费者的联系大一些，这样就可起到事半功倍的效果。

在与学会一路同行的几年中，这样的事例不胜枚举。特别是每期《方圆管理》杂志出版后，听到大家的称赞，心里有一种说不出的满足感。与其说我是一位管理思想的传播者，不如说我是最大的受益者更为合适。因为在编辑出版的过程中，我虽然付出得多，但是收获更多。今后，让我们在西安 MBA 学会这个大平台上，与更多的人进行交流；在西安 MBA 学会的大家庭里，分享更多的管理思想，让自己的心灵有所寄托。

（本文系作者于 2017 年 10 月西安 MBA 学会成立十周年之际而作）

跟着专家老师学管理

◎ 齐达巍

子曰："三人行，必有我师焉。择其善者而从之，其不善者而改之。"这是孔子在《论语·述而篇》中对弟子们说的一段话。

其实，在西安 MBA 学会成立十年的历程中，来"方圆管理"论坛演讲的专家学者、企业家不下四五十位，有的偏理论、有的重实践、有的谈经验、有的说教训，可以说从他们每个人的演讲中我都汲取了丰富的营养，他们都是名副其实的老师。

我曾在海外学习工作过近十年，主要工作经验是在国内外大学和境外企业获得的，2005 年创建西安银河电信技术有限责任公司，主要进行通信和软件产品的研发与推广应用。在单打独斗从事具体科研工作时，我还没有意识到管理的重要。但创办企业之后，虽然规模不是很大，人员也不多，只有二三十人，但却面临着很多问题，科研计划、组织协调、市场推广，这些问题都需要管理。

恰在此时，西安 MBA 学会成立。创始人蔡苏昌老师为学会确定了重点工作：一是请回孔子、老子、庄子等先贤教给我们如何在现代生活中适应社会环境，找准人生的坐标，获取心灵快乐；二是请已参与 MBA 实践的毕业生畅谈成功或失败的体验，失败的感悟有时比成功的经验更能启发别人；三是请各界成功人士做专题讲座，举办培训班，探索参与社会实践的方式和方法，贴紧理想与现实的距离。

他在多次讲座中说，当 MBA 学会有一天使越来越多的人明白，企业管理的至高境界是“道法自然”，人生的大智慧是“为自己雪中送炭”时，体验管理就会转化为享受管理，这就是我们的理想。

从此后，我不但积极参加学会组织的各种活动，并给自己定了位：“服务学会、甘当学生”。这么多年来，跟着学会一路走来，认识了很多老师，结识了一批朋友，学到了不少东西。如我们公司成功研发的“社区基础数据库云服务”“社区管理、服务信息平台”“一键式养老健康平台”等应用系统云平台，就得到了学会各位老师的指点和帮助。系统涵盖了面向社区服务中，民政、社保、计生、综治、信访等方面的管理、服务应用。在陕西省许多社区应用后，取得了良好的效果，受到社会各界的好评。

在学习和体验管理过程中，我认识到管理团队分工协作对个人和企业有重要意义。企业管理分为两个维度的工作，一个是把一个企业作为整体的管理，即愿景、机制、模式，做什么，做到什么程度的管理；另外一个维度是企业内外各个组件及其相互关系的管理，即对外、对内和内外关系的具体规章、制度、方法，怎么做的管理。它们之间并不完全是，但类似于宏观和微观之间的关系。宏观和微观管理的能力集中在一个人身上会造就优秀的企业家。然而实际情况往往不是这样，因为这两个维度的管理能力要求不同，甚至会相互冲突，同一个管理人员很难同时胜任这两个维度的工作。在大多数企业中需要分工协作，需要团队来完成全部管理职能。这个问题在创业企业的配置中尤为重要，企业创始人必须充分认识到这个问题并合理配置管理资源才能确保企业发展过程中的管理能力的同步进步。

管理能力在大多数情况下是可以后天习得的，和个人成长过程的经历有关，但更重要的是有意识、带有主观能动性的学习和培训。一个企业最重要的资源就是管理资源，而这种资源的获取不应该是靠碰运气碰到的，而是有意识的去从外界获取和内部培养培训获得的。从公司的发展中我切身体会到，管理就是参禅悟道的过程，就像蔡老师经常讲的那样，“好用和管用”的企业管理方法，永远是最简单、朴素、实在的，就像日出日落，春种秋收一样。只是我悟的还不深、不透，还需要跟着更多的老师学习，通过不断的修炼，最终达到享受管理的境界。

（本文系作者于2017年10月西安MBA学会成立十周年之际而作）

管理的“悟性”

◎ 李　强

我从业20多年来，从办公室秘书做到集团的高层，深深感受到管理的魅力和深邃。大到管理国家，小到管理班组，每个层级的管理方式和方法不尽相同。但是有了管理思想和实践经验的支撑，会让你的组织和团队，心往一处想，劲往一处使，达到我们的预期效果和目标。

在西安MBA学会成立之初，我就作为一名积极分子加入了进来，有幸和西安各知名高校管理学院的领导、专家和教授结识并获得了灵感。同时有幸和学会创始人蔡苏昌结识，开阔了脑洞，拓宽了视野，提升了品味。

说到底，管理不能离开其本意，即计划、组织、领导和控制这几个环节，在不同环境下会有前后顺序的调整。管理还有很多书本上无法说明的内容，这就是大家常说的“悟性”，也就是从高级领导人，你崇拜的上级，认可的同级身上看到、听到、学到的，能穿透你身心、启迪你智慧、打开你天窗、改变你行为方式、指导你走向管理巅峰，让你的领导方式游刃有余在各个方面的外在和内在的感染力。

获得了这些，就是你的管理感悟，就会得到你的上下级的普遍认同和支持。

（本文系作者于2017年10月西安MBA学会成立十周年之际而作）

学会走进“普天厂”

◎ 王晓强

受朋友之托，让我帮着看一下他整理出来的蔡苏昌先生在西安MBA学会“方圆管理论坛”上的演讲稿，说是准备结集出版。抱着学习的心态，我认真读着这些富有哲理，启人心灵的文稿，不但感悟颇深，而且想起了几年前蔡厅长带领学会专家组走进我们厂的情景。

那是2009年，我在西安普天通信设备厂党办工作。过去的同事，也是多年的朋友战民说他参加了一个学会，是由陕西省工业与信息化厅副厅长蔡苏昌和一批专家学者及优秀企业家发起成立的一个公益性组织。学会聚集了一批有思想，愿意为社会做贡献，愿意为别人提供帮助的人，他们本着“公益、开放、自然”的宗旨，共同研究探讨企业管理问题，为企业诊断把脉，解决企业经营中遇到的各种困惑和问题。于是，我向战民提出，能不能请学会的专家来我们厂讲讲课、把把脉。他答应说先和学会领导沟通一下，再确定具体时间。

其实，我对此抱的希望并不大，总感觉我们是央企不隶属地方管理，平日里地方政府部门的领导都很少光顾，人家是省厅的领导能来吗？没想到很快就落实了日期，2009年12月23日，不但蔡厅长来了，还带着包小卫、文炳洲、秦朝等有关方面的专家也一起来了。到工厂后他们先与企业高层领导进行了座谈，从企业经营规模、产品质量、市场销售等多方面进行了细致了解，摸清了企业存在的问题，在此基础上由蔡厅长亲自给全体中层管理人员作了题为《经济形势与企业管理》的报告。

在报告中，蔡厅长针对我们企业在管理上存在的困惑和问题，结合自己担任陕西凌云电器公司总经理的亲身经历，非常生动的向大家讲述了企业文化与企业管理在实际应用中对企业发展的重要性。提出了“制度+文化+企业家个人魅力”的方圆管理法。他认为，企业制度只要具备“简单、实用、有效”的特点就一定管用；企业文化只要涵盖了“创新、自然、包容”的内涵，企业就一定有人气；领导者只要做到“坦率、真诚、言出必行”，人格魅力就自然形成。而三要素之中，文化是核心，代表了企业的信仰和价值观，是企业人气与凝聚力的体现，而人气恰是企业中人与各要素和谐的体现。他还以自己亲身体会向与会人员表述了他对人生的感悟与心得，即：善在心中，心有多大舞台就有多大，行大道者成大器。同时他还就如何做好一名企业领导，如何善待员工，阐述了自己的观点。他认为，只有学会如何评价自己是哪一类人，评价自己解决问题的能力，评价自己对待机会的态度，评价自己感染别人的能力，才能做好一名企业领导。

与蔡厅长一同来厂的包小卫、文炳洲和秦朝等专家教授也从企业文化建设，执行力培育等方面也作了非常精彩的报告。赢得了阵阵掌声和赞叹。特别是蔡厅长的报告，讲理论他深入浅出，让听者易懂、易记；谈经验他切合实际，让人倍感亲切；特别是他生动活泼的语言，感情丰富的演讲口才，折服了所有听者，让参会人员在思想上、观念上、思维方式上受到了一次强烈的震撼和启迪，大家纷纷说，这可是一次最难得的报告会。

随后，我们就跟学会建立了联系。多次组织厂人力资源部、党群工作部、财务部、无线传输事业部、构件制造事业部的部分中层干部参加了学会举行的“方圆管理”论坛。先后听取了西北有色金属研究院党委书记，西部超导材料科技有限公司副董事长，工学博士张平祥所做的《企业发展中以人为本的粗浅思考》的报告；陕西竹园嘉华企业集团公司董事长周素琴所做的《不经风雨，何见彩虹》的报告；西北工业大学教授穆炜所做的《市场营销策略》的报告……

一次次学习，一次次进步，使我们企业管理人员的思想观念，经营思路都发生了质的变化。面对复杂的国情，正确处理了战略、势与利的关系，厂里2013年郑重提出了用三年时间打造“新西安普天”的重大战略，2015年又对企业体制进行了改革，并以土地置换的方式进入航天科技园区，使企业向着更高更大的目标迈进。对此，厂里很多干部感慨道，我们企业这些变化与进步，与西安MBA学会那次走进工厂不无关系。

如今，我虽然退休离开了工作岗位，但西安MBA学会给我们企业和自己思想带来的变化却铭记于心。读着这一篇篇源于实践的演讲稿，也让我开始重新定位自己的退休生活，只要抱着“公益、开放、自然”的心态，人虽然会老，但心却永远年轻。

（本文系作者于2017年10月西安MBA学会成立十周年之际而作）

郭峰：“沙漠漆王”的文化情结

◎ 佚　名

郭峰从刷油漆起家，然后涉足经营油漆、研发油漆，并成功将中国油漆带入中亚市场，打破土耳其油漆一统中亚市场的格局，成了一名成功的商人，被誉为“沙漠漆王”。而后却爱上了收藏，有的人收藏是为投资，而郭峰则是源于对艺术的热爱，先后收藏的古代和现代文化艺术品近万件，并在咸阳这块历史悠久，文化底蕴丰厚的土地上，建起了陕西秦峰美术馆，以开放的姿态，博爱的胸怀，引领中国美术事业的健康发展，为中华民族的文化复兴做出应有的贡献。

艰苦创业

今年 43 岁的郭峰，家里姊妹三个，他是老大。小时候家里穷，14 岁那年，他父亲因为一场事故摔成重伤，正在上初一的郭峰只能退学，挣钱养家，生活非常困难。在他幼小的心灵里，他就有了一个志愿：长大后一定要干一番事业，摆脱贫穷的生活。在建筑工地当小工，在饭店端盘子，让他懂得汗水的滋味和价值。以后他干过搬运工、摆过地摊，做小本服装生意，让他开阔了视野，为他今后成长发展奠定了基础。16 岁那年，郭峰到外地经营油漆生意的亲戚家打工，通过一段时间的工作实践，锻炼了郭峰吃苦耐劳的精神和诚实做人的品德，也给他增添了不少商业意识。在给客户刷漆的过程中，他逐渐发现卖油漆比刷油漆更挣钱，于是说服家人，借了 700 元钱，在县城开了一家小油漆店，取名兴华油漆店。

靠着诚实做事、老实做人，郭峰的技艺在当地远近闻名，方圆附近的人们有油漆活都找他干。郭峰掘到第一桶金是1986年。当时国家有关部门领导要参观西北最大的布匹市场——乾县"三眼桥大市场"，县工商局要求市场门窗粉刷一新迎接领导检查，由于时间紧迫，要求必须在两天内完成。郭峰硬着头皮接下了这个活，48小时连轴转，高质量按时完成任务，县工商局当即兑现工程款28 000元，并授予他"先进个体户"荣誉称号。

有了这两万多元资金垫底，郭峰底气足了。他买了一辆摩托车，到西安与油漆厂家直接接洽，省去了不少中间环节，生意像滚雪球似的越做越大，一年间资产就扩大到十几万元。这时的郭峰把自己的发展空间拓展到了省外。后来的几年里，郭峰先后在山西太原、四川成都等地成立了化工销售公司，并在陕西投资成立东港制漆有限公司，在家乡投资建成了一座三星级酒店。1990年结婚以后，他继续和爱人王丽在县城做小生意。1998年，郭峰把目光投向了新疆。

沙漠漆王

那是个春暖乍寒的日子。郭峰带着装了50吨油漆的车队向新疆进发，父亲也执意随行同往。经过几天几夜的长途跋涉，他们到了新疆东桥头堡哈密。惜时如金的郭峰决定车队继续朝目的地前进。深夜两点，天上飘起了大雪，没过多久纷纷扬扬的大雪阻断了前行的道路。暴风雪把车裹了起来，有一米多深，车与车之间已无法取得联系。黑灯瞎火，狂风暴雪，年轻的驾驶员从来没见过这种势头，当下就吓得不知所措。面临几乎陷入绝境，郭峰并没有绝望，他相信一定会有人来搭救他们。他鼓励大家自我保护，不要紧张。在风雪中困守了两天三夜的郭峰及车队，竟奇迹般度过了最难熬的时刻，武警战士们及时赶到，把他们从死亡线上拉了回来。

来到乌鲁木齐，真应验了那句老话：万事开头难！50 吨油漆要销售出去并不那么容易。第一天，他们乘兴而出，败兴而归；第二天依然无功而返，他们相视无言；第三天回来，他们面露无奈；第四天……

郭峰看在眼里急在心头。半个月后，几个亲戚要打退堂鼓，郭峰并未勉强，给足了路费，将他们送上返乡之路。他和父亲商量，与其在这里死等，还不如把这些货放在别人的油漆店里无条件代销，写上联系方式，挣了钱按比例分成。大家对此提议表示赞同。接下来分工送漆，凡是乌鲁木齐销售油漆的商店都放上了郭峰的油漆。

“守株待兔”仅仅三天，奇迹出现了，原本冷寂的电话成了热线，要货的、下订单的、接洽合作的应接不暇。郭峰以此为契机，迅速在华凌、王家梁、木材厂、八家户等市场设立了 12 家直销营业部。

之后，郭峰在乌鲁木齐边疆宾馆成立了外销部，扩大了对中亚地区的出口贸易。2000 年在哈萨克斯坦阿拉木图市成立了自己的公司。为了更好地拓展中亚市场和满足新疆市场的需求，2003 年，郭峰在乌鲁木齐市卡子湾投资建成了占地 8 万多平方米的现代化新型环保化学建材生产企业——乌鲁木齐高品位化学漆业有限公司。2006 年，郭峰又投资 1 亿元人民币，在乌鲁木齐米东新区投资成立了新疆峰丽投资有限公司，占地总面积 20 万平方米。此项目是米东新区 2006 年度招商引资重点项目之一，从事化学化工研制、开发生产建材、加工外贸出口产品及仓储物流为一体的一条龙服务。如今郭峰已在南北疆建立了 40 多家油漆经销连锁服务机构，拥有四家公司和一家最新型环保油漆厂。短短几年，郭峰的经商生涯实现了跨越式发展，他的事业已横贯中国东西部，纵深亚欧大陆桥。

文化情结

小时候由于家庭贫困，连初中都没有上完，郭峰便辍学了。也许是因为这个原因，郭峰在创业取得成功后，便喜欢上了收藏。有的人收藏是为投资，而郭峰则是源于对艺术的热爱，先后收藏的古代和现代文化艺术品近万件，其中著名画家赵少昂的作品就有 1500 件。

赵少昂先生是海内外公认的岭南画派杰出的大师，徐悲鸿先生曾称赞他说："其画可爱，其品尤可慕也。"他的创作把岭南画风和西洋画技法揉为一体，改变了传统国画对于光影、色彩的处理方法，在当代艺坛上自成风格，独树一帜，对港、澳、台和海外影响甚大。他在漫长的艺术实践中，创作了数以千计的花鸟山水作品，在海内外享有盛誉。代表作品有《木棉红占岭南春》《清水池塘处处蛙》《柳色绿如茵》《草泽雄风》《一池杨柳垂新绿》《桐花孔翠》《群鸟话春寒》《迷蒙月色满横塘》《枝头小鸟惊初雪》《秋林暮霭》《悠然自得》《烟雨归舟》《荔熟》《群鱼追落花》《漓江雨过》《苍松吐艳》《归鸦认故枝》《秋色》《竹林幽思》《小鸟话春寒》《渔村小雨》《晓来微雨焦花紫》等。

说起收藏赵少昂先生的作品，可谓踏破铁鞋无觅处，得来全不费功夫。业内人士知道郭峰喜欢收藏艺术品，大约是 2004 年前后，赵少昂先生生前的经纪人找到郭峰，说有一批赵少昂先生的作品在美国，希望他能收藏留在中国。此前他也十分喜爱先生的画作，自然不会错过这次机会。通过四五次的协商，终于在 2004 年 7 月花了 3000 万美金将 1500 张画全部买了回来。这批瑰宝回来后，他拿到佳士得拍卖会上，一个个都被震撼了。2010 年他打算在新疆筹建博物馆时，时任陕西省副省长景俊海来新疆开会，闻知此事后说陕西是西北文化大省，还是建在陕西比较有利，并一再表示欢迎他回陕投资。开始时计划建在曲江新区，地方都考察好了。但咸阳市的领导知道后，又动员他建在咸阳。经过权衡利弊，最终花落咸阳。

如今，陕西秦峰美术馆地处千年帝都咸阳市中心地带，位于中国古代四大名楼之一"清渭楼"原址，滨临渭河之畔，地理位置优越，环境优美。主馆建筑面积 23 000 平方米，附属设施建筑面积 13 000 平方米，规模浩大，气势磅礴。馆内设有中国古代书画展览馆、中国近现代书画展览馆、中国当代书画展览馆、国画大师“赵少昂艺术馆”和中国当代具有代表性的三十位著名艺术家的个人艺术馆，是著名书画家作品展览、拍卖、学术交流研讨中心，是中外收藏家寻宝、展示珍藏的殿堂。迄今陕西秦峰美术馆已收藏美术作品一万余件，并面向社会公益性开放展览。

（本文刊发于西安 MBA 学会会刊《方圆管理》2013 年 6 月总第 9 期）

乔伟：走在成功的路上

◎ 高全成

什么是成功？不同的人有不同的回答。有的人认为有钱、有房、有车、有女人，就是成功。有的人则认为成功是你做了一件你想做的事并且做好它。还有人干脆否认成功的存在，认为这世界上没有成功，只有无止境的追求。而乔伟认为：成功就是做对社会有益的事，做自己喜欢做的事，在实现个人价值过程中，一是获得内心的满足；二是来自别人的羡慕。年仅35岁的乔伟，目前投资参股或掌控的企业有6家，经营范围涉及房地产、矿业、能源和现代农业等。按说应该是成功人士了，但他却说，自己正走在成功的路上。

在创业中体现人生价值

说起陕西佳鑫伟业实业发展有限责任公司、陕西天启置业有限公司、陕西长兴置业投资有限公司、新疆乾合恒信能源投资开发有限公司、陕西灞河塬现代农业科普观光有限公司等6家乔伟投资参股或掌控的企业，可能会鲜为人知。但说到红星美凯龙，一定会家喻户晓。

众所周知，红星美凯龙自1986年创业以来，始终以建设温馨和谐的家园，提升消费者的居家生活品味为己任，2012年销售总额突破600亿元，截至2009年5月20日，已在北京、上海、常州、天津、南京、无锡、长沙、重庆、成都、南昌、西安、杭州、沈阳、包头等30个城市开办了116家商场，市场总规模超过900万平方米，成为真正意义上的中国家居流通业第一品牌。

2008 年，正当红星美凯龙事业如日中天之际，陕西佳鑫伟业实业发展有限责任公司与红星美凯龙进行战略合作，意在打造西安乃至西北建材家居的超级航母和建材龙头。这不仅需要眼光，更需要实力。用乔伟的话来说，当时的佳鑫伟业面临很多问题，最重要的是许多商户虽然签了合同，但就是不进场，有的在等待，有的在观望，经过对市场的洞察和冷静分析，视项目为生命的乔伟在董事会提出了引进合作团队的建议。并详细阐明了战略意图和具体做法，获得了大家的一致认同，并决定由他主要负责此事。在董事会的支持和他的不懈努力下，佳鑫伟业和红星美凯龙结成战略合作伙伴。新建的红星美凯龙西北家居奥特莱斯商场位于西沣路与雁环路交汇处。一期占地 11 万平方米，其中家具区域 4 万平方米，建材区域 7 万平方米。以其优越的区位优势和庞大的市场规模，成为西安家居市场的一匹黑马。

从那时到如今，五年过去了。由于他们首次将百货行业的“奥特莱斯”概念植入中国家居行业。作为全国首家街区商业模式的家居卖场，和 KFC 的汽车穿梭餐厅一样，消费者在这里不必再为停车烦恼，可驱车进入商场每个功能区，还可直接将车开到门口。商场街区实现人、车分流，消费者进入商场很方便，双大门设计在方便顾客便捷消费的同时，更方便经销商上下货样。以差异化营销引领西安及西北家居新潮流，为西安乃至整个西北的家居行业带来颠覆性变化，促使了整个家具建材业的行业升级，并且为红星美凯龙奥特莱斯商场赢得多项荣誉：中国建材装饰行业最具品牌意识家居建材商城、2011 年“3·15”高品质和服务质量让消费者满意单位、消费者维权示范单位、消费者信赖的平价商场、优秀民营企业等多项荣誉。

另外，由西安长兴置业投资有限公司开发的长兴·园湖曲项目总占地约 40 亩，总建筑面积约 12 万平方米，绿化率 38%，容积率 4.0。项目分 2 期开发，1 期 3 栋楼，2 期 3 栋楼，主力户型为 70 ~ 150 平方米的两房和三房。该项目荣获规划设计创意楼盘、最具升值潜力楼盘、最宜居住的示范楼盘等多项荣誉，以良好的区位优势和超前的建设理念，受到市场的青睐。同时该公司也被陕西省评为诚信经营企业。同样令人瞩目的还有矿产能源、现代农业等项目，都在按计划有条不紊地进行着。乔伟像一个卓越的钢琴演奏家，熟练地在他投资参股和掌控的众多企业中，游刃有余地实现着他的人生价值。

善于学习是成功的不二法门

“只有不断地学习，才能与时俱进，跟上时代发展的步伐。”这是在与乔伟交谈中，他反复强调的话题。虽然现在他同时打理好几家企业，而且这些企业的投资领域大相径庭，其繁忙程度可想而知，但乔伟认为越是这样越需要学习，否则就是盲人瞎马，对企业发展是非常危险的。他说：“学习取决于态度和方法，没有时间那只是一种借口。特别是对于企业老板来说，态度尤为重要。因为态度决定了此人是否为学习型人才，而方法只影响学习和成长的速度。”

为了不断提高自己的决策能力和管理水平，2007 年，乔伟参加了由西安交通大学管理学院和国内优秀高校联合主办的“西安交通大学第十六届 CEO 暨 EMBA 高级研修班”，也称 CEO（总裁）班。在办这个班时，西安交通大学管理学院对国内重点高校一线优秀教授、知名企业家、著名业内学者进行整合，精心设置专业课程。其目的在于通过对房地产企业管理所有相关知识的系统学习，全面扩充、深化专业理论基础。同时更强调提高实盘操作能力，使学员掌握现代化房地产开发的经营管理理论和管理思想，总结实践经验，使学员构建符合企业自身实际的科学管理模式，提升经营能力和管理能力，打开经营思路、扩充国际视野，成为房地产领域复合型高级管理人才。在这里，乔伟结合企业实际，如饥似渴地向老师学，向同行学，很快成为管理企业的行家里手。至今说起这次学习，他仍沉湎其中，感慨地说对自己的帮助太大了。

从西安交通大学 CEO（总裁）班毕业后，2008 年，他又发起成立了西安商业联合会 CEO 分会，并担任常务副会长兼秘书长，其目的就是为大家提供一个能经常交流学习的平台，会员已经由刚成立时的 39 人发展到 67 人。即便如此，2009 年他又在陕西工商管理硕士学院攻读了第九届 EMBA，同时还参加思达等课程的培训。乔伟认为听人说话，与不同行业的人交流，更是一种难得的学习机会。因而，他身边的朋友除了企业家同行外，还有政界的，也有学界、经济界和文化艺术界的，可以说是三教九流、五花八门。由于他的真诚、努力和好学，大家也乐于和他在一起。

常怀“舍得”与“感恩”之心

1978 年，乔伟出生在周至县九峰乡一个农民家庭。这里地处秦岭北麓，首阳山下，与户县交界。境内逶迤的耿峪河穿行而过，风景秀丽，四季如春。首阳山为秦岭第二主峰，是伯夷、叔齐隐居之地，高山草甸，东、西花园，嫦娥沐浴湖等自然景观让人流连忘返。“泱泱耿水，巍巍首阳，夷齐之义，万古流芳。”正是这伯夷、叔齐的凛凛大义，影响着一代代九峰人民。

乔伟的父亲虽为农民，却是一个仗义疏财之人。据说有一年，一个乞丐到他门前讨饭。当时他也刚好下地回来，老婆立即为他端来一大盆热气腾腾的手擀面。本来老婆已经用馍打发了乞丐，谁知乞丐看到他刚端到手上的面，便说也想吃面。乔伟的父亲二话没说，便将碗中的面拨了大半给乞丐。乞丐吃完面，又说还想喝面汤。乔伟的父亲即让老婆给乞丐倒面汤。本来老婆对乞丐的做法就不满，只是碍于面子没言语，此时再也忍不住了，便和老头吵了起来，乔伟的父亲便自己到厨房给乞丐端来面汤。为此，俩人别扭了好长一段时间。

此事是乔伟从乡党们口中知道的。为此，他还专门向父母求证过。乔伟的父亲乐善好施在村子里是出了名的，乡亲们不管谁家有了什么难事，都乐于找他帮忙，乔伟父亲总是尽自己最大能力给予解决。父亲经常对他说，人平时一定要多积德行善，这样当你身处逆境的时候，才会有人帮助你。在这样的家庭氛围中，乔伟从小就养成了乐于助人，处处替别人着想的品德。特别是对朋友的事，他秉承这样一个信念：“你把朋友的闲事当自己的正事来办，朋友才能把你的闲事当成他的正事办。”所以，在他眼里，朋友的事情没有正事、闲事之说，只有轻重、缓急的区别。如西安长兴置业投资有限公司和新疆乾合恒信能源投资开发有限公司的组建，一开始他都是应朋友之邀，帮忙协调解决问题的。但后来不仅成为合伙人，还成为企业的领导核心。正是本着这种做人、做事、做企业的良好心态，在短短的十来年时间，他就由在骡马市卖衣服的小商贩，成为拥有好几家企业的大老板，让人钦佩和崇敬。

谈起自己的创业经历，乔伟动情地说：“这首先要感谢父亲对我的言传身教，从父亲身上，我学到了五种品德：一是为人正直，二是懂得舍得，三是乐于助人，四是勤奋敬业，五是家和万事兴。这是用多少钱也买不来的。”有了自己的企业后，他常常告诫身边的人要明白不舍不得、小舍小得、大舍大得的道理。做人做事要有良心、爱心、责任心、感恩心和奉献心。“你们想着企业的事情，我就想着你们的事情；如果你们想自己的事情，那我就想企业的事情。”这是他经常对员工说的话。而且在处理客户、员工和股东三者之间的关系时，力求做到给市场提供优质合格的产品让客户满意，给员工创造良好的平台和待遇留住人才，给股东创造更大的收益共同发展，使事业越做越大。

（本文刊发于西安 MBA 学会会刊《方圆管理》2013 年 12 月总第 10 期）

杨周亮：紧跟中国制造的步伐

◎秋　原

认识杨周亮先生，是在西安 MBA 学会组织的多次活动上。因为我们都是学会的骨干成员，每次活动都会碰面，每次几乎都能听到他的声音，不论是谈自己创业的经历，还是讲参加学会活动的感悟，他都能在平常中见新意，平易中见深情。大约是在三年前，他曾邀请学会专家组和核心成员走进他们筹划建设的西安汽车零部件产业园，有幸进一步了解了杨周亮和他们企业的故事。早就想对他的创业历程进行报道，却一直没有机缘。不久前，在学会召开的中小企业发展中困惑剖析与对策研讨会上，又一次听到杨周亮精彩的发言，觉得再不将他的故事讲出来，不仅愧对同仁，也愧对读者。

放弃优厚待遇，毅然回到故乡创业

杨周亮先生，现任西安尚龙产业园运营管理有限公司董事长，西安合力汽车配件有限公司、西安骏驰汽车零部件产业园发展有限公司副董事长。他还身兼多种社会职务，是户县政协委员、常委，西安交通大学城市学院兼职教授，华人总裁协会陕西分会副会长，陕西省创业促进会集群创业导师，中国中小企业协会理事，西安 MBA 学会副秘书长等。由于工作的关系，经常在户县和西安之间来回跑，并且乐此不疲。说起自己的故乡户县，总是满怀深情。无论在何种场合，也不论与何人交流，只要有机会，就不忘向别人推介故乡的风土人情和物产。并多次将户太 8 号葡萄等户县特色水果带到学会活动现场，让与会人员在茶歇中享用。

户县地处关中平原腹地，南依世界地质公园秦岭终南山，北至渭河，历史悠久，物产丰富，在关中平原素有“金周至、银户县”之称。历史上夏为有扈氏国，商为崇国，周为丰邑，汉初置县，距今已有 4000 多年的历史，并曾是周、秦、汉、唐历朝京畿之地，秦汉时为皇家的上林苑属地。如今是蜚声中外的“中国第一画乡”“中国诗词之乡”“中国鼓舞之乡”“财神刘海故里”和“财神之乡”，可谓天宝物华、人杰地灵。生于 1975 年的杨周亮，在这里度过了难忘的童年和少年时代。后以优异成绩考入了西安交通大学，成为天之骄子。

2000 年，从西安交通大学工商管理学院市场营销专业毕业后，和当时许多风华正茂的年轻人一样，杨周亮来到改革开放的前沿阵地深圳，在市场经济的大潮中开启了人生新历程。初来深圳，尽管人地两生，但凭着优秀的学业和机敏的思维，被深圳一家大型上市集团录用。他从市场调研员和策划员做起，先后担任过集团吉林办事处经理、黑龙江省公司销售经理、海南公司总经理、北方大区市场经理。历时 8 年的市场历练，使他对风云变幻的市场有了敏锐的感悟力和随机应变的行动能力，从一个外行变成了一个对行业、对市场有深刻认识的企业管理者与经营者，同时铸就了集团在北方地区的品牌。他的努力也为自己赢得了荣誉，有了一份收入可观、事业稳步发展的空间和不错的前景。

这在许多人看来，似乎应该知足了。但杨周亮总觉得还少些什么？每当夜静更深时，他都会想起岁数越来越大的父母；每当工作空闲时，他都会想起生他养他的故乡，还有和他一起长大的伙伴，仿佛有一种无形的力量在感召着他，剪不断、理还乱。经过一番慎重选择和思考，杨周亮决定放弃丰厚的待遇，舒适的工作环境，回到家乡户县进行创业。

从 2008 年回到故乡至今，又是 8 年。这 8 年，杨周亮从零做起，又做得风生水起，不仅当选为户县政协委员、常委，还被评为西安市劳动模范，又一次扬起了理想的风帆。

转型汽车零部件，进军装备制造业

在长期与市场打交道的过程中，杨周亮一直思考一个问题。中国是世界上最大的汽车产销国，但是每年我们最主要的钱都花在购买国外制作的发动机；中国是世界上最大的空调生产国，但空调的两项核心技术制冷剂和压缩机，我们每年都在进口；IT 现在发展的非常迅猛，但是无论是操作系统还是芯片技术我们都受制于人，因而在辞职的时候，他就有了一个初步的想法。这次回到故乡，一定要从实业做起。

也许是机缘巧合，2008 年杨周亮从深圳回到家乡户县后，就被多年从事铸铁工艺品加工的同学看中，并相邀加入铸铁工艺品厂。当时工厂年产值 500 万元，有几十号员工，此前也经营得不错，是当地小有名气的民营企业。但因为金融危机的影响，订单已经很少，生产面临停滞。在这事关企业生死存亡的关头，大家都很迷茫。出去可能是找死，毕竟还有一线生机，但坐着一定是等死。大家统一思想认识后，他们开始积极奔走，寻找企业发展的新路子。

经过详细的市场调研，杨周亮很快发现，陕西是装备制造业大省，有陕汽、法士特、比亚迪、西电等一大批装备制造龙头企业，蕴含巨大市场容量。如果能将自己的企业纳入这些装备制造龙头企业的产业链中，那市场前景不可估量。再通过对相关配套企业的调研，发现竟然有许多是在外地，更坚定了他的想法。于是，他们决定从铸铁工艺品向汽车零部件转型，从简到繁，从易到难，再次进行创业。

但这对一个没有资金，没有技术的小企业来说并非易事，遇到的难题一个接着一个。首先碰到的是技术问题，而人才是关键。经过多方打听，他们花重金聘请了昆仑机械厂退休的工程师，手把手进行指导，配备实验室、更新设备、购置新的生产设备，从给陕汽的三级公司做最简单的产品开始，逐渐进入了汉德、宝华、万方、德士、陕重汽等公司的供应商队伍，单一产品最多时曾达到陕汽装车需求量的50%左右。在进入陕汽后不久，公司又逐渐进入了法士特、比亚迪的供应商队伍，先后为法士特生产变速器气缸、为比亚迪生产转向节等产品。

正是因为和陕汽、法士特、比亚迪这些大客户合作，才为企业的发展带来了强劲的动力。而且随着企业实力的增长，外贸出口业务也取得了较大突破，被美国一个全球500强客户看中，为其生产精密阀门和管件，产品开始进入美国市场，并得到客户高度认可，与公司签订了长达40年的采购合同。通过与这些大客户的合作，不但使合力汽配自身得到了长足的发展，也给本地的配套企业提供了更多的发展机会和市场，促进了县域经济的发展，成为这个行业的领头羊。

抱团发展，建设西安汽车零部件产业园

“一花独放不是春，百花盛开春满园。”

随着合力汽配进入装备制造行业，杨周亮和他的团队发现，陕西装备制造业配套大量分布在山东、浙江等中东部，本地配套量极低。这些外地配套企业因为距离总装厂远，反应速度慢，尤其是冬季受到运输的制约因素非常大，不能满足整机厂需求，许多外地企业都萌生了来西安建厂的想法。作为本土配套企业，我们何不利用地利之便，建设起一个配套基地呢？

他们的大胆设想，不但得到了合伙人的支持，也得到了省工信厅和西安市工信委的大力支持。从2012年开始，他们在学习借鉴西北家具工业园成功模式的基础上，在户县规划建设西安汽车零部件产业园，在半年多的时间，就做完规划设计、论证等各项工作。该园位于户县城乡结合部，规划面积4764亩，总投资106亿元，建成后可实现年工业产值120亿元。2013年12月开工建设后，2014年经省政府批准，成为陕西省重点建设县域工业集中区。

目前，西安汽车零部件产业园尽管还处于边建设、边完善、边运

行、边生产状态，但已形成三个显著特点：

一是由政府引导、民营建设、自主经营，企业作为园区的经营主体，独立负责整个园区经营，且自负盈亏。积极性高，市场响应快，客户服务满意度高。

二是园区围绕比亚迪、陕汽、法士特、宝鸡吉利等龙头企业配套需求，大力推进本地化配套，同时引进外地配套企业来园区发展。尽得天时、地利、人和之便。

三是随着报废汽车拆解的投产，园区已初步形成了从汽车零部件生产，到整车拆解的循环经济产业链。发展前景看好，市场潜力巨大，可持续发展的后劲较强。

由于园区定位准确，发展前景看好，吸引了 30 多家中小企业的加盟和进驻。一期招商的 4 家企业已经全部实现投产，其中陕西省物流集团汽车拆解项目，已被列为省级重点项目。二期建设第一阶段 400 亩，已有 4 家正式投产，尚有 16 家入园企业正在如火如荼建设，园区服务中心大楼已经封顶，预计 2016 年底可投入使用。即将形成“百花盛开春满园”的产业格局。

紧跟制造升级步伐，组建西部智能装备产业园

“有梦想就会有追求，有追求才会有未来。”这是杨周亮一直秉承的人生理念。随着德国“工业 4.0”的提出和《中国制造 2025》的公布，他又将目光瞄准了更远的地方。

从《中国制造 2025》中，杨周亮也读出了自己的梦想：彻底改变中国制造业“大而不强”的局面，通过 10 年的努力，使中国迈入制造强国行列，为到 2025 年将中国建成具有全球引领和影响力的制造强国奠定坚实基础。于是，在建设西安汽车零部件产业园的同时，杨周亮又开始了规划建设西部智能装备产业园的新征程。

西部智能装备产业园位于周至县尚村镇（与户县交界处），规划占

地5475亩，规划总投资105亿元，建成后将聚集150余家企业，预计实现工业产值160亿元，创造新增就业岗位30 000个，间接拉动35 000人的消费群。

西部智能装备产业园的发展目标是：打造现代“创新、绿色、生态、高效”产业集聚区，创建“西部一流、全国知名、国际有一定影响力”的智能装备产业园；成为西部最具潜力的智能装备产业园和西部区域性经济发展重要增长极。

西部智能装备产业园将紧密围绕《中国制造2025》，以智能装备、环保装备、轨道交通装备、输配电装备、新能源汽车零部件等5个产业为核心，以建设新兴产业和新型城市融合发展、产城一体的工业新城为发展理念，通过工业园区和现有镇区，结合园区南部牡丹园项目，打造集生产、生活、科研、工业旅游、观光为一体的现代产业城镇，将产业和居住有机结合起来，最终建成西安和西咸新区的卫星城镇。

从西安交通大学毕业到在深圳一家大型上市公司发展，第一个8年，杨周亮在南方练就了敏锐的市场洞察能力，成为一名优秀的管理者和经营者；从回到故乡合伙经营企业到筹划建设西安零部件产业园，第二个8年，杨周亮以制造兴邦的勇气和梦想，成就了合力汽配和汽车零部件产业园；如今，杨周亮又踏上筹划建设西部智能装备产业园的征程。我们相信有深圳8年的市场积累，有回乡创业8年的实业历练，西部智能装备产业园在杨周亮先生的运筹帷幄和掌控下，一定会随着《中国制造2025》的步伐，成为继西安汽车零部件产业园后，又一个升级版的制造产业基地！

“雄关漫道真如铁，而今迈步从头越。”

我们由衷地期待着，杨周亮美梦成真。

（原载于2016年《西北信息报》）

李志山：不辱使命，勇于担当

◎ 方　源

李志山，1974 年 12 月出生，西北政法大学法学专业本科毕业，现任陕西合恒律师事务所主任、六届陕西省律协青年律师专门工作委员会主任、政府企业法律顾问专业委员会副主任、民建陕西省委法制委员会委员、民建西安市委会律师总支部副主任。2000 年元月开始律师执业，先后在多家大型国有企业、民营企业从事企业管理和法务工作，长期担任多家企业法律顾问。2013 年被评为 2011—2012 年度陕西省优秀律师。

采访李志山律师，先后约了三次。每次都赶上他要到外地出庭。好不容易在近日省律协召开实习律师考核委员会工作会议时，“逮”住了他。三言两语之后，他的电话铃声又响个不停。我们只好列了问答式采访提纲，让他按时“交卷”。李志山太忙了。我们理解他。他在律师这个神圣的岗位上，正尽心竭力发挥着一个青年律师的聪明才智，展现着陕西优秀青年律师卓尔不凡的职业精神和时代风采。

参政为民，担任政府和人大代表法律顾问尽职尽责

为更好发挥政府依法行政职能，提高人大代表议案水平，陕西省司法厅和陕西省律师协会近年来一直积极引导优秀律师担任政府和省人大代表法律顾问。这项重大举措，在全国首开先河，也使得陕西律师法律服务创新中实现了新的突破。

李志山律师作为陕西青年律师的佼佼者，先后担任咸阳市市长卫

华、省政法委书记安东、省财政厅厅长张社年三位领导的法律顾问，受到各位领导的充分肯定和赞扬。在采访李志山律师作为省委领导的法律顾问，在工作期间的感受和体会时，他非常认可这项工作的重大意义，他说："领导相对来说都比较忙，见面次数比较少，一般电话联系。但这种服务，为人大代表、政协委员履职提供了新的价值服务，为他们的议案提案注入了法律价值，使其更符合社会发展规律，更符合法治社会要求，更能有效地推动法治建设。我们合恒律所有四位律师担任人大代表和政协委员顾问律师，都非常积极、认真，受到了代表、委员的欢迎和好评。"

李志山律师还在省律协担任政府企业法律顾问专业委员会副主任，由于合恒律师事务所一直作为西安市工业和信息化委员会、新城国税局、富平县政府法律顾问，在研究如何为政府提供有效的法律风险防范体系建设，更好为法治陕西做出贡献上，他一直与团队坚持努力，做出了突出成绩。

2013 年 5 月，李志山律师受聘于陕西省信访局，作为陕西省疑难复杂信访事项会诊专家。这是他又一次以律师身份进入公务职能系统，李志山律师认为："在社会信访问题处理上，律师有着与社会其他行业明显的优势，法律应该是最后的底线，任何人是不能突破的。律师以其自身掌握的法律知识和多年的办案经验，以及通过办案总结出来的经验来解决信访涉法涉诉问题更具有说服力和公信力，更能被认可。"

兢业奉公，领军青年律师事业踌躇满志积极作为

他作为陕西青年律师界的行业翘楚，一直坚持不懈为我省青年律师的发展贡献力量。2013 年担任六届省律协青年律师专门工作委员会主任以来，李志山律师投入了极大的热情与精力，努力促进我省青年律师健康快速成长。在问到青专委今后的工作打算以及如何发挥壮大青年律师这支队伍时，李志山律师充满自信地说道："首先，我要给我们陕西

青年律师树立一个学习榜样，要有理想、有激情、有专业，有团队精神等理念。从思想上让青年律师认清和懂得，我们律师的价值取向应该是什么？其次，我们要狠抓青年律师思想上的教育引领。在思想道德培养方面，通过开展各种主题教育和实践活动，加强教育引导工作，让青年律师树立正确的人生观和价值观。第三，我们要不断深化强化青年律师对党的领导的认识，进一步增强做社会主义法律工作者的责任感和自豪感，让青年律师凝聚团结起来，在党的领导下，充分发挥聪明才智和执业潜能。第四，我们要采取多种形式，强化教育培训措施落实，提高青年律师专业能力，为陕西律师事业发展培养一批优秀青年律师。”

2015 年 11 月省律协青专委结合党的群众路线教育实践活动，组织进行了一次“重温历史，缅怀先烈”青年律师主题教育活动。组织青年律师代表赴铜川市耀州区参观照金革命纪念馆、薛家寨革命旧址。这次活动得到了青年律师的积极响应，给青年律师以极大的精神鼓舞，对弘扬爱国精神，塑造青年律师正确的价值观和执业理念起到了积极作用。

李志山律师诚恳地对笔者讲到：“‘在其位谋其职’。下一步，我将带领我的团队更好地配合律协做好青年律师工作，在更好地培养青年律师发展上多做工作。让青年律师不再孤独，有依靠的组织；在业务交流上，我们要邀请外地著名律师和专家来陕授课、走出去学习观摩、组织举办大型论坛等活动，开拓青年律师的视野，提升青年律师的素质。”

创新服务，开展外包式企业法律服务打造品牌效应

李志山律师担任多家企业法律顾问，长期从事与公司业务相关的法律工作，自 2009 年以来，他带领合恒律师团队开始向企业推广企业法律风险防范与管理，在推广过程中为了和企业有更好地融合，更有效地解决企业法律风险问题。李志山律师总结自己多年经验，与团队成员细心研讨、反复论证，认为外包式服务能有效地和企业融合，是实现企业

法务规范化的理想形式。

目前在国内，“外包式企业法律服务”算是一个新鲜词，很多人还未听过，但在国外这一行业已经相当成熟。企业法律服务外包，就是企业将与法律相关的所有事务包括业务经营管理、劳务合同、商标注册等工作或职能外包出去，交由专业的律师团队进行合理处理的一种合作方式。李志山律师在采访中讲到，作为企业来说，规范管理具有重大意义。自己长期从事与公司业务相关的法律工作，也一直担任多家企业的法律顾问。在工作中他感到作为企业，所存在的法律问题是多样的，是不断变化的，只有实施监督才能有效地处理和预防。把企业所有的法律业务外包给专业律师事务所，由专业的律师团队及时发现并解决问题，这样一来，企业更能降低成本、提高效率，同时量化律师的服务，有效整合企业资源。作为律所而言，专业的外包式企业法律服务，能够有效加强团队合作，建立品牌效应。李志山律师带领团队积极开展实行法律外包服务，听取客户对法律服务外包模式意见，及时调整方案，综合客户需求，制订有针对性的服务合同。现在，合恒律师事务所专业的外包法律服务已经产生了良好的品牌效应。李志山律师凭借卓越的创新思维、扎实的法律功底，在工作中主张防患于未然，为企业挽回了不少经济损失。目前，合恒律师事务所已经与斯达集团、安旗集团等数家大公司签订了法律服务外包合同。

热心公益，积极履行社会责任助推法治陕西建设

李志山律师将社会公益事业看做分内职责，采访中他一直强调，律师事务所实质是服务性组织，但又有别于企业以盈利为目的。律师应该积极担当社会责任，诸如在法律咨询、法治宣传、法律援助等方面，律师有其专业优势，应充分发挥特长，为社会公益多做奉献，为推进法治社会建设尽力多做点实事。近年来，李志山律师以身作则，带领律所团队为公益法律服务，积极奉献，起到了榜样和引领作用。仅 2015 年，

李志山律师就带领合恒律所在西铁等社区进行了多次法律宣传、法律咨询等公益性的法律服务惠民活动，受到居民好评。2012 年李志山律师被评为首批陕西省重大经济活动产权评议专家，在谈及此荣誉时，李志山更多地强调肩上的社会责任。他对笔者讲到："通过多年的努力，我所及我本人已经得到了社会各界的认可，让我担当参与了很多社会活动。这些活动也都充分彰显了律师的价值和作用。"

合恒律师事务所一直致力于研究如何为中小企业做点事，帮助中小企业提高竞争力，并且形成了自己的专业特长。2009 年 6 月合恒律师事务所被聘为"西安市中小企业特约服务机构"。他们凭借专业优势和品牌效应，2011 年 6 月在西安成功举办"法商论坛暨新时期企业法律风险防范与管理"高峰论坛，有几百家企业参加了此次论坛，多家媒体都做了报道，政府给予了充分肯定，取得了良好的社会效应。

合恒律师事务所与西安经济开发区、商会等组织进行了多种形式的法律风险防范和管理活动，目的是让更多企业家了解法律、运用法律、防范风险、创造价值。让合恒律师事务所形成品牌，有效服务社会。通过这种服务方式合恒律师事务所与西安飞机工业集团、西安航天动力集团等企业也建立了合作关系，为企业发展起到了保驾护航作用，助推了陕西经济转型发展。

天高任鸟飞，海阔凭鱼跃。李志山律师，正像一匹充满力量的骏马昂首蹄疾奔驰在三秦律师业的天地里。他以豪迈的激情和胆识，带领他的团队不断开拓创新，为陕西律师事业、为法治陕西建设贡献新的力量，书写新的辉煌。

（本文刊发于西安 MBA 学会会刊《方圆管理》2016 年 12 月总第 11 期）

未来国际：从传统行业向现代服务业的嬗变

◎元　方

携着梦想，未来国际已经走过了15年。

这15年，中国持续激变，未来国际应变革而生，但我们的关注持续未变：为客户提供更好更全面的服务，我们为客户的利益最大化努力，我们为信息化建设持续创新。

*1997年，西安未来国际软件有限公司成立；

*1998年，公司自行研制开发出FUTURE－IOS网络应用系统被列入国家级火炬项目计划；

*1999年，公司成功签署河南、河北全省的农行数据大集中式省建设项目，此举标志着公司已完全具备承建大型网络集成项目的实力；

*2000年，公司自行研发出金融、商业零售、电信、电子商务四大产品均获得国家版权局颁发的《计算机软件著作权登记证书》；

*2001年，公司成为西北地区首家获得国家计算机信息系统集成（SI）壹级资质认证企业；

*2002年，未来国际被列入中国软件百强企业；

*2003年，公司获得国家发改委、信息产业部、商务部、税务总局四部委联合认定办法的国家规划布局内重点软件企业认定证书；

*2004年，公司完成增资扩股，注册资本变更为10 652万元人民币；

＊2008 年，公司自主研发的 FUTURE－INFOEXCHANGA 信息交换与共享平台被评为国家重点新产品；

＊2010 年，公司以整体变更方式依法设立为西安未来国际信息股份有限公司。

目前，未来国际已经拥有员工 400 多人，拥有 280 平方米的科研机房；拥有国内领先的云计算平台及安全软件开发和测试环境；拥有 800 平方米全省最大的政务系统数据安全存储中心；具有近 2000 台主机设备安全托管能力的数据机房；拥有 14 亩科研用地，今年年底建成 4 万平方米的服务陕西，辐射西部的信息化综合服务中心。

在多年的发展中，未来国际在自身发展壮大的同时不断积累，总结出了极具价值的行业经验，公司致力于提供专业的政务信息化，形成了跨行业、跨领域的产品解决方案。因此，未来国际能够真正地理解用户的需求，能够提供针对不同行业的有差异化的信息化服务，切实地满足行业用户全方位的 IT 需求。

以领先的技术和创新的理念迎接挑战

未来国际一直坚信企业是社会服务单元。因此，未来国际不断实践、自主创新，为社会各界提供专业、完善的全程化信息服务。把目光投向了能为各行业提供全生命周期的 IT 服务。我们为众多行业客户提供先进的主页技术、周全的卓越服务和符合业界最高水准的产品及解决方案，为客户考虑利益，满足客户需求，以实现双方良性互动和合作共赢。

未来国际用智慧帮助客户创造更多的价值，还包括时间的稀缺以及全面的光纤资源的整合共享；专注信息资源开发利用。公司以提供跨地域、跨领域的信息化基础资源共享协同服务为主导，以自有核心平台软件产品为支撑，以行业应用软件和服务为外延，以“一切皆服务”为交付手段，帮助各级政府打破壁垒实现信息资源的整合与共享。我们更智慧的创造价值，也向客户传递了降耗、绿色环保、代价低的信息化建设投入，使客户更专注于自身的核心业务，得到更高价值的收益和更长远的发展。

为客户提供最好的服务就是未来国际的主要目标。于是，未来国际深入发掘客户内在驱动和隐藏于深层的关联需求，这些需求客户或者没认识到，或者自己尝试拼装不同供应商的产品和服务来解决，而没有想到去寻求外部更专业的服务。对于客户的新需求，未来国际开始了自己的转型，积极向产业链上下游延伸，提升产业链的整合和控制能力，从原来的所依赖的提供跨地域、跨领域的信息化基础资源共享协同服务及自有核心平台软件产品向上游行业应用软件和服务为延伸，向下游合作伙伴、渠道建设延伸。也就是说，从原来的价值链条的一小段逐步向整个价值链条的各个环节延伸，从原来的被调动者向产业链、价值链的调动者、组织者转变。我们交付给客户的是“一揽子”“一站式”的解决办法和实施成果，客户可以直接利用这些成果来解决问题，不必再操心问题解决的具体细节和方案内部的配合问题。从产品到服务，体现的不仅是企业定位的转变，同时，培育出强大的新型服务企业。

未来国际从项目咨询、项目实施、售后服务等三个方面集中发力，打造政务信息化应用领域完整的业务链，通过企业创造力与服务能力的双重提升为客户提供政务信息化的全新应用体验。

全程咨询服务成就行业典范

业内人士分析指出，经过几十年的努力，很多电子政务业务系统已经建设完成，目前正在进入应用集成和信息增值阶段，电子政府建设变得越来越复杂，呈现出集成化、服务化等发展趋势。对政府用户来说，单纯的软件产品已经没有足够的吸引力，需要服务商提供咨询、方案设计、项目实施等全面的服务。在未来国际发展过程中持续为政府用户提供信息化产品和服务，对政务信息化应用需求、政策环境等有着深入的了解，在此基础上逐步建立起一支专业化的咨询团队，能够提供从部门信息资源调研、项目规划设计、产品支持与服务，到顶层设计、战略规划、技术规划、项目实施等全程的咨询服务，成为推动政务信息化快速发展的重要引擎。

专业实施团队加快政务信息化

纵观中国政务信息化建设的发展，电子政务建设大致分为纵横两条线。“纵线”是各部、委纵向建立的行业管理网络体系，“横线”是各省、市、自治区建设的区域型政务信息化体系。为了更好地推动政务信息化建设，未来国际根据中国政务信息化应用特点设立了“行业团队”和“区域团队”，前者为未来国际重点发展行业部委及其分支机构实施纵向体系化应用项目，后者则专注于各级地方政府、职能机构信息系统的资源共享与协同运作，通过纵横交错的“网格状”实施团队加快政务信息化建设。此外，未来国际还与 IBM、华为、中创软件等硬件厂商建立了战略合作关系，依托产业链上下游企业的整合优势为我国电子政务提供强力支撑。

在项目实施过程中，未来国际为用户提供了在政府信息门户、核心业务系统、内部管理支撑系统等各个应用环节构建互联互通的信息资源整合与共享平台，为政务信息系统打造强健的“骨骼”，支撑电子政务高效运行。目前，未来国际已为国家林业局等中央部委及陕西、内蒙古等多个省份及自治区提供信息化综合服务。

未来国际服务体系护航电子政务

为确保政务信息化项目的成功实施与运行，未来国际加强了服务体系建设。目前，未来国际已经组建出一支专业化的服务队伍，能够为客户提供全面、灵活、优质的专业化的服务。服务网络建设方面，未来国际在全国各地建立了分公司、子公司、办事处等机构，加上各地合作伙伴，形成了强势售后服务网络，基本上覆盖全国各个省市，利用本地化优势“第一时间”响应客户的服务需求，快速解决信息系统部署、应用过程中出现的问题，为电子政府正常运行提供贴身的服务。

同时，未来国际在认真考察了政府的IT管理现状，根据客户需求及多年来政府运维工作中总结出的经验，提供了未来国际专业的运维服务。未来国际为用户提供的IT运维服务，不同于一般设备厂商或线路运营商，并不把设备是否运行正常或者网络线路是否正常作为服务的最终目标，而是将保证用户整个系统的可用性、持续性、运行性能以及运行成本可控等业务目标作为服务的最终诉求。通过专业IT服务商的通力配合，客户将有望实现低成本高效率的IT运营管理。

作为一家连续为全省行政区划内、三级行政机构、近百个政府部门提供信息化服务5年以上的企业，未来国际深入地了解政府系统内分级财政、存在多个信息化管理机构等特点和实际情况，针对性地提出“集中运维监控、分级服务交付”的运维服务模式，在实现全网信息化运维服务统一管理、规范运维，保证全网信息系统安全、稳定运行的前提下，充分保护各信息化管理机构的工作积极性，使运维服务的各项资源充分共享，既提高了整体运维水平，又降低了整体运维成本。

就在当今处处都讲创新的时代，一味地追捧创新，最终导致扼杀创新。未来国际重视文化传承、技术传承。因为我们清楚地知道企业步入服务时代，企业能否满足客户的苛刻需求，能否拥有核心竞争力都取决于人才。这些从事服务销售及实施的人才能否最大限度地理解客户需求，能否成功地实施服务，能否合理地管控服务项目保障服务质量，是否真正将服务的理念彻底融入工作的每一个细节中。在未来国际完善的人才激励和培养体制下，未来人与公司共同成长。未来人坚守心中热望，恪守职责，实现未来人的光荣和梦想。他们传播着未来的精神，传承着未来的文化，传递着未来的价值。未来人激情满怀，一如既往的学习着、创造着、实践着。我们一直把自己当做创造者而绝非消耗者，在我们擅长的信息化服务领域为社会、为客户、为合作伙伴孜孜不倦地提供着创新型的可供检测的服务。

只注重诚信和质量已经无法满足我们的发展需求，共生共赢贡献社会成为新的时代要求，因此我们也有了更高的追求和使命，创造价值成为我们衡量事物的基准。用智慧、科技和文化的力量推进信息化建设是未来的使命。提供专业、完善的服务是我们永恒的追求。

未来国际：一切皆服务。

（本文刊发于西安 MBA 学会会刊《方圆管理》2011 年 12 月总第 6 期）

西部超导：高端材料的领跑者

◎ 李少鹏

作为“丝绸之路”的起点，雄伟的钟鼓楼和饱经风霜的古城墙彰显着西安独有的肃穆与厚重。城墙边上，西部超导“低调而频繁”地进行着科技创新。成立13年来，西部超导凭借自主研发的核心技术，一次次填补国内高端材料领域空白，创造着世界材料产业的“中国时刻”。近期，全国股转公司联合上海证券报主办的“走进新三板公司”大型调研活动调研组走进西部超导，实地探访这家新三板明星企业，发掘其作为高端钛合金和超导材料领跑者的真正实力。

硕博扎堆 深入一线

在西部超导陈列室，高端钛合金棒丝材、超导线材、超导磁体等生僻的专业词汇布满了展示墙。“聚集人才，成立公司，就是为了填补国内空白，特别是我们国家在国防军工方面的急需材料，然后参与到国际竞争中去。”公司董事长张平祥说。

据介绍，西部超导拥有642名员工，其中博士40人，硕士130人，此外还有6名院士作为技术顾问，技术研发人员占员工总数约30%，本科以上学历员工占员工总数60%。由此可见该公司人才实力与科研底气。

在常人眼里，博士可能更多的是从事科研或学术工作，而西部超导的博士大都在一线奋斗。每个车间的技术主任都是博士，博士善于用笔也会用工具。西部超导的理念是培养创造生产力的博士。因为他们认定，如果一个企业搞技术的和搞生产的打不成一片，这个企业是不会有前途的，这也是他们这帮科学家在“投身”产业后总结出来的经验。

正如张平祥所言，西部超导的确用“优秀人才一线奋斗”创造出优异的科技成果。目前，西部超导已是国内航空用特种钛合金材料的主要研发生产基地，也是国际上唯一的低温超导合金棒材及线材全流程生产企业。在低温超导材料实现产业化后，中国成为继美国之后世界上第二个在该领域实现大规模产业化的国家。

“钛合金材料在航空器上的运用，主要是看它的抗疲劳性能，传统的钛合金可能拉伸 10 次就断了，而我们的产品能拉伸 100 次，我们的工艺和配方都是国内领先的。”张平祥骄傲地告诉记者。

据记者了解，西部超导自成立以来，已先后建成了国际先进水平的航空用高端钛合金棒材专业化生产线，以及国际一流、国内唯一的NbTi和 Nb3Sn 低温超导线材生产线。现已具备年产航空用特种钛合金筑锭 6500 吨、棒丝材 4800 吨、NbTi 及 Nb3Sn 低温超导线材 400 吨的生产能力。

同时，公司依托“超导材料制备国家工程实验室”“陕西省航空材料工程实验室”“博士后科研工作站”等成果转化平台，开展新材料、新工艺、新装备等研发和工程化，先后承担国家、省、市、区等各类科技项目近百项，并取得百余项专利技术，在国内和国际市场均有较强的影响力。

锐意创新　竞技欧美

公司高管告诉记者，西部超导要不断做新的东西，解决关键问题。材料是制造业的基础，中国在高端材料方面与国外差距很大，公司已经解决了飞机机身结构件和航空发动机钛合金材料的问题，但在高温合金领域的问题还有待解决。

据介绍，西部超导曾制订为了国家加入 ITER（国际热核聚变实验堆）组织的人造太阳计划，致力于实现中国超导材料的产业化。公司当时的第一目标就是满足热核聚变项目的需求，为我国以正式成员身份参加的目前世界最大的国际大科学工程项目国际热核聚变实验堆（ITER）提供关键主要材料。

核聚变研究是当今世界科技界为解决人类未来能源问题而开展的重大国际合作计划。与不可再生能源和常规清洁能源不同，聚变能具有资源无限、不污染环境、不产生高放射性核废料等优点，是人类未来能源的主导形式之一。

“当时在法国的工程堆需要超导线，订单是50 多个亿，我们只拿了6 个亿的订单，因为我们不敢接，对方要求的产品当时在国内尚处于实验阶段，并没有产业化，我们不知道到底能不能做。”张平祥说，6 亿元的订单对彼时的西部超导来说，任务非常重。但我们都明白这件事的重要性，所以必须要抓住这个机会。

在全体员工齐心协作下，西部超导于2015 年全部完成了 ITER 项目公司承担生产的材料订单。“法国这个国际热核聚变实验堆建完，我们就已经掌握中式规模堆的搭建，下一步我们要建一个比法国规模大而且更接近实用的工程堆，我们正在设计。”张平祥说。

此外，西部超导在超导领域实现磁共振人体成像仪（MRI）用超导线材产业化，开发满足超导加速器及 15T 以上特种高场磁体用超导线材制备技术。未来，公司还将实现 300mm 磁控直拉（MCZ）大尺寸单晶硅用超导磁体产业化，拓展超导磁体在舰船综合电力系统、污水处理等新领域的应用，积极发展超导量子干涉仪（SQUID）在地质灾害预报、探矿及心磁测量等领域的应用。

扎根三板　业绩稳增

除了在科技创新方面走在前列，西部超导在利用资本市场助力公司发展方面也不甘落后。2014 年末，公司顺利挂牌新三板，开启了资本征途。

挂牌之后，公司业绩实现快速增长。数据显示，2013 年至 2015 年，公司实现净利润分别为 6172 万元、8888 万元、1.37 亿元。据公司 2016 年半年报披露，公司在上半年实现营收 4.74 亿元，净利润为 9651 万元，同比上升 40.95%。

不仅如此，公司还在资本运作上动作频频。2015 年 9 月底，公司更是完成首次融资 2.25 亿元，主要用于镍基高温合金项目。据悉，镍基高温合金一般用于制作航空、航天发动机的涡轮盘与叶片等结构件。目前，该项目进展顺利。

公司目前正在实施第二次融资，计划募集资金近 10 亿元，建设航空用特种钛合金扩能技改项目、公司企业技术中心。“今年募集的资金，是为了扩大产能，因为军工对我们拉动很大，我们的产能已经不能满足需求。”张平祥告诉记者，因为公司产品在国内没有可替代性，这也是公司要扩大的产能的主要原因。

值得一提的是，早在 2003 年西部超导成立时，公司就采用了混合所有制和管理层持股，而公司的大股东是西北有色金属研究院。公司高管表示，虽然公司股权是多元化的，但股东必须把国家利益放在第一位，把个人利益放在第二位。

对于未来的发展，西部超导信心十足。“超导材料的门槛非常高，我们国家的超导市场相对欧美国家起步较晚，是一个需要培育的市场。”张平祥说，公司历经 13 年的发展已逐步走向成熟，公司的目标是做“百年老店”。

（摘自《上海证券报》“中国证券网”）

后记

理论是支撑学会发展的基石

祁百福

中国改革开放以来，在社会生活方面最引人注目的变化就是如雨后春笋般成长起来的各种社会团体。据统计，截至2015年底，全国社团组织已达到39.8万个，它们已成为建设美丽中国、实现中国梦不可或缺的重要力量。但如何能使一个学会健康成长、持续焕发青春和活力，却是每个社团组织都要认真思考、都在认真思考的一个问题。西安MBA学会从2007年成立至今，之所以能够坚持下来，并得到社会各界的肯定和好评，一个重要原因就是“方圆理论”的支撑，为他人、为企业、为社会服务不仅仅是我们的责任，更是我们这些热心人的一份事业，是寻找净化心灵的一方热土。

所谓“方圆理论”，是学会创始人蔡苏昌在多年从事企业管理实践中提炼出来的方法与理论，曾在2003年被评为陕西省企业管理成果一等奖。他认为：在企业管理中，方是刚，亦为制度；圆是柔，亦为文化。坚持原则谓之为方，广结善缘叫做圆。企业中方与圆的平衡，是一门艺术。厂长就像乐队的指挥，只有勤奋聪明和努力工作的人，才能真正成为其中的优秀者。优秀者不断修炼提升境界，这样的人才能称得上是智者，方可称之为企业家，或者极个别的成为战略家。企业管理的目标就是寻求企业内部各要素之间的动态平衡，即“制度+文化+企业家人格魅力”三者之间的动态平衡，从而实现人性化管理的“圆”与制度化管理的“方”有机结合。学会成立之后，我们多次到企业、学校进行义务讲学，先后举办了首届方圆管理论坛、方圆管理与公共关系论坛、西安 MBA 学会方圆管理公开课，并与西北大学、陕西师范大学等高校联合举办了第二届、第四届西北 MBA 主席峰会暨方圆管理高层论坛等，每次参加人数少则四五十人，多则数百人不等，有效地促进了这一理论的不断实践与传播。

随着专家阵容的不断强大，方圆管理论坛逐步由一家言变成多家言，不但有王忠民、钟朋荣、张曙光、李刚、强力、张宝通、杨勇先、杨永善、冯家臻等知名专家教授；还有李冬玉、李忠民、张仁华、李振平、程勉贵等党政有关部门和研究机构的领导；瑞士 Pathway 国际机构执行总干事 Nicolai Peiterson、Dalberg，战略咨询集团执行主席 HenricS-kovby，布鲁塞尔大学苏威商业学院教授、2017 年世博会总策划 Steven Beckers 先生，以及美国哈佛大学著名管理学教授、院士史蒂文·凯尔曼教授（Steven Kelman）等国际机构和世界著名大学的专家教授；西部超导张平祥、陕鼓集团印建安、未来国际王茜、金花集团吴一坚、竹园村火锅周素琴等一批企业家，都在学会组织的各种活动的讲台上发表演讲，让每次活动都成为大家分享思想盛宴的聚会。

在西安 MBA 学会成立十周年之际，我们从众多演讲者的报告中，精选出 50 篇佳作结集出版，既是对学会成立十周年的一次纪念，也是众多专家学者理论成果的汇集。其目的是为自己学、互相学、共同学、引导更多的人参与学，学做人、学做事、学管理提供理论支持，希望能得到读者的喜欢。

在此书即将出版付梓之际，我谨代表西安 MBA 学会对多年来在学会平台上义务演讲的各位政界领导、商界精英、专家学者、企业家朋友表示衷心感谢。并对为此书编辑出版付出辛勤劳动的编辑、校对、设计和出版社，特别是对为此书出版提供资助的单位致以崇高的敬意。

2017 年 9 月 30 日

本书作者及相关人员

王忠民
全国社会保障基金理事会党组成员、副理事长

李冬玉
陕西省政协副主席、民建陕西省委主委

蔡苏昌
陕西省工信厅副厅长、西安 MBA 学会创始人

张平祥
西北有色金属研究院院长、西部超导材料科技有限公司董事长

祁百福
西安财经学院教授、西安 MBA 学会理事长

孙　茵

天朗地产集团董事长

李忠民

陕西省政协常委、陕西金融资产管理股份公司监事长

王　茜

全国政协委员、未来国际信息股份有限公司董事长

武润奎

陕西电子信息集团有限公司总经理

吴一坚

金花投资控股集团有限公司董事长、总裁

印建安
陕西鼓风机集团（有限）公司董事长

张宝通
陕西省社会科学院学术委员会副主任、陕西省有突出贡献专家

杨永善
陕西省统计局高级统计师、陕西省决策咨询委员会委员

强　力
西北政法大学教授、经济法学院院长

张　鸿
西安邮电大学经管学院院长

杨建君
西安交通大学经管
学院教授、博士

龙兴元
陕西秦川机床工具集团
董事长

郜随印
陕西高级人才事务所有
限公司所长、陕西经理人
会员俱乐部理事长

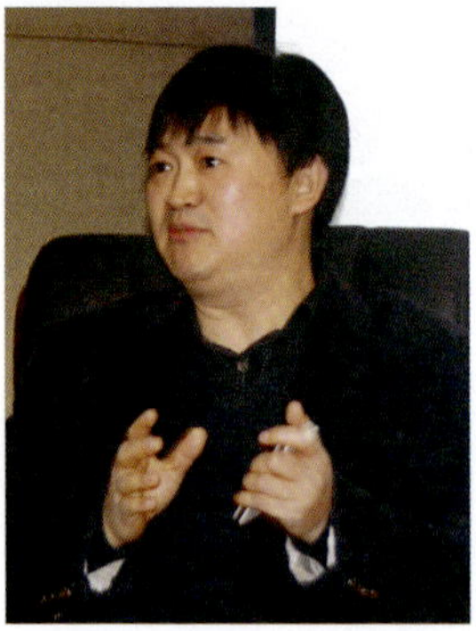

乐开端
西安交通大学教授

李　刚
西北大学教授、陕
商文化研究中心主任

李　虹
西安交通大学
管理心理学教授

王翼成
西北大学哲学与
社会学学院副教授

高全成
西安财经学院教授、杨凌博
联农业经济规划研究院院长

李德昌
西安交通大学教授

周战锋
西安 MBA 学会副理
事长、第四届中国杰出营
销人金鼎奖获得者

郭建雄

西安市政协委员、西安富士达科技股份有限公司董事长兼总经理

张大男

西安交通大学硕士生导师、中国科学院研究生院客座教授

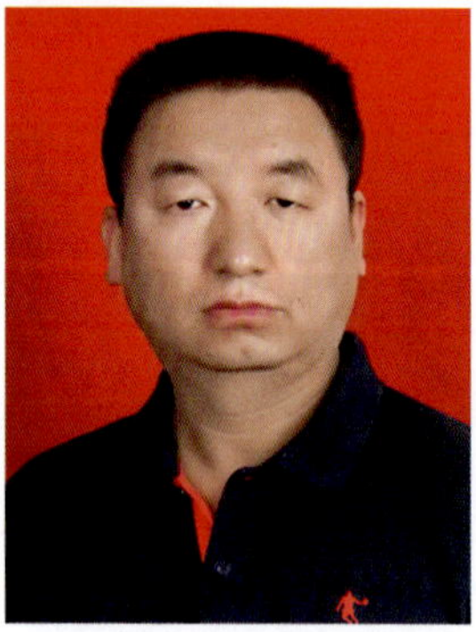

石高宏

西北大学经济管理学院经济学博士、副教授,MBA 教学指导委员会副主任

郭　峰

陕西秦峰美术馆馆长、2012 年度“全球秦商十佳领军人物”

安克万

陕西省网络与信息安全测评中心主任

周素琴
陕西竹园村餐
饮有限公司总经理

王晓强
西安普天通信设
备有限公司党办主任

齐达巍
西安银河电信技术有限公司
总经理

李　强
西安 MBA 学会副秘
书长、丝绸之路国际
总商会副秘书长

卞芙蕖
陕西鼓风机集团(有
限)公司财务总顾问

李志山

陕西合恒律师事务所主任、政府企业法律顾问专业委员会副主任

解领权

陕西心特软食品有限公司董事长

乔　伟

陕西佳鑫伟业实业发展有限责任公司总经理

杨周亮

西安尚龙产业园运营管理有限公司董事长

王弼华

西安 MBA 学会秘书长

李战民

《秦尚汇》杂志总编、高级策划师